年報　日本現代史　第 29 号　2024

ポスト高度成長期の運動と民衆

編集委員
赤澤史朗 豊下楢彦 森武麿 吉田裕
明田川融 安達宏昭 高岡裕之 戸邉秀明 沼尻晃伸

現代史料出版

特集にあたって

沼尻　晃伸

二一世紀の現在から、二〇世紀後半の社会運動を歴史的に振り返る際に、どのような媒介項が設定できるだろうか？　当時と現在との組織的連続性や、二一世紀における価値観を先取りした運動への注目など、そこには様々な媒介項が設定できよう。本号の特集では、ポスト高度成長期――ここでは高度成長の終焉から「経済大国」化が進む一九七〇～一九八〇年代に限定して用いる――の歴史性に注目して、社会運動と民衆を取り上げる。そして、両者を媒介するキーワードとして、「民衆知」や個人（あるいは人びと）の「経験」「記憶」などを設定することを通して、社会運動の歴史的特質を同時代の文化・社会と関連づけて追究することを目的とする。

二〇二一年の『年報日本現代史』26号の特集は、「社会運動の一九六〇年代再考」であった。同号の「特集にあたって」を執筆した戸邉秀明は、国際比較を深めるための前提として日本における一九六〇年代の社会運動を「再考」する際の論点として、以下の四つを挙げた。①「古い社会運動」の重みを、正確に位置づける。②一九六〇年代の運動をその前後の時代との関連のなかに位置づける。③文化実践やジェンダーの問題への取り組みなど、運動内部の運動性に注目する。④「社会運動」という概念を拡張し、運動として生起する以前の段階にある様々な動きを対象として位置づける（戸邉秀明「特集にあたって」『年報日本現代史』26号、二〇二一年）。これらの社会運動史に関する論点は、ポスト高度成長期を対象とする本号においても引き続き継承していきたいと考える。

しかし、上記の提言は、世界各地で運動が生じ、国際的にみても研究が進展している一九六〇年代を対象としてのものであった。ポスト高度成長期の社会運動を対象とするのであれば、時代と研究状況に見合った異なる論点が必要となろう。また、そもそもポスト高度成長期の社会運動に照準を合わせることに対し、疑問を持つ読者もおられよう。なぜならばこの時期は、社会運動にとっての「冬の時代」と呼ばれることもあり、一九六〇年代のように社会運動を取り上げることが自明な時期とは言い切れないからである。そこで本特集において、ポスト高度成長期の社会運動を取り上げる意図と論点について、以下の三つの点を挙げておく。

第一に、長期的に運動を理解する必要性である。個々の運動をみていくと、一九六〇年代（あるいはそれ以前）に始まった運動が、一九七〇年代以後に長期にわたり続く場合が多くみられる。その理由として考えられるのは、国家の政策に伴う民衆の抑圧・不利益に対してこれに抵抗する運動が生じる場合、一般に国側が態度を簡単に変えることはなく、運動そのものが長期にならざるを得ないという点である。例えば、成田空港建設に対する三里塚闘争一つとってみても、そのことは直ちに理解できよう。荒川章二は、戦後の豊かさへの過程は、様々な面で社会が切り分けられていく過程であったとし、性別や健康・民族的出自などの属性による切り分け、地域や産業による切り分け、軍事空間（沖縄、「本土」の米軍基地群、自衛隊）の維持による切り分けの三つを指摘した（荒川章二『全集日本の歴史　第16巻　豊かさへの渇望』小学館、二〇〇九年）。この指摘を、本特集では積極的に受け止めたい。このような社会の切り分けに対する抵抗は、社会の切り分けが国家の政策と結びついている場合、とりわけ長期にわたらざるを得ない。裁判闘争になれば、その傾向はより強まる。必ずしも訴えた人びとが勝訴するわけでもない。しかしそのなかで、一定の成果を勝ち取った運動もあったのではないか。仮に運動自体が当初の目的を達成しないまでも、長期の運動の過程で自らの運動の中身を変えつつ、新たな関連する運動を触発し支える力になることもあったのではないか。運動の発端である一九六〇年代（あるいはそれ以前）だけに着目するのではなく、長期的な視点で社会の切り分けに抵抗する人びとの足跡を現代史研究の射程に入れること――このことが、一九六〇年代に引き続く時期であるポスト高度成長期の運動と民衆に注目する理由の一つとして指摘できよう。

第二に、ポスト高度成長期が、民衆の生活世界の転換点にあたると考えられる点である。高度成長期には、一方で耐久消費財の普及により新たな生活スタイルが進展していった。しかし他方で、公害の発生や前述した国家の政策による社会の切り分けに対抗すべく、民衆の生活世界固有の領域に対する関心も高まった。そのようなかで生み出された民衆的な知（以下「民衆知」と呼ぶ）に関連して、安田常雄は鹿野政直の「民間学」の議論を、戦後日本の民衆による自己表現の歴史に援用した（安田常雄『暮らしの社会思想』勁草書房、一九八七年）。栗原彬は人びとを支配する権力性を帯びた理性に対して、民衆の知恵や身のこなしの総体を〈民衆理性〉と呼び、〈民衆理性〉と戦後の市民運動や住民運動との連関を論じた（栗原彬「〈民衆理性〉の存在証明」テツオ・ナジタ、前田愛、神島二郎編『戦後日本の精神史』岩波書店、一九八八年）。しかし、ポスト高度成長期（なかでも一九八〇年代）は都市社会化、消費社会化、モータリゼーションが進展した。そのことによって、これまで生活との関連で実感されてきた生活世界の領域そのものが、大きく作り変えられていった（筆者も、このことを都市の水辺空間に即して論じた。沼尻晃伸「都市における水辺空間の再編」『年報日本現代史』23号、二〇一八年）。すなわち、生活そのものの変化というなかで、「民衆知」に大きな揺らぎが生じたのがポスト高度成長期であった。とすれば、その実相を解明しそのことと諸運動の展開との関連を追究することは、現代史研究の重要な課題となろう。

第三に、同時代における個人や人びとの体験や経験、記憶が、一定の期間を経て、種々の運動や歴史実践に結びつくケースがみられるようになってきた点である。成田龍一は、個別の戦争体験を他者にも通じる「戦争経験」とする必要性を唱えた藤田省三の議論を紹介しつつ、戦争経験について、「体験／証言／記憶の三位一体」の織りなす領域があるとする。そして、これらは歴史的に異なる形態をとるとして、一九七〇年前後に「証言」の時代となったとしている。「証言」の時代となったということは、戦争経験を有さない人びとを意識して自らの戦争経験を発信する性格がより強まったということになる（成田龍一『増補 「戦争経験」の戦後史』岩波書店、二〇二〇年）。一九六〇年代後半からポスト高度成長期を対象にするということは、まさにこのような時期における戦争経験と発信およびその変化を対象とすることになる。

成田のこの議論は、戦争それ自体の経験に止まらないであろう。敗戦後における日本政府の、旧植民地出身者に対する政策は、旧植民地出身者の敗戦後の体験を、より屈折した複雑な形にしたと考えられる（この点は本特集の李論文を参照されたい）。そのことが、どのような形で他者にも通じる「経験」に転化し、さらには種々の運動や歴史実践に結びついていったであろうか。本特集に含まれる「民衆」という言葉には、このような同時代における個人や人びとの体験や経験、記憶が含意されている点を、改めて指摘しておきたい。

本特集では、以上の三つの点を重視して、ポスト高度成長期の種々の運動を対象とした。もちろん各論文が、これら三つの点全てをカバーしているわけではない。論文によって、どの点に重点が置かれているかは異なる。しかし、特集論文を通読していただければ、ポスト高度成長期を対象とする本特集の狙いがご理解いただけるのではないかと考える。なお、付言すれば、一九九〇年代から二一世紀の社会運動は、当事者性を拠り所にした運動が広範にみられるようになった。そのような当事者運動との関連において、ポスト高度成長期はどのように位置づくのかという点からも、本特集の意義を位置づけることができる。戦後の運動史を二一世紀における現状との直接的関連性で捉える場合にも、ポスト高度成長期の実証的研究が欠かせない点を指摘しておきたい。

さて、本号に収められた特集論文は、三里塚闘争に関わっての食の運動や文化運動、旧植民地出身者による「国籍」をめぐる運動、冤罪被害者に対する救援運動、脳性マヒ者によるケア付住宅建設運動、沖縄戦体験記録運動、さらには、財界が関わる都市のアニバーサリーイベントに抵抗する歴史実践など、実に多様である。そこで以下、各論文に関して、右記の特集の狙いと関連づけて紹介する。

李英美「国籍の喪失と「回復」——一九七〇年代日本の国籍確認訴訟と補償問題」は、旧植民地出身者による国籍確認訴訟について、その論理や支援者との関わり、一九七〇年代における運動の広がりについて考察する。李論文は、日本政府の政策によって旧植民地出身者が日本社会から切り分けられた歴史、とりわけその戦後におけるプロセスを正面から扱っている。同時に一人の人物（宋斗会）の生い立ちや移動経験を通して、国籍確認訴訟に至った経緯や「日本国民」であることの確認を求めた論理を論じる。さらにそこでの行動が新たな同様の行動を呼びおこし、日本に対する戦後補償を求める運動が展開した点に注目している。法の規定だけからではわからない、戦前から戦後を経験した旧植民地出身者にとっての「国籍」とは何かという点を、深く考えさせられる論文である。

船津かおり「一九六〇～一九七〇年代における冤罪被害者・赤堀政夫に対する救援運動——社会運動家・森源の活動を通して」は、一旦は死刑が確定したものの、再審請求ののちに無罪判決を勝ち取ったことで知られる「島田事件」の冤罪被害者・赤堀政夫への救援運動の歴史を辿ったものである。国家による冤罪被害者の拘束という「切り分け」に対して、事件発生地の地域社会において長期にわたり救援運動を進めたのが森源であった。ここで興味深いことは、一九七〇年代中頃において、救援運動の主たる担い手が真っ向から対立する局面があったにもかかわらず、救援運動は継続し、冤罪被害者救援のための力となっていることを、運動当事者の史料から明らかにしている点である。船津論文は、そのような一九七〇年代の社会運動の可能性とその条件を示している。

鈴木雅子「一九七〇年代の東京都における脳性マヒ者運動の展開——「東京青い芝の会」のケア付住宅建設運動を事例に」は、脳性マヒ者の運動団体として知られる「青い芝の会」、なかでも「東京青い芝の会」によるケア付き住宅建設運動を取り上げる。鈴木論文は、現状の研究においては批判されることの多いケア付き住宅建設について、同時代を歩んだ障害者の視点から究明する必要性を説く。そこで重視されるのは「東京青い芝の会」に結集した障害者の生い立ちや体験、さらには障害者自身がヨーロッパを旅行して知り得た介助付きの住宅であった。種々の体験とそのなかで培われた「知」に裏付けられた運動が、明らかにされる。そのことと、一九七〇年代における東京都の政策とがリンクして結実していったプロセスを解明した点は、これまでの研究が明らかにしてこなかった点として注目に値しよう。

小野田美都江「前田俊彦の三里塚闘争とドブロク造り――『瓢鰻亭通信』の展開から」は、三里塚闘争に関わりつつドブロクの自家醸造を実行したことで知られる前田俊彦を対象として、その歴史的意義を『瓢鰻亭通信』から追究したものである。ここで解明されるのは、酒の自家醸造を通して見えてくる前田の生産と生活双方に関わる一種の「民衆知」である。小野田論文が興味深いのは、そこでの「民衆知」が必ずしも一定ではなく、中国視察や三里塚への移住、ヨーロッパ旅行などを通じて徐々に変化していくことを描いている点である。国家権力による社会の切り分けによって長期の運動を余儀なくされるなかで、種々の体験を踏まえ新たな自治を模索する――その結果、自らのドブロク造りに至る――前田の思想と行動の動態が具体的に描き出されている。

須田佳実「一九七〇～八〇年代の沖縄戦体験記録運動と「記録者」たちの位置――著作権論争の再検討を中心に」は、戦争体験・記録と「民衆知」に関するジャンルを正面から追究した論文である。沖縄戦の体験を記録する営みは、「戦後歴史学」という「学知」から捉えられるものではない。新しい認識枠組みを作り出すために体験者との関わりのもとで編み出された記録者による「民衆知」として、須田論文は位置づける。しかしその「知」は、一九七〇・八〇年代の時代状況のなかで沖縄戦の全体像を浮かび上がらせようとするものへと変化していく。著作権論争を手がかりにしながら、記録者と体験者の関係性にまで立ち入って一次史料に基づいて実証することを通して、そこで生み出される「民衆知」の歴史的性格を浮き彫りにしている点で、須田論文は示唆に富む。

山口祐香「「大阪」を跡付ける歴史実践――一九八三年「大阪築城四〇〇年まつり」に抗する社会運動の経験から」は、「歴史実践」の歴史を対象とした研究である。大阪二一世紀協会が主催した秀吉を顕彰する「大阪築城四〇〇年まつり」に対し反対運動をおこしたのは、在日朝鮮人をはじめとする、社会の周縁に位置づけられてきた人びとであった。この運動に労働者や知識人が連帯し、「大阪築城四〇〇年まつり」に対し秀吉の朝鮮侵略の側面を対置する主張が展開される。さらにそのような「民衆知」を梃子にして、「耳塚民衆法要」という歴史実践が、在日朝鮮人のみならず、社会運動家や宗教者など多様な人びとともに営まれた。社会の切り分けに対抗する歴史実践を通した連帯の可能性が、一九八〇年代の大阪に存在したことを山口論文は示しており、新たな論点を提起している。

相川陽一「「三里塚闘争記録映画の自主上映運動に関する一考察――小川プロダクション資料の保全と活用のために」は、三里塚闘争を描いた記録映画「三里塚シリーズ」を制作した小川プロダクションが残した資料の保全・整理と当該資料が有する今日的意義を論じる。その上で、当該資料を用いて一九七〇年代における三里塚記録映画の自主上映運動について名古屋市の事例を検討する。相川論文は、現状における成田空港拡張工事のもとで、空港建設に異議をとなえてきた地域の再編が始まっている点を指摘する。地域の「切り分け」の問題は、現状においても引き続いているのである。同時に、そのなかで当該地域の資料保全が喫緊の課題となっている点を指摘する。現状と直結する現代史研究の難しさとそこでの資料保全の重要性・緊急性を、相川論文は教えてくれる。

以上、ここでは、ポスト高度成長期に視点を据えた特集の意図に即して、各論文の紹介を試みた。しかし、各論文の主張は、もちろん上記に止まらない。詳細は、ぜひ直接各論文をご味読いただければと思う。その上で改めて、「ポスト高度成長期の運動と民衆」の歴史的意義――あるいはそれを探るための方法――について、読者の忌憚のないご意見・ご批判をお寄せいただければ幸いである。

本号における「現代史の扉」に関しては、三宅明正氏に「何を残すか、残せるのか――工場調査、海外調査」をご執筆いただいた。三宅氏に、心より感謝申し上げたい。少年期から中学、高校、大学時代にかけての学びや諸活動、さらに研究者として史料調査と教育のために国内外を問わずに精力的に駆けめぐる氏の活動に関する叙述はとても興味深く、思わず引き込まれて読んでしまう。同時に三宅氏は、タイトルからわかるように、調査で収集した史料類をどのように残すのかという、多くの歴史家にとって切実で重い課題を提起している。ぜひ読者の皆さんとこのことを共有し、その方法に関する模索を持続的に続けていくことができれば幸いである。

「年報日本現代史」編集委員会

［追記］

二〇二四年九月二〇日、本誌編集委員の赤澤史朗が逝去しました。そこで編集委員会の依頼により、北河賢三氏に追悼文「赤澤史朗さんを偲んで」をお寄せいただきました。北河氏に深く感謝するとともに、編集委員一同、赤澤さんのご冥福を心よりお祈りします。

ポスト高度成長期の運動と民衆　目次

●

【特集論文】

執筆者紹介（掲載順）

李　英美［京都大学人文科学研究所助教］

船津かおり［立教大学共生社会研究センター研究員］

鈴木雅子［障害者運動史研究者］

小野田美都江［立教大学共生社会研究センター研究員］

須田佳実［一橋大学大学院社会科学研究科博士課程］

山口祐香［日本学術振興会特別研究員］

相川陽一［長野大学環境ツーリズム学部教授］

三宅明正［千葉大学名誉教授］

北河賢三［早稲田大学名誉教授］

Ⅰ　国籍の喪失と「回復」
――一九七〇年代日本の国籍確認訴訟と補償問題――

李　英美

はじめに

一九六九年、旧植民地出身者である宋斗会は京都地方裁判所に「日本国籍確認」訴訟を提起した。この訴訟を皮切りに、日本社会では「宋斗会裁判を支援する会」などが結成され、陳情や裁判などでの支援の輪が広がっていった。さらには宋に続いて、在日台湾人の林景明や在日朝鮮人の金鐘甲が、日本国を相手として「日本国籍確認」を求める訴訟を提起した。「日本国籍確認」訴訟（以下、国籍確認訴訟）とは何か。本稿では、国籍確認訴訟における運動の論理や支援者の関わり、そして運動の展開について考察する。そして、一九七〇年代前後の時期における旧植民地出身者の「国籍」をめぐる提起の意義について検討を試みる。

一九六〇年代後半以降、旧植民地出身者の在留権や「外国人」管理および出入国管理に関連する抗議活動・運動をめぐっては、当事者および日本市民との共闘でさまざまな運動が提起された。先行研究ではこれまで、日韓会談反対運動、外国人登録証（以下、登録証）の朝鮮国籍書換え運動、入管法の改正に反対する一連の反「入管体制」運動や国籍条項の撤廃要求運動、そして指紋押捺拒否運動が主に論じられてきた。(1) 一方で国籍確認訴訟については、あくまで宋斗会の個別の実践や個々の事例として触れられてきたにとどまる。本稿では、一連の訴訟を通して旧植民地出身者らが要求した権利のかたちとその内容について検討する。また同時代の日本における国籍や市民権の内実についても検討したい。

一　「日本国籍確認」訴訟の背景　一九四五年〜一九七〇年の「国籍」論を中心に

そもそも「国籍確認」とはなにか、なぜ人びとは国籍を確認する必要に迫られたのか。戦後日本における「国籍確認」問題は、とくに旧植民地出身者である朝鮮人に対する処遇をめぐって展開した。本項ではまず、外国人登録制度における「国籍」の扱いについて、日本側の見解を軸に概観する。

1　戦後日本における在日朝鮮人の国籍問題――外国人登録証の国籍欄をめぐる変遷

一九四五年八月の日本の敗戦に伴い、旧植民地出身者に対する処遇は、連合国最高司令部による引揚政策方針に示されているとおり、「中国人たる台湾人及び朝鮮人を、解放人民として処遇すべきである。［中略］しかし、かれらは、いまなおひきつづき日本国民であるから、必要な場合には、敵国人として処遇されてよい」とされた。(2) そして一九四五年九月二日から引き続き日本に在住する朝鮮人は、講和条約発効までの間、日本国籍を保有するものとされた。そのため法務庁は、朝鮮人は帰化の問題も生じないとの立場を示した。(3)

他方で、一九四七年五月二日に施行された外国人登録令（以下、外登令）は、その第一一条で朝鮮人および一部台湾人を「当分の間、これを外国人とみなす」と定めた。これにより、旧植民地出身者らは外国人登録の対象となった。そして登録証の国籍欄は当初、朝鮮人の場合には「朝鮮」と統一された。これは日本政府の方針のもと地域名・民族名としての「朝鮮」を意味する表記として処理された。

だが、次第にこの外国人登録をめぐって、本国が分断状態にある在日朝鮮人の国籍欄に「朝鮮」、「韓国」又は「大韓民国」のいずれの名称で記すべきかが、政府、自治体、民族団体の間で争点となっていった。[4] 一九四九年一一月二四日、韓国政府が在外国民登録法を交付すると、駐日代表部や民団は在日朝鮮人に国民登録を呼びかけ、日本政府に対して登録証における国籍欄に「韓国」又は「大韓民国」表記の記載を求めた。そして連合国軍総司令部の勧告に基づき、一九五〇年二月二三日に発表された外国人登録に関する法務総裁談話によって、朝鮮の国号は原則として「朝鮮」の呼称を用いるが、希望によって「韓国」あるいは「大韓民国」なる呼称を採用しても差し支えないとされた。[5] ただし「一部朝鮮人で「朝鮮民主主義人民共和国」とすることを申請するものがあっても申請に応じないこと」とされた。[6] こうして冷戦を背景とした朝鮮半島を取り巻く緊張のなかで、朝鮮人の国籍問題は、外国人登録上の国籍欄の表記をめぐる問題として浮上し、その記載は「朝鮮」あるいは「韓国」「大韓民国」の併用となった。以後、講和条約発効までの間は、日本政府は原則として国籍欄の書換えを認めない姿勢を示した。

一九五二年四月二八日、講和条約の発効に伴い旧植民地出身者は日本国籍を喪失した。日韓会談では在日朝鮮人の法的地位について、韓国政府発給の旅券や国籍証明書を所持している朝鮮人を大韓民国の国民と認めるという、「永住権」を付与する範囲から「国籍証明の得られない朝鮮籍の外国人」を除外する動きがあった。[7] この背景には、国籍証明の確認をめぐる攻防があった。

一九六〇年代には、外国人登録の国籍欄の書換えをめぐる動きが活発となった。とくに一九六五年四月の日韓の法的地位協定の締結に伴い、民団や領事館を通じての「韓国籍」の強要や徴兵問題が浮上した。また一九六五年は登録証の切り替えの時期でもあった。この際、福島県が県下市町村に対して「韓国」から「朝鮮」への登録証の再書換えを認めないという指示を出していたことが明るみとなり、外国人登録の現場である自治体では緊張が高まっていた[8]。そして法務省は一九六五年一〇月二六日に、外国人登録上の国籍欄の「韓国」および「朝鮮」の記載の意義について統一見解を発表した。この見解では、「朝鮮」という記載は用語（符号）を表し、「韓国」という記載は国籍を表示するものであると説明された[9]。

このような経緯から、一九六五年の日韓諸条約の締結を背景に、「韓国」から「朝鮮」への国籍欄の書換えを求める在日朝鮮人の声が高まり、各地で申請が増加した。一九七〇年六月八、九日に開かれた全国革新市長会では、「朝鮮」表示への書換えを認めるよう日本政府に要請する決議が採択された。福岡県田川市の経験を先駆けとして、革新自治体を中心に市長権限により、登録証の国籍欄を「韓国」から「朝鮮」へと書き換える運動が広がった。一九七〇年八月には、福岡県田川市で五世帯一四名の国籍書換えが行われ、一二月までに二七都道府県（八一市一八区一七町）で計一〇八六世帯二三一五名の書換えが実施された[10]。

自治体の動きに対して法務省は、一九七〇年八月五日に入国管理局長が各都道府県知事宛に、外国人登録の国籍欄を「韓国」から「朝鮮」に変更することは認められないとの指示を出した。法務省入国管理局長の吉田建三は「昭和四十年十月二十六日付法務省見解のとおり、「朝鮮」という記載は用語であり、「韓国」という記載は国籍を表示するものである以上、外国人登録の国籍欄を「韓国」から「朝鮮」に変更登録することはできない」と述べた[11]。さらに同年一〇月、法務省は「韓国の国籍を失ったことの証明もないのに、本人が希望するからといって「朝鮮」に再書換えすることはできない［中略］その表示が気に入らなくなったとしても、国籍自体が変更したということを確認しないで国籍の記載を変更することは認められない」との見解を示した[12]。

この過程では、田川市の坂田九十百市長に対して福岡県知事の亀井光が職務執行命令を出すなど、都道府県知事と市町村長との間の対立が生じた。外国人登録は本来、国の事務でありながら地方公共団体の長に委ねられた機関委任事務である。しかし、この時期には自治体が市町村長の権限において国籍欄の書換えを行った[13]。同時に、「法務省が通達により取扱いを指示するのは行き過ぎではないか」との声が地方自治体から上がっていた。このように国籍書換えをめぐる法務省の通達による指示が、地方自治への不当な干渉に当たるかどうかが争点となったが、法務省は機関委任事務の性質上、適切な指導監督の一環であると主張した[14]。

こうした経緯を踏まえると、戦後初期から一九六〇年代における「国籍確認」問題は、主に外国人登録行政において、外国人登録証の国籍欄の表記およびその解釈に焦点が当てられてきたと理解できる。そして日本の外国人登録行政において、「朝鮮」「韓国」のいずれを国籍欄に記載するかは、法務省、自治体、民族団体（総連、民団）の間で、意見が分かれ、主張の対立が起きた。しかしながら、この問題は単なる行政上の表記の問題にとどまらなかった。弁護士の野田宗典が、国籍書換えについての法務省見解を「一見したところ論理はそれなりに存在する」が「あまりにも政治的すぎる[15]」と言及したように、法務省の行政上の解釈そのものが冷戦下の朝鮮半島情勢や在日朝鮮人社会の動向を反映した判断であった。これら朝鮮人の国籍問題は、次に詳述する戸籍と国籍の関係性、植民地期に制定された共通法（一九一八年四月一七日、法律第三九号）の影響など、多岐にわたる問題を内包していた。

2　帝国解体以後の戸籍と国籍

敗戦後、旧植民地出身者の法的地位は複雑な状況に置かれた。外国人登録制度により「日本人」から切り離されていく一方で、講和条約発効までは日本国籍を有するとされ、この矛盾が実務上の混乱を招いた。

日本の植民地統治下では、戸籍と国籍が密接に結びつき、朝鮮人を対外的には日本国籍を有する「日本人」としつつ、内部では血統・民族別に区別する手段として機能した[16]。戸籍に紐づけられた国籍政策は、外国人登録の対象を

「日本戸籍令の適用を受けない者」と定めたように、敗戦後にも旧植民地出身者に対する管理に用いられていったが、その影響は、旧植民地出身者と身分関係にあった人びととその家族関係にも広く及んだ。

敗戦後の大規模な人口移動に伴い、身分関係はさらに複雑化し、戸籍および国籍事務の重要性は増した。戦後初期の戸籍事務の取り扱いは、法務庁（一九四九年六月より「法務府」に改称）民事局長の通達・回答に基づき、法務局を通じ、市町村長に徹底することで実施された。そして、この過程で問題となったのは裁判所における法規の解釈の揺れであった。裁判所は各独立して法規の解釈適用ができる立場から必ずしも解釈が一致しないので、この状況に対応するため、民事局鵜澤第二課長の呼びかけにより一九四九年に戸籍連絡協議会が開かれ、法務庁と裁判所間の解釈調整が行われた。

一九四九年五月に、東京家庭裁判所、最高裁判所事務総局民事局、法務庁民事局の間で、旧植民地出身者に関わる主な問題点として、次の二点が協議された。

一つ目は、朝鮮の戸籍に入った日本人女性の復籍問題である。詳しくは、「婚姻によって朝鮮の戸籍に入った内地人女が夫の死亡後内地に引き揚げ帰還し、婚姻前の氏に帰ろうとするが婚姻前の戸籍が不明なときは、就籍許可の申立をすればよいか」との各地家庭裁判所の問い合わせ事項である[17]。これに対して法務庁は「できない」との結論を示した。その理由は「法務庁の取扱方針について一言すれば、朝鮮人、台湾人については、不法入国者を除いて当分の間、従前通り取り扱うこととする。改正民法は家を廃止したから、共通法の適用する余地がなくなった範囲では、法例の規定を条理として適用する外ない。日本人と朝鮮人、台湾人との婚姻養子縁組等に関する戸籍の届出は、朝鮮台湾と連絡がとれないから、朝鮮に送付すべき書類は当分これを受理したまま保管してある。本件は、婚姻前の氏に戻ることはできない」［傍点　筆者］と説明した[18]。

加えて、復氏と就籍についても「配偶者死亡の場合の生存配偶者復氏の規定は朝鮮民事令にないから、朝鮮の戸籍にある者には適用されない。親族入籍の規定は朝鮮民事令にはあるが日本では既に廃止されているから、これによることもできない。なお、就籍許可は日本人であって本籍のない場合になされるもので、本件のように朝鮮の戸籍に入った者が復氏しようとすることが明らかな場合には適用されない」とした。これらの問題に対し、法務庁は消極的な姿勢を示した。その理由として、改正民法による「家」制度の廃止や、朝鮮民事令との不整合などが挙げられた。

二つ目の協議事項は、朝鮮人との離婚後、朝鮮の戸籍に残した子の日本戸籍への移動問題であった。すなわち、「朝鮮人と離婚した日本人女が朝鮮の戸籍に残して来た子を、民法代七九一条の氏の変更により自分の戸籍に引き取れるか」である(19)。これに対して法務庁は、先と同様に、朝鮮民事令に規定がないことを理由に、子は氏変更の許可を申し立てることができないとした。

以上の二つの事項における論点は、朝鮮人と日本人との間の婚姻や養子縁組などによる身分行為の変動を、いかに処理するのかということであった。植民地統治下では、内地、朝鮮、台湾等の異法地域において民事および刑事手続きを統一するための連絡を定めた共通法に基づき処理してきた。しかし敗戦後、共通法の法的根拠は失われていったにも関わらず、他方で朝鮮人および台湾人を「従前通り扱う」との法務庁の方針も存在し、旧植民地と日本本土間の身分行為の処理に関する法的根拠は不明確になりつつあった(20)。

敗戦から講和条約発効までの期間の戸籍事務、外国人登録制度などに関して、法務行政の立場は基本的に一貫していたが、現場での判断はかなり分かれていたといえる。例えば、朝鮮で婚姻した日本人女性の復籍問題に関する一九五一年一〇月一九日の引揚援護庁援護局長の照会では、「朝鮮人男と婚姻し朝鮮に居住していた元内地人女が、［中略］南北朝鮮動乱により夫が死亡若しくは行方不明となった」場合、「内地の戸籍に復籍する方法」について次のように議論がなされた(21)。

援護局側は、彼女らが朝鮮における生活基盤を失い、子とともに親族知人を頼って日本に入国している事情から、一般引揚者に準じて帰郷させたが、夫の死亡を証明するに足る書類がなく法的手続きができないことや、夫が妻子を捨てて行方不明となった場合も多く、復籍手続きが困難であると述べた。

これに対して民事局長の回答は、夫の死亡が確定していない場合は復籍が難しいが、行方不明が三年を超える場合や悪意で遺棄された場合は、日本の裁判所で離婚訴訟を提起し、判決を得れば復籍可能とした。また夫婦の合意に基づいて作成された離婚届書が認められれば協議離婚の届出が受理され、復籍が可能とされた[22]。興味深いのは、このように日本人婦人を帰還までは日本国籍保有者として扱い、引揚げ後に日本国籍喪失者として扱う一貫性を欠く対応が見られたことである。

裁判所の対応も一様ではなく、朝鮮人の国籍をどう扱うかによって判断が分かれた。東京地方裁判所の千種達夫判事は、まず朝鮮人の国籍を確定することの重要性を指摘した。例えば一九五二年四月に千種は、敗戦後各地で起きていた離婚事件――とくに朝鮮人男性と結婚した日本人女性の場合――の扱いについて、次の見解を示した。

「日本人の女が朝鮮人の男と結婚し、夫婦として日本で同棲していたが、夫が終戦前、または終戦後朝鮮へ帰ったまま何の便りもないから離婚したいとか、あるいは逆に妻が単独で内地へ帰ってきたが、夫の消息が分からないとか、夫から遺棄されたのだから離婚したいというような事件が、終戦後各地で起こった。しかしはっきりした法律がないため、一体こうした訴訟が、日本の裁判所に起こせるのか、また日本の裁判所に起こせるとして、どこの国の法律によって裁判するのか、いろいろの疑問が生じた。それを解決するには、先づ朝鮮人は日本人かどうかの国籍からきめていかなければならない[23]」。［傍点　筆者］

千種は続けて、夫が日本人であるとみなすかどうかによって結論が異なると述べた。もし夫が日本人でないとすれば、一般民事訴訟法の原則により、夫が朝鮮にいる場合には朝鮮の裁判所に訴えを起こすべきだが、東京地方裁判所は夫も妻も日本人だとみなした。次に、日本の裁判所で裁判する場合、どの民法を適用するかが問題となった。この点でも、夫と妻が別の国籍であるかどうかによって考え方が異なるとされた。

まず離婚に関する法律適用については、夫が日本にいるとみなされた場合、日本の裁判所がこの事件を管轄し、日本の民法を適用するとされた。他方で、夫が日本にいないとみなされた場合、一般民事訴訟法の原則により、夫が居住する朝鮮の裁判所で訴訟を提起すべきだとした(24)。しかし、千種はまず何よりも夫が朝鮮人か日本人かが問われるべきとの前提条件を確認した。同様に、一九五〇年の熊本地方法務局長照会による民事局長の回答においても、朝鮮人男性と婚姻した日本人女性の離婚届の受理について「日本国籍を有するものとして解すべき」と述べ、日本の裁判所の管轄権を認める立場が示された(25)。このように旧植民地出身者の国籍に関する杜撰な戦後処理に付随して生じた、旧植民地出身者と身分関係を結んだ人びとの身分の処遇は、生活の不安定さをもたらした。とくに戦後の国籍法の改訂による影響も大きかった。

一九五〇年七月一日に新国籍法が施行された後も、認知に伴う戸籍移動や国籍喪失の取り扱いが変更され、複雑な事例が生じた。とくに、新法施行から同年一二月六日の通達（昭和二五・一二・六民三〇六九号）までの五ヶ月間のいわば「法の狭間」の時期に生じた事例は、後に日本国籍確認訴訟に発展する問題を生み出した(26)。このような経緯で日本国籍を喪失した日本人女性の問題はその後、一九六一年の最高裁判決で「帰化以外に日本国籍を取得する道はない」と判断されるに至った(27)。

これらの問題の背景には、旧国籍法（一八九九年法律第六六号）の規定があった。旧法の特徴は、家族国籍同一主義を採用し、外国人の妻や養子、外国人の父から認知された者は日本国籍を失うと規定していた(28)。具体的な影響として、日本人女性と朝鮮人男性との婚姻関係の間に生まれた子の場合、父が認知すれば子は外国人登録の対象となった。

戸籍事務に二〇年間携わり『戸籍』の編集を担った上野生は、新国籍法による変更点を次のように指摘する。第一に、朝鮮人および台湾人に認知されても、日本人の戸籍に変動は生じない、第二に、外国人登録令の適用や選挙権には影響がなく、逆に、日本人に認知された朝鮮人は外国人登録令の対象となるのだ。[29]

戦後日本における朝鮮人および台湾人ら旧植民地出身者の国籍問題は、戸籍と国籍の複雑な関係性を反映していた。植民地期に制定された共通法および戸籍・国籍政策の影響は、戦後も残存し続けた。これにより、朝鮮人の法的地位や国籍の判断基準は錯綜し、戸籍の所在や身分変動の時期によって異なる扱いを受けることとなった。

このように、旧植民地出身者の国籍問題は、植民地時代の法制度と敗戦後の法的処理のはざまで複雑化していった。とくに戸籍と国籍に関する実務では、敗戦から講和条約発効までの期間、複雑な問題に直面していた。それは第一に、旧植民地出身者およびその配偶者や子の日本国籍の存続の有無について、第二に、日本国籍が存続する場合、どのように確認するのかという問題であった。朝鮮および台湾の解放に伴う国籍変動の問題は、当初からこれらの課題を含んでいたのであった。戦後日本の国籍に関する法制度的不備は、その後も長らく解決されぬまま、個別の裁判と判決を通じて徐々に明らかとなり、実体化していったのである。

二　一九七〇年前後の時期における「日本国籍確認」訴訟の展開

1　「日本国籍確認」の論理

宋斗会の告発

一九六九年一〇月二三日、宋斗会は国籍喪失措置への異議申し立てを京都地裁に提訴した。一九七〇年前後は、松山正弁護士が「全国的にみて、ほとんど全部の入管関係の行政訴訟が、日韓条約の発効以後に発生してきている」と指摘したように、出入国管理令（以下、入管令）第二四条四号の退去強制条項の具体的な適用が増加した時期であった(30)。

この状況を象徴する事例として、李順子一家と金元泰の例が挙げられる。李一家は、一九六七年に李順子が配偶者と離別して生活保護を受給したことを理由に、特別在留許可（以下、特在）の更新を打ち切られた(31)。李一家は生活保護を返上したが、翌一九六八年に福岡入国管理事務所の呼び出しに応じた際、そのまま大村収容所に収容された。李順子は一九二六年に朝鮮で生まれ、先に大阪へ渡った夫を訪ね、一九四五年一〇月から日本に居住していたが、生活保護の受給が退去強制処分の原因となったのである。

一方、金元泰は一九六五年に交通事故による業務上過失致死などの罪で禁錮一年六ヶ月、罰金一万円に処せられた(32)。この時、外国人登録証を自宅に置き忘れていたことで外国人登録法違反も加わり、退去強制令書（以下、退令）が発付された。登録証の不携帯が併合審理となり、入管令第二四条四号へ「外国人登録に関する法令の規定に違反して禁錮以上の刑に処せられた者」に該当するとされたのである。金元泰は一九四三年に日本で生まれ、日本で生活してきた人物である。これらの事例は、戦前から日本に居住していた旧植民地出身者に対しても退去強制処分が適用されるようになったことを示している。こうした退令の増加を背景に、行政訴訟を通して司法権による救済を求める動きが活発化したのであった。

このような状況のもと、宋斗会の訴訟は提起された。訴状では、戦後、日本国民としての権利が停止され「外国人」として登録されたが、日本国籍は保持されたままだったと主張した。そして、一九五二年の対日講和条約により一律に日本国籍を剥奪されたが、この手続きが国際法違反、憲法違反であると訴えた。

宋の告発に対して国側は、一九七〇年二月二一日の第二回口頭弁論では、宋斗会が「大正九年頃内地に来た事、昭和八年頃満州に渡った事、昭和二二年頃中国から本邦に入国した事は認める〔中略〕原告が出生当時日本国籍を有していた事を認める」が、昭和二七年四月二八日「日本国との平和条約」発効とともに原告は日本国籍を喪失し」たと答弁した。(33) 国側は、宋の出生時の日本国籍取得を認めつつも、講和条約発効とともに日本国籍を喪失したと主張した。

これに対し宋は、「私は出生によって日本国籍を取得したものであって、厳密に言うなら取得という言葉も妥当ではなく、持って生れて来たものである」と日本国籍は出生時から保持していたものであり、「取得」という表現さえ適切ではないと反論した。(34) さらに「中国から来た等と言っているが、これも昭和八年日本人として渡満した者が、日本の敗戦によって中国に居ることが許されなくなったので引揚げ帰国したのである」とも主張した。

宋は当初、日蓮宗の住職である木村日英が養子縁組の事務手続きを行わなかったことを挙げ、実質的には養子縁組が成立していたとして「当然日本人として、客観的にも事実と認められる」と主張した。(35) すなわち宋の主張は当初、木村日英との養子縁組による日本人としての地位を根拠としていた。だが次第に、宋の主張は旧植民地出身者に対する国籍の一括処理の誤りを指摘する方向へと変化していった。

また、宋の主張の根底にあるのは日本国籍の取得ではなく、あくまで「国籍確認」であった。宋は国籍選択の自由が認められた場合、日本国籍を主張するか否かを決めていないと裁判中に言及している。(36) このように宋斗会の訴訟は、戦後処理の不十分さへの異議申し立てが基盤となっていた。自らの境遇を「遺民」や「棄民」(37) と位置付けた宋の主張は、戦後日本社会が旧植民地出身者や戦争被害者をどのように位置付けてきたのかという問題を、社会に投げかけるものとなった。

2　宋斗会の移動経験にみる「日本国籍確認」訴訟の背景

一九六九年に宋斗会が提起した国籍確認訴訟での「日本国民であることを確認せよ」という主張の背景を探るため、宋斗会の戦前から「戦後」にかけての移動歴と生活経験を辿る。

「日本人仏教徒」木村竜介から「朝鮮人密航者」宋斗会へ

宋斗会（一九一五―二〇〇二）は、一九一五年六月八日に慶尚北道漆谷郡で生まれた在日朝鮮人一世である。[38] 宋の人生は、幼少期から戦後に至るまで、日本の植民地支配の影響を強く受け、彼の「日本人」としての意識形成と国籍への向き合い方を複雑に組み合わせたものとなった。

宋は三歳の時に母を亡くし、一九二〇年に父とともに五歳で日本へ渡り、京都の旧竹野郡網野町に移り住んだ。彼は小学校入学前に日蓮宗本覚寺の住職である木村日英に引き取られ、木村岩雄として育てられた。寺院における徒弟の慣習は、戸籍法と関係なく養子として認められるため、師の姓である木村を名乗った。寺院での生活により、宋は木村の思考に強い影響を受けて育った。宋は幼少期の印象深い記憶として、一九二七年三月七日に発生した京都府北丹後地震の被災経験を挙げている。地震発生時、住んでいた本覚寺が全壊し、食事を共にしていた四つほど年上の弟弟子が建物の下敷きになり死んだと回想する。[39]

宋は一九二八年に網野小学校尋常科を卒業するが財政的理由で中学進学を断念した。そして一九三三年九月に父として敬愛していた住職木村の死をきっかけに、仏教徒として満州へと渡った。この時、宋は木村竜介の名を名乗った。神戸から船で大連に渡ると、満州では寺院を転々としながら仏教活動を続けた。一九三三年九月に日本山妙法寺を訪ね、一九三四年三月までの半年間を大川周明の実弟宅で過ごした。次に、実業家で満州青年連盟の井藤の紹介で大連市外大房身の開拓訓練所で三ヶ月を過ごす。そして奉天省の蓋平の興隆寺を訪問した。その後、一九三四年一二月に奉天の小西辺門外に位置するラマ寺、皇寺で半年を過ごした。一九三五年には富高行雄の勧めで大石橋に住み、南満洲鉄道株式会社（満鉄）附属地の日本人居住区にあった日本山の寺で過ごしたが、再び一九三五年九月から蓋平の興隆寺に落ち着いた。興隆寺での生活について、宋は居候で「正規の寺にどんな義務も追っていなかった」と語り、無宗派僧としての生活を送っていた。[40] 同時期の読書経験として、木村泰賢の『原始仏教思想論』や猪狩史山『老子の面』、口田康信を読み、中国の儒家の井田法や郷村運動への関心を高めた。とくに『原始仏教思想論』については、「この書物を、この時期に読まなければ、その後の私は、もっとはっきりとした、民族主義者か、国家主義者になっていたかも知れない」と回想している。[41]

宋は満州に渡った後、ハルピンの極楽寺の従軍僧であった天台宗の今井昭慶や、陸軍の次木一（敗戦時、二等兵）などの日本の軍人や官吏との交友を深めた。そうした人間関係から、宋は協和会中央本部の文化部から『朋友』という雑誌の編集を任され、その編集発行も行った。幼少期から一七歳まで、宋は京都府網野の本覚寺住職である木村日英の思想に強い影響を受けた。木村について、宋は「当時の日本では、かなりの超国家主義者であった」と評した。[42] 日本での寺院生活や満州における軍人や官吏、協和会関係との交友を通じて、次第に国粋主義や「大亜細亜主義」などの思想にも影響を受けるようになった。このことは、敗戦後の一九四五年八月二三日に次木一と北京飯店で落ち合い、日本軍の「敗軍」により次木一と共に自決を心に決めていたとの言及にも示されている。[43]

他方で宋は、日本の軍人や官吏との交流を深める一方、「反満抗日」運動に関わりを持つ王覚という人物や同年代の中国人作家や詩人グループとも交友があった。王覚が憲兵に殺された後、自身も憲兵に囚われたと回想している。[44] これは、宋が満州で「いとも奇妙な立場に立つ」と自身を位置付けたことにも関連する。[45] 宋は「普通の日本人とは違った目で見るわけです。根本的に、要するに日本人とは違った目を持って生まれたわけですね。朝鮮人であるが為に」と述べた。[46]さらに宋は敗戦後、知人宛の文章で「在満邦人に朝鮮人が含まれるか否か」という問いかけをした。このように宋は、朝鮮から日本、そして満州への移動を通じて、幾つにも分裂したかたちで「日本人」としてのアイデンティティを形成していった。

北京で敗戦を迎えた宋は、一九四七年四月に日本に引き揚げ、兄のいる網野町で生活を再開した。引き揚げた当時、朝鮮連盟からの加盟の話を断り、朝鮮人との付き合いはしなかったと回想する。[47]宋は、一九五〇年夏に網野町で外国人登録令違反により摘発された。一九四七年五月二日に施行された外国人登録令による戸口調査で未登録が判明し、登録令違反とされた。「密入国者、朝鮮人」と名指された宋は、「私が朝鮮人である事実を否認する心算はないが、私は法律的にも、実体的にも日本人だ」と主張し外国人登録を拒否した。[48]当時、公安委員長をしていた網野町の本覚寺住職が宋の身元引受人となり、釈放された。宋は登録を拒否したまま網野町を離れた後、放浪生活を続けた。そして一九六四年、兄の病気で網野町に戻った際に、警察の戸口調査によって外国人登録法違反で摘発され、懲役一ヶ月、執行猶予一年の判決を受けた。その後、宋は「指紋をとられたりすることも、その時は割り切」り、一九六六年一月に外国人登録をして、一年毎の更新が必要となる特在を受けた。[49]その後は一年毎に更新申請のため入管に通うようになった。そして四度目の更新手続きが迫る一九六九年に、当時五四歳であった宋は、「一年一回一〇〇〇円の手数料を払うことや、舞鶴の入管出張所へ出頭することくらい大した負担でもないが、どうも心中すっきりしない〔中略〕私は誰かの格別の御詮議をもって、日本に住むことを許可して貰わねばならない様な筋はない筈だ」と訴訟を起こすことを決心した。[50]

特在での生活が長いことは、更新の度に「外国人」として刻印されることを意味した。宋は、その経歴から日本に深く根ざしながらも、法的枠組みによって「外国人」として扱われ続けた。この矛盾に対し、宋は訴訟を通じて自らの立場を証明しようと決意した。そのために、まず京都弁護士会の法律相談所を訪ねたが、前例がないとのことで話が進まなかった。次に、峰山裁判所（京丹後簡易裁判所）の書記に頼み、民事訴訟の雛形を手本にして訴状を書き、京都地裁へ送ることにした。そして訴状は受理され、宋の訴訟は正式に進行することとなった。

3　宋斗会裁判を支援した人びと

宋の裁判を人びとはどのように受け止めたのか。宋斗会は、その風貌について「細い棒切れの先に毛髪と髭が生えたような風体」と評され「奥丹後の仙人」とも呼ばれた。[51] 宋は住まいを持たず、京都大学近くの鴨川の辺で暮らすが、一九七三年に京大熊野寮委員会から寮の一室を提供されてからは、晩年まで寮に住んだ。

一九七〇年初頭の宋の国籍確認訴訟の支援は、会としては、一九七一年八月二六日に岡本清一を代表世話人とする「宋斗会氏の裁判を支援する会」（以下、支援する会）発足に始まる。事務局および世話人など会の中心には、弁護士の小野誠之、政治学者であり京都精華大学および京都精華短大の学長を務めた岡本清一、同志社大学の和田洋一、牧師の崔晶幸、過去に京都市内区役所の戸籍課長を務めた向井義勝などが集った。当会は裁判の資金調達のために一九七一年一一月二一日に『日本と日本人を告発する』という事務局パンフを作成して、全国に送付（三回計一五〇〇部）した。また『宋斗会支援ニュース』の刊行も担った。

宋の人物像について、裁判を支援した鄭貴文は「宋斗会は朝鮮人だといい、朝鮮名を名乗った。ところが母国語を識らないという。六〇くらいの年配で母国語を話せない同胞がそういるものではない。彼はよほど特殊な環境で生活したのであろう」[52] と回想した。宋自身も裁判を提起した当初、朝鮮の言語や慣習を全く知らず、朝鮮に対して祖国感も持っていなかったと回想している。そのため、もし日本国民として認められないとすれば、自身のこれまでの半生が否定されることになるという意識があった。また、宋は民族団体との関わりも薄かった。

宋は「私には朝鮮人、宋斗会としての生活の実績がない」[53] と語り、事務局も「本質的には民族性も国籍も持たない一在日朝鮮人が告発している」(54)との認識を示した。しかし事務局は、「朝鮮人民としての階級的視点の欠落、右翼的な体質とその人脈に対し彼個人を客観的な立場から批判する日本の人々（特に日本人、左翼と称する人々）」の姿勢に対しては、「彼の個人史を彼の責任に全てを負わすのか、日本人総体の責任として問題とするのか」と疑義を呈した(55)。

宋の訴訟や抗議活動には批判の声もあったが、新聞やパンフで宋の訴えを知った人びとからの激励の声もあった。例えば、隠岐島の少年からは「あの立札（朝鮮人切り捨ての象徴）は、はずかしいことながら、私たちの港にもあります。いや、全国の（西側日本）いたる所にあるでしょう。なんで密航が悪いんだろ〔中略〕あなたは、正しいことをしているのです。最後まで戦いましょう」との手紙が届いた(56)。また大阪市のT氏からは、「突然、手紙を差し上げる失礼をおゆるし下さい。〔中略〕私は慶尚南道居昌郡に生まれ、五十歳の今日まで日本に暮し、現在ささやかな飲食店をやっている者ですが。私は在日朝鮮人の一人として、朝鮮人蔑視を改めない日本に対して腹にすえかねるばかりか、がまんならないのです。貴方の素性と多少違っていたとしても、このような問題を抱えながら、どうすることも出来ず苦しみに耐えている朝鮮人は他にもたくさんいると思います。しかし、貴方は敢えて国を訴え、御自分の主張を貫き通すその勇気に感激しました」との激励も届いた(57)。

支援する会の事務局は、会の発足を経て「なぜこの宋斗会氏の裁判にかかわるのか」討論を続けた。宋斗会は裁判当初から「私は何も裁判を支援してもらおうとは思わないし、実際的に裁判を支援してもらうことはできない。むしろ私の提起した問題を各自が真剣に受けとめて考え、そして各自をどうするのかを決める。そのようなものであるべきだ」と、支援する会という会の名称は妥当ではないと指摘した(58)。事務局は宋の批判を受け止め「日本人にとっては日々在日朝鮮人を抑圧、同化、追放している、いわゆる入管体制を支えている一人として、宋氏に加えられている弾圧を受けとめ、この関係を断ち切るために斗う」と今後の活動方針を示した(59)。

宋裁判の訴訟代理人を務めた弁護士の海藤寿夫は「私は、過去、在日朝鮮人問題に積極的に、関わり行動して来たわけでもないし、その問題に明るい訳でもない〔中略〕自己史からは、宋斗会氏の裁判への関わりは何ら必然化されない〔中略〕すなわち、わたしは在日朝鮮人問題、それが問題というかたちで現れている日本人の問題」について「無知であり、現実的な生きた感覚、問題意識を欠いている〔中略〕その無知、欠如を対象化するには何らかの外的な要因が必要であった」と述べた[60]。和田洋一は「サンフランシスコ条約締結のときに、在日朝鮮人にたいして、国籍選択の自由を与えることを宣言すべきであった。一九七二年の今日でもおそ過ぎてもうだめだということはない」との認識を示した[61]。

支援する会の大島純男は「華青闘の告発以来、入管法・入管体制反対に向けた実践行動である」と言及し、同じく会員の山本弘は、「宋斗会問題を闘い抜く中で入管行政をマヒさせ、解体して入管体制を粉砕し尽さねばならないだろう〔中略〕それが、今まで宋氏を含む朝鮮人を入管体制下に叩き込み、己の安全のみを考え、過去の償いなどしようとさえしなかった日本人としての私の任務であると考える」と述べた[62]。

このように宋の裁判への支援には、一九六九年国会に提出された「出入国管理法案」をめぐって提起された反入管運動の人脈も一部合流していた。一九七二年五月一八日、京都社会福祉会館での支援する会の集会には、百三〇名ほどの人が結集し、「入管体制に対する激しい怒りに満ちた熱気に溢れて」いた[63]。また、「ベトナムに平和を！」市民連合（以下、ベ平連）の人脈も関与はしていたが、ベ平連は一九六九年前後の時期は、京都ベ平連を中心に韓国軍脱走兵であった金東希をはじめ、任錫均の支援活動の方に集中していた[64]。

宋の裁判で、京都市内の区役所で四〇年間にわたり戸籍課に勤めた向井義勝が果たした役割は大きかった。向井は、戦後の混乱期における国籍や戸籍に関する事務に携わり、とくに講和条約以後の過渡期における身分関係の処理や外国人登録事務に関する経験を持っていた。向井は、「平和条約発効に伴う戸籍国籍事務の取扱いに於てはその疑問と矛盾に苦しむに至りました。然しその矛盾と苦しみは所謂通達行政の中での役割と手を切った後のその職場を離れて市民と共にしか真摯に考え解決することができない問題を含んでい」たと回想している。[65] 向井は退職後、宋斗会の裁判に関する新聞記事を読み、「市民の立場で改めて真剣に矛盾をときほぐし疑問を解明したい」と裁判の支援を決意した。[66] 向井の関わりによって、宋の裁判は戸籍法の知識を動員したものとなった。

裁判の経過

裁判は、第一審の最後一九七一年の七月二一日に宋が提出した第七準備書面に対して、国側が一切答弁を拒否したことで一時中断していた。第七準備書面の主な内容は、第一に「原状回復という言葉、並びにその観念」について、第二に「領土変更と国籍の変動」についてであった。[67] 原状回復の問題について、原告は、被告国側が主張する「原状回復」という概念に対して、現在南北に分裂している朝鮮を日韓併合前の状態に戻すことが可能なのかと、日韓併合の歴史的事実を無視して単純に併合前の状態に戻すという被告の説明に疑義を呈した。領土変更と国籍変更の関係について、原告は、領土変更に伴う国籍変更が必ずしも自動的なものではないと主張し、歴史的な事例（一八七五年の樺太・千島交換条約や一八九五年の下関条約）を挙げ、領土変更が必ずしも国籍変更を伴わなかった事例を示した。さらに、一八九五年の台湾割譲の際、日本政府が台湾住民を即座に日本国民とはみなさなかった例を挙げ、領土変更と国籍変更が必ずしも連動しないこと、そして日本政府が領土変更の際に、国籍選択の自由を認めなかった点を指摘した。そして、被告が度々原告に対して用いる「朝鮮籍の日本人」や「日本国籍を有する朝鮮人」という表現について、明確な回答を求めた。[68]

宋の裁判は、一九六九年から一九七一年にかけて十一回の口頭弁論が行われた。主な争点は、宋斗会の日本国籍の有無であった。原告側は、宋自身の経歴や日本での生活実態に基づき日本国籍を有するとの主張を展開した。これに対して被告側は講和条約発効により、朝鮮の独立承認に伴い朝鮮人は日本国籍を喪失したという論理を一貫して展開し続けた。

そして最終的に一九七一年九月に結審に至り、原告側は公判の再会を求めた。そこで小野誠之、海藤寿夫、古家野泰也の三弁護士による弁護団が結成され、一九七二年五月二〇日に公判が再開した。この公判では、初めて傍聴団が組織され、記者七名を含む三一名の傍聴団が結集し、宋の裁判を支援した。

三 「日本国籍確認」訴訟の波及

1 旧植民地出身者らの訴え

一九七三年に入ると、宋の裁判は国側の答弁に対する追及段階で、それ以上の主張を出し切れずに停滞していた。支援する会の事務局は、今後の訴訟で「積極的二重国籍主義の主張その他を通じて〔中略〕全ての在日朝鮮人の居住権をはじめとする諸権利の存在を主張する」方向を模索していた(69)。宋の裁判が行き詰まる一方、一九七三年二月には在日台湾人の林景明が国籍確認訴訟を起こした。これは一九七二年の沖縄の本土復帰と同時に、日本が中華人民共和国と国交を樹立し、これにより中華民国との国交が断絶されたことで生じた、台湾人の法的地位の不安定化が背景にあった。

林景明は一九二九年に日本統治下の台北で生まれ、一五歳で日本陸軍に招集され学徒出陣した。日本軍兵士として従軍した林の兄はマニラで戦死した。一九六二年に三三歳で日本に渡り、拓殖大学に入学したが入学から三ヶ月でビザが切れ、在留資格問題に直面した。林は入管に出頭し、調査、審査、口頭審理を経て法務大臣に意義申し立てをしたが却下され、翌一九六三年四月に退令を命じられて大村収容所に一ヶ月収容された。

その後、拓大関係者の運動により大学卒業まで特在の身分となったが、一九六六年に再び大学卒業時期との理由で退令が発付され、一九六七年に大村収容所に二度目の収容となった。そして一九六八年一一月に「一九七〇年三月三一日までに本籍地に向け出国する」との誓約書の条件で釈放された後に、一九七〇年一月に『知られざる台湾――台湾独立運動家の叫び』を出版した。

林は著書刊行後、同年一月一七日に退令取消しの訴訟を起こした。退令の撤回を求める訴訟の背景には、一九六五年以降、台湾出身者の強制送還問題が表面化していたことがある。留学生や青年に対する仮放免許可の更新が下りず、強制送還されるケースが増え、台湾独立運動との関わりを理由に、一九六八年には台湾へ強制送還された柳文卿事件や陳玉爾事件なども発生していた[70]。林は、退令撤回を求める訴えを提起した後、日本政府が台湾人の意思を問わないまま国籍処理を当時の中華民国に移したとして、日本国籍確認訴訟を提起するに至った[71]。

林景明の支援団体「林景明氏を囲む会」や「林景明氏の人権をまもる会」は、「林景明氏の国籍を奪うな　台湾人の自決権を尊重せよ」というビラで、「われわれは人権と自決権の尊重こそ平和の基礎とした国連精神の再確認と実践を促し、台湾人と韓国人、ベトナム、日本人との人権に差別をつけない運動を起し、皆様のご協力を求めてやまない」と訴えた。連絡ニュースでは、「いままで林支援運動では常に、林氏が台湾独立運動家であるということが運動の前進の壁となっていた。そこで、このことを日本人および支援者はどう捉え自己を位置付けるか、ということをしっかりつかまなければ、支援者の共通の獲得目標である、「退去強制令の取り消し、政治亡命権の確立」という運動は強い力は集めることは出来ない」と記した[72]。林は、一九七四年には台湾人元日本兵士の中村輝夫の救出をきっかけに発足した「台湾人元兵士の補償問題を考える会」（代表世話人は宮崎繁樹）の活動にも、「要求する委員会」の代表幹事として関わっていった[73]。林が起こした日本国籍確認の訴訟は、一九七七年四月に、東京地裁民事第三部で審理され、「請求棄却」の判決が下された。

林景明に続いて一九七五年八月には、朝鮮人の金鐘甲が国籍確認訴訟を提起した。福岡地裁に準備書面として提出した金の経歴は、次のとおりである。(74)金は一九二〇年に朝鮮慶尚北道金泉郡で長男として生まれ、一九四一年に日本に強制連行され、千島列島で飛行場建設の労働に従事した。関釜連絡船で下関へ移動する際に、三人一組で手足をくくられて船にのせられたと回想する。(75)千島で生き延びた後、宮城県多賀城、塩釜に移送され、再び飛行場建設の土方工事で酷使された。敗戦後、働き口を求めて三菱細倉鉱山（宮城）に向かったが、仕事がなく、飯場の仕事を転々とし、米を東京に運び売るかつぎやなどをして暮らした。

そして朝鮮戦争中の一九五二年に、くず鉄を盗んだ疑いで逮捕され、住居不法侵入並びに窃盗の罪により懲役一年二ヶ月の刑を言い渡された。当時、一年以上の実刑を受けた外国人は、出入国管理令第二四条違反「一年をこえる懲役若しくは禁固に処せられたもの」として強制送還の対象となった。そのため仙台刑務所で一年間服役した後、一九五三年一一月頃に大村収容所へと移送収容された。その後、金は大村収容所で四年以上を過ごした後、一九五七年五月に仮放免の許可が下りた。仮放免後は日雇い生活を送り、一九五八年に特在となったが、その際の在留期間は一年間とされた。

その後、在留の更新許可の条件である手数料一〇〇〇円を納付せず、一九六〇年に更新許可が取り消され、「不法残留」とされた。そして再度の収容と仮放免、特在となるも更新の許可が下りず、再び「不法残留」となった。それから、仮放免や一時的な特在など不安定な状況が続き、一九七六年に二度目の退令を受けるが同日仮放免となった。同年一一月に脳卒中となり左半身に麻痺が残った。

金の国籍確認訴訟は、日本国籍の確認と同時に強制連行に対する賠償をも含まれていた。金は、裁判の訴状で次のように訴えている。

「私は日本国民として生れ、日本国の為に若くして肉親とひき離され、強制連行、強制労働によって日本国に奉仕させられてきた。戦前は皇国臣民としてその義務を強制され、戦後は一方的に外国人とみなされ、一貫して抑圧と強制をうけ、人生を破壊、蹂りんされ耐えがい苦しみをうけてきた。しかも、それでもなお、日本国においてしか生活できないような人間にされてしまった〔中略〕日本国（被告）は退去強制したり、仮放免したり、特別在留許可にしたりしてきた。私が民族として朝鮮人であることにいささかの疑いもないし、そのことに絶対的な誇りを持っている。同時に私は日本国籍を有していると信じており、私自身に対する日本国のこのような扱い方はまったく腹立たしい(76)」。

裁判を支援した崔牧師は、「〝日本人になる〟ことと〝日本国籍を取り返す〟ことは全く違う」と、金の裁判が帰化や永住権取得の要求ではなく「国籍の確認」である必要性を強調した(77)。また、金は朝鮮籍として初めて日本国籍確認訴訟を起こした人物であった。さらに強制連行に対する損害賠償や慰謝料を求める初めての裁判としても報じられた(78)。

金の裁判を支援したのは、「金鐘甲さんの裁判をすすめる会」（以下、すすめる会）であった。すすめる会の前身は一九七三年一一月に発足した「金鐘甲さんを守る会」（以下、守る会）である。守る会は、在日朝鮮人問題や入管問題について考えてきたグループが、一九七二年に門司労災病院に入院中の金と出会ったことが発足のきっかけとなった。守る会は、入管の金に対する処遇問題に関して二つの主張を掲げた。第一に、金に対する退令の取消しをめぐる行政裁判を行うこと、第二に、金のように戦前から引き続き在留する旧植民地出身者（法一二六号該当者）に対して入管令を適用すべきではないという点であった(79)。

そして守る会はまず退令撤回を求める運動を繰り広げようとするが、その過程に期せずして一九七四年一一月、金に一年の特在がでたのであった。ただしこの特在をめぐって、金がまたいつ退令となるかわからない不安定な状況には変わりがないとして、守る会は第二の主張である旧植民地出身者に対する入管令の適用問題に焦点を当てた。そこで守る会は、各地で在日朝鮮人の人権を獲得する運動を行っているグループと連絡接触を重ね、判例や国際法、戦前戦後の法解釈論を調査討論し、裁判の準備を進めた。この間、京都で国籍確認訴訟を行っていた宋も金鐘甲を訪ねた。そして半年間の準備を経て、一九七四年八月一五日を前にした一一日に、国籍確認の訴えを提起した。

金の裁判は代理人弁護士なしの原告訴訟であった。補佐人として、すすめる会の代表を務める門司労災病院の金の主治医である兼崎暉、そして小倉教会牧師の崔晶華が裁判を支援した。敗訴する一九八九年までの一四年間にわたって、門司労災病院の兼崎の部屋ですすめる会の会議が開かれていた。当時、日本国籍確認の裁判は、民族団体や日本の市民運動のなかでも支援は少なく、少人数での裁判闘争であった。だが京都から駆けつけた宋斗会は「こんなにたくさんの傍聴団は京都では、組織されませんでした」と、京都での裁判との雰囲気の違いを語った。(80)

林景明や金鐘甲の訴訟は、大日本帝国の旧「臣民」であったアジアの人びとからの訴えであり、個人が国家に対して戦後補償と国家責任を問う意味を持っていた。大山良造は、一九七〇年代の北九州市で起きた「日本国籍確認」訴訟や参政権の要求、「原音で名前をよめ」という三つの訴えに思想的つながりを見いだした。(81)宋斗会、林景明、金鐘甲らの「日本国籍確認」訴訟は、単なる個人の国籍確認要求を超えて、戦後日本社会が抱える根本的な問題を浮き彫りにした。これらの訴えは、旧植民地出身者の法的地位、植民地期における強制連行、戦後の不安定な在留資格など、戦後処理の不十分さを指摘するものであった。「日本国籍」という枠組みを通じて、これらの訴訟は戦後日本の国民統合のあり方や、戦後民主主義の実質化という問題とも結びつき、戦後日本社会の根幹に関わる問題を提起する重要な契機となったのである。

2　国籍確認訴訟の支援にみる一九七〇年代の国籍と市民権

国籍確認訴訟を通して展開された市民運動は、国籍という枠組みを超えて、在留資格を問わず実質的な権利と尊厳の回復を目指す市民権のあり方を模索する動きとしても捉えることができる。

宋斗会の提起は国籍確認訴訟以外にも、一九七三年に法務省前で外国人登録証にマッチで火をつけ焼き捨てる抗議行動を行い、同年八月には、樺太の朝鮮人問題を訴えるため渋谷山手教会でハンストを実施した。

さらに一九七四年、宋斗会は数人の仲間とともに樺太裁判を提訴し、東京地裁で本人訴訟を開始した。一九七四年一月一六日、宋斗会自らが原告となり日本政府を被告として、サハリン残留朝鮮人の日本又は韓国への帰還のための手続きを求める裁判を起こした。この提訴は、サハリンに残留する朝鮮人の帰国のための手続きを日本政府に求めるものであった。また宋斗会は、冤罪で殺人罪に問われた李徳賢（丸正事件）の釈放を求める活動なども行った。宋の一連の活動は、同時代において批判の対象となることもあった。とくに運動論や組織論の欠如、民族性や階級性の不在を指摘する声があった(82)。宋の行動は、従来の運動の枠組みから逸脱する面があったが、それゆえ人びとに強い印象を与えた側面もあった。

例えば、高木健一弁護士の回想によれば「私が「サハリン残留韓国・朝鮮人問題」の存在を知ったのは、一人の在日韓国人の「老人」との出会いからである。〔中略〕宋斗会自身にしてみれば、告発し世に訴えることができればそれだけでも構わない、ということだったのだろう。しかし、私の目からすれば〔中略〕解決を目指した裁判にしたかった。そこで、七三年秋ごろから、わたしは、サハリンから日本人妻の同伴者として日本に帰還していた在日韓国人の集まりである「樺太帰還在日韓国人会」（以下、韓国人会）のもとへ、話を聞きにいくようになっていた」と述べた(83)。

宋の提起がきっかけとなり、高木弁護士は韓国人会の朴魯学会長らと、裁判を起こすために必要な帰還希望者本人による訴訟委任状を取り寄せ、翌年一九七五年に「樺太残留者帰還請求裁判」(以下、樺太裁判)を起こした。[84]本裁判は、一九八九年六月一五日に訴えを取り下げるまで続いた。一五年に及ぶ裁判を通して弁護団側は、日本国に対してサハリン残留韓国・朝鮮人が帰国できる地位にあることの確認を求めた。その根拠の一つとして、韓国とソ連との国交がない状態で帰還を望む無国籍(として扱われた)サハリン残留韓国・朝鮮人については、「原状回復」ができるまで、すなわち韓国に帰り着くまでは、日本国籍喪失を主張しえないという点を挙げた。[85]

同時期には、外国人登録の国籍欄の朝鮮への書換え運動が革新自治体を中心に進められ、日立就職差別裁判など定住者としての権利を求める動きも活発化していた。また、一九七三年の日本人婦人による国籍確認訴訟も、戦後の国籍問題の深刻さを浮き彫りにした例である。この事件では、一九五〇年三月に朝鮮人と婚姻したことで日本国籍を失い、外国人として扱われた不当性を訴えた。本訴訟は、国および東山区長を被告として、日本国籍の確認並びに外国人登録証明書の無効を訴えたものである。彼女は、朝鮮人との婚姻により戸籍から除籍され朝鮮人とみなされ外国人登録をしてから「すべての公権を剥奪された」と主張し、日本国籍の確認を求めた。[86]これに対する東山区の応訴の方針は、「本市東山区長は当時も現在においても、機関委任事務の受注者として国の指示により事務を処理して来たのであり〔中略〕本件訴訟の進行は国が追う所が大である」として責任を回避した。[87]

さらに宋の樺太裁判は、原告適格がないとの理由で裁判所から却下されたが、この判断は裁判長による一方的な却下であったとの指摘がある。[88]同時期の一九七二年に行われた、朝鮮人被爆者である孫振斗による被爆者健康手帳の交付を求める裁判では、被爆者二法に国籍条項がなかったため、孫の身分(在留資格)と医療法の適用が争点となった。[89]孫の訴訟は最終的に勝訴したが、福岡県および国側は当初、治療のための孫の入国を「密入国」と処遇し、「単に日本に存在するだけでは「地域社会の構成員」でないから法の適用はない」と主張した。[90]

これらの訴訟は、宋の国籍確認訴訟が、特別在留許可の更新拒否に対する抗議[91]としての側面も合わせ持っていたように、「居住」概念そのものや「地域社会の構成員」とは誰を指すのかなど、在留資格を問わず「住民」の実態を社会に問う契機ともなった。

牧師の崔晶幸は、国籍確認訴訟を「日本国籍を民族概念としてとらえるのではなく、民族的主体性を持ちつつ、居住権、参政権を集約した」運動として捉えた[92]。この見方は、国籍を単なる法的地位にとどまらず、実質的な権利と義務の総体として捉える視点を提示している。崔の「国籍は生活の中における実態にある」という認識[93]は、市民権の本質が日常生活における実質的な権利行使にあるという考えを示唆している。この視点は、戦後日本の国籍政策における国籍概念に対して批判的な再考を促すものであった。

宋斗会の樺太裁判や金鐘甲の強制連行に対する賠償要求など、戦後補償要求と国籍確認が結びついた事例は、法的地位の確認に留らず、戦後日本の責任を問う側面を持っていたと考えられる。これら一連の国籍確認訴訟はいずれも原告勝訴には至らなかったが、個人と社会との「関係への回復」を求める動きとしても解釈できよう。一九七〇年代に就職差別裁判を闘った朴鐘碩は、その過程を「人間性の回復」[94]と称し、宋の裁判を支援したものは、宋の抗議を「関係から絶たれた自己」による「関係への回復」と捉えた[95]。

それは、戦後日本社会から排除されてきた人びとが自らの経験と存在、そして怒りを訴え、社会との関係性を模索した実践だったといえる。さらに、これらの訴訟支援運動は戦後日本社会に重要な問いを投げかけた。「市民」とは誰か、国家と個人はどのような関係にあるべきか、という根本的な問題の提起であった。

注

（1）一九六〇年代半ば頃から一九七〇年代初頭にかけての旧植民地出身者の在留権や出入国管理の問題に関する運動の研

究として、日韓会談反対運動については김현수『일본에서의 한일회담 반대운동――재일조선인운동을 중심으로』（선인、二〇一六年）が、特に第四章で日本人市民との共闘について論じている。出入国管理体制に反対した反「入管体制」運動については、盧恩明が「ベ平連の反「入管体制」運動――その論理と運動の展開」（『政治研究』第五七号、二〇一〇年三月、五九～九三頁）で「ベトナムに平和を！市民連合」の活動を中心に論じた。外国人登録証の朝鮮籍書換え運動については、鄭栄桓『歴史のなかの朝鮮籍』（以文社、二〇二二年）第六章に詳しい。

（2）「在日非日本人の引揚等に関する極東委員会政策決定（抄）」一九四六年六月五日『在日朝鮮人管理重要文書集 一九四五～一九五〇年』現代日本・朝鮮関係史資料第六輯、湖北社、一九七八年、一一頁。

（3）「朝鮮人の国籍に関する法務庁民事局長回答」（昭和二四年一月二六日民事甲第一四四号民事局長回答）同前、三四頁。

（4）外国人登録における在日朝鮮人の国籍欄の記載に関する変遷については、鄭栄桓前掲書（二〇二二）、金英達『日朝国交樹立と在日朝鮮人の国籍』（明石書店、一九九二年）に詳しい。

（5）法務府民事局長民事第五五四号「外国人登録事務の取扱について」（法務府民事局長発、京都府知事宛）一九五〇年二月二三日、『外国人登録例規通牒綴 其の二』京都府渉外課、一九五〇年（以降、京都府の資料は京都府立京都学・歴彩館所蔵）

（6）同前。

（7）河昌玉「韓日会談の法的地位論議の不当性――米韓日反動支配層は安保体制強化の一環として在日朝鮮公民の生活権と人権をさらにふみにじろうとしている」朝鮮問題研究所『月刊朝鮮資料』一九六四年三月号、三七頁。

（8）「韓国人の北朝鮮移籍 申請、受理せぬよう 福島県が市町村に〝厳秘通達〟」『朝日新聞』一九六五年一〇月一二日朝刊。

（9）京都府地方課『外国人登録例規通達集No．2』一九六八年一〇月～一九七一年七月（以下、『外国人登録例規通達集No．2』とのみ記載）

（10）反入管情報センター『反入管全国通信』（創刊準備号、一九七〇年一二月一五日）所収の「国籍書きかえ進行状況」

（四―五、一三頁）を参照（立教大学共生社会研究センター所蔵。以下、共生研と略記）。該当する各都道府県は、北海道、宮城県、秋田県、山形県、福島県、茨城県、栃木県、群馬県、埼玉県、千葉県、東京都、神奈川県、新潟県、山梨県、長野県、愛知県、三重県、京都府、大阪府、兵庫県、和歌山県、岡山県、広島県、山口県、愛媛県、高知県、福岡県である。

(11) 法務省管登甲合第五七七九号、法務省入国管理局長発、都道府県知事宛「外国人登録上の国籍欄の「韓国」から「朝鮮」への書換について」一九七〇年八月五日、『外国人登録例規通達集No．2』。

(12) 法務省入国管理局『外国人登録上の国籍欄の書換問題について』一九七〇年一〇月、五頁（同前所収）。

(13) 同前、一五―一六頁。

(14) 同前。

(15) 野田宗典「国籍書き換え問題について――法務省見解の欺瞞と矛盾」『月刊社会党』No 168、一九七一年二月、一五〇頁。

(16) 遠藤正敬『近代日本の植民地統治における国籍と戸籍――満洲・朝鮮・台湾』（明石書店、二〇一〇年）を参照。

(17) 全国連合戸籍事務協議会編『戸籍』第一号、一九四九年九月、一三頁。

(18) 同前。

(19) 同前。

(20) 桑田三郎は、敗戦後の台湾人および朝鮮人の国籍の帰属問題に関して「一方において、外国人登録法上一般外国人と同様の取扱をしながら、他方、他の関係においてなお共通法的取扱を固執することは、国法運用の統一性の見地からいって、破綻がある」と指摘した（桑田三郎『国際私法と国際法の交錯』中央大学出版部、一九六六年、二九三―二九四頁）。

(21) 「訓令・通達・回答」『戸籍』第三〇号、一九五二年二月、三〇頁。

(22) 同前。

(23) 千種達夫「論説　朝鮮人の妻となった者の離婚」『戸籍』第三二号、一九五二年四月、一頁。千種の「先づ朝鮮人は日本人か、ど、う、か、の国籍からきめていかなければならない」との言及には、朝鮮人の国籍の喪失時期がいつかという問いも含まれていると捉えられる。とくに敗戦後から講和条約までの時期に、朝鮮人および台湾人、そして彼らと婚姻および養子縁組の関係にあった日本人が日本国籍を保有しているか否かという点は、学説と判例とで異なる立場と解釈が取られていた。この論点については今後別稿で論じる。

(24) 同前、三―四頁。

(25) 「訓令・通達・回答」『戸籍』第一五号、一九五〇年一一月、三八頁。

(26) 大阪高裁判決（平成一二年一月二八日）・平成一一（行コ）三四 国籍確認請求控訴事件（原審・大阪地方裁判所平成九年（行ウ）第八八号）裁判所HP（https://www.courts.go.jp/）参照。朝鮮人父に認知された日本人母の子の国籍に関する判決である。

(27) 最高裁昭和三六年四月五日大法廷判決（民集一五巻四号六五七頁）。「戦前に朝鮮人と結婚した婦人は朝鮮国籍 最高裁で新判例」『朝日新聞』一九六一年四月五日夕刊。本訴訟は、元日本人婦人（敗戦後に朝鮮人夫との離婚が成立）に対して一九五四年に東京地裁が日本国籍を認めたにも関わらず、国側の控訴により一九五五年に東京高裁が地裁判決を取り消し「その国籍は当然、朝鮮にある」として訴えを棄却し、その後最高裁に上告したものである。

(28) 遠藤正敬『戸籍と無戸籍――「日本人」の輪郭』人文書院、二〇一七年、二四九頁。

(29) 上野生「朝鮮・台湾・内地人問題の認知と親権」『戸籍』第二一号、一九五一年六月、頁表記なし。

(30) 藤島宇内、松山正、和田英夫「（座談会）出入国管理法案批判」藤島宇内『第三次日米安保体制の開幕』太平出版社、一九七〇年、二六九頁。一九五二年から一九七〇年までの退令発布処分の取消または無効確認請求に関する行政訴訟の総件数一九九件のうち、半数以上の一一八件が、一九六五年から一九七〇年の五年間に集中している（東京YWCA留学生の母親委員会編『入管体制を知るために――外国人の人権の確立と擁護』救援連絡センター、一九七〇年、九七頁の「表一五」を参照）。

(31) 同前、二六五―二六七頁。

(32) 同前、二六三―二六四頁。

(33) 宋斗会裁判を支援する会『日本と日本人を告発する――日本国籍確認の斗い』第一号、一九七一年一一月、九頁。
(34) 宋斗会『在日朝鮮人の国籍（市民権）について 再版』大西正之、一九八六年（初版は一九七三年発行）、四頁。
(35) 前掲『日本と日本人を告発する』第一号、六頁。
(36) 宋斗会『宋斗会裁判とは――国籍と市民権について 復刻版』宋斗会の会、二〇〇五年（初版は一九七三年発行）、二二頁。
(37) 鄭貴文が聞き取り執筆をして『思想の科学』に掲載された宋の生活記録の題目は「棄民の系譜」である。
(38) 以下、略歴については、宋斗会『満州国遺民――ある在日朝鮮人の「呟き」』（風媒社、二〇〇三年）、宋斗会「五十年走り書き」宋斗会裁判を支援する会『日本と日本人を告発する――日本国籍確認の斗い』第二号、一九七二年五月を参照。
(39) 宋斗会、前掲書（二〇〇三）、一〇頁。
(40) 同前、二二一頁。
(41) 宋斗会「五十年走り書き」前掲『日本と日本人を告発する』第二号、一〇頁。
(42) 前掲『宋斗会裁判とは』、一六頁。
(43) 鄭貴文「棄民の系譜　日本国籍を主張する宋斗会裁判（三）」『思想の科学』第六次（二一）、一九七三年一〇月、六八頁。鄭貴文は、一九六〇年代に弟の鄭詔文とともに「朝鮮文化社」を設立する。季刊『日本のなかの朝鮮文化』刊行に関わった人物である
(44) 鄭貴文「棄民の系譜　日本国籍を主張する宋斗会裁判（二）」『思想の科学』第六次（二一）、一九七三年九月、七七頁。
(45) 前掲『宋斗会裁判とは』、一七頁。
(46) 同前。
(47) 前掲『在日朝鮮人の国籍（市民権）について 再版』、二頁。
(48) 同前。

(49) 同前。
(50) 同前、四頁。
(51) 同前。
(52) 鄭貴文「棄民の系譜　日本国籍を主張する宋斗会裁判（一）」『思想の科学』第六次（二〇）、一九七三年八月、七五頁。
(53) 前掲『日本と日本人を告発する』第一号、八頁。
(54) 同前、二三頁。
(55) 同前。
(56) 前掲『日本と日本人を告発する』第二号、二一頁。
(57) 同前、二二頁。
(58) 同前、三頁。
(59) 同前、五頁。
(60) 同前、一七頁。
(61) 同前、一六頁。
(62) 同前、一八―二〇頁。
(63) 宋斗会氏の裁判を支援する会『宋斗会支援ニュース』創刊号、一九七二年六月二五日、一頁（文化センターアリラン所蔵「梶村秀樹運動資料集」所収）。
(64) 例えば、鶴見俊輔「金東希にとって日本とはどういう国か」『日常的思想の可能性』（筑摩書房、一九六七年）や、任錫均を支持する会が、大村収容所の解体を目指して刊行した雑誌『朝鮮人』（朝鮮人社、一九六九年七月、第一号）を参照。
(65) 前掲『日本と日本人を告発する』第一号、二八頁。
(66) 同前。

(67) 同前、一五頁。
(68) 同前、一六―一七頁。
(69) 前掲『在日朝鮮人の国籍（市民権）について 再版』、一七頁。
(70) 両事件については宮崎繁樹『出入国管理――現代の「鎖国」』三省堂、一九七〇年を参照。
(71) 「台湾生まれの東大研究生〝日本国籍認めよ〟国相手に、慰謝料も請求」『読売新聞』一九七三年二月九日夕刊。
(72) 『林景明支援連絡ニュース』第一一号（共生研所蔵）。
(73) 台湾人元日本兵士の補償問題を考える会編『台湾人元日本兵士の訴え――補償要求訴訟資料』第一集、一九七八年九月、六三頁。
(74) 経歴については金鐘甲さんの裁判をすすめる会『入管と縁を切りたい！――日本国籍確認の斗い』第一号、一九七五年八月を参照。
(75) 同前、一二頁。
(76) 同前、二頁。
(77) 「状況からの証言＝在日朝鮮人の「日本国籍確認訴訟」――崔牧師に聞く」『毎日新聞』一九七五年、一〇月二三日夕刊。
(78) 「在日朝鮮人強制連行に賠償を――日本国籍確認と併せ訴え」『毎日新聞』一九七五年八月一日夕刊。
(79) 前掲『入管と縁を切りたい！』第一号、八頁。
(80) 同前、一九頁。
(81) 大山良造「在日朝鮮・韓国人の三つの提訴――「日本国籍確認」「参政権要求」そして『原音で名前を読め」提訴」『部落解放』第八六号、一九七六年五月、九五頁。
(82) 「ベトナムに平和を！」市民連合『ベトナム通信 復刻版』不二出版、一九九〇年、六四二頁。
(83) 高木健一『サハリンと日本の戦後責任』凱風社、一九九〇年、五三―五四頁。
(84) 同前、七〇―七七頁。

(85) 同前、七七頁。
(86)「国籍確認等請求事件の応訴及び委任について（東山区外国人登録関係）」『外人登録事件（国籍確認等請求事件）昭和四八年度』一九七三年（京都市総合企画局情報化推進室所蔵）。
(87) 同前。
(88) 原告・宋斗会 尾形利喜夫「東京地裁裁判長高津環の証人（喚問）申請書」一九七五年三月一九日（共生研所蔵）
(89) 田中宏『在日外国人――法の壁、心の溝 第三版』岩波書店、二〇一三年、五六―五七頁。
(90) 同前。結果的に、孫の裁判は一九七四年に福岡地方裁判所が、一九七五年に福岡高等裁判所が、そして一九七八年には最高裁判所が孫の勝訴を言い渡した。
(91) 宋斗会裁判を支援する会『日本と日本人を告発する――どうして、一〇〇万もの朝鮮人が日本に居るのか』第三号、一九七二年一〇月、三三―三四頁。
(92) 朴ユミ他『パパをかえして！〝大村〟の壁に泣く幼い在日朝鮮人兄弟の悲痛な祈り』風媒社、一九七八年、一四九頁。
(93) 金鐘甲さんの裁判をすすめる会『入管と縁を切りたい！――日本国籍確認の斗い』第二号、一九七六年六月、一五頁。
(94) 朴君を囲む会「朴鐘碩君裁判斗争資料」一九七一年（共生研所蔵）。
(95) 洪炯圭「宋斗会さんのこと」前掲『日本と日本人を告発する』第一号、二九頁。

Ⅱ　一九六〇〜一九七〇年代における冤罪被害者・赤堀政夫に対する救援運動
——社会運動家・森源の活動を通して——

船津かおり

はじめに

本稿は、事件の発生地で冤罪被害者の救援運動を行った一社会運動家が一九六〇〜一九七〇年代に記した活動記録を用い、冤罪被害者の無実の罪を晴らすための長期にわたる運動がなぜ可能となったのかを、同時代の社会状況と関連づけて動態的に明らかにすることを課題とする。

このような課題を設定した問題関心は、冤罪被害者の救援を行う人々の日々の営みを、歴史的に究明したい点にある。日本では判明しているだけでも数多くの冤罪事件が起きているが、(1) その原因には、捜査機関による人権侵害のみならず、社会構造自体の問題点が指摘されている。(2) そのため、弁護士による法廷内での冤罪被害者救済の取り組みはもちろんのこと、法廷の外で取り組まれた冤罪被害者救援の営みからも積極的に学ぶ必要がある。

日本における救援運動の主なものには、「日本共産党（共産党）」や無産者運動に対する弾圧への抵抗という戦前からの歴史をもつ「日本国民救援会（国民救援会）」や、一九六〇年代末の大学闘争を契機に結成した「救援連絡センター」による営みがある。(3)国家権力による弾圧への対応のために結成したことから、一定の党派性ないしは政治性を帯びている両団体は、運動の系譜は異なるものの、どちらも弾圧事件以外の救援には重きをおかなかった歴史をもつ。(4)一方、執筆者が注目するのは、政治的主張や社会運動への参加によって逮捕されたわけではない、刑事被告人に対する冤罪被害者救援運動である。一般的に、運動母体などの後ろ盾をもたず家族・知人や弁護士以外には頼るもののいない彼らの救済は困難をきわめるが、この点に注目した先行研究として、法学者の播磨信義による「仁保事件」(5)の研究が挙げられる。(6)播磨は、冤罪被害者の岡部保に対して支援者から送られた三千余通もの手紙や、救援運動団体が発行する会報紙の分析、関係者からの聞き取りなどをもとに、救援運動の始まりから無罪確定までを詳細に論じた。ここからは、裁判闘争が長期化する冤罪救援運動の分析には、長期的な射程をもつ必要を学ぶことができる。そこで本稿では、救援運動の担い手自身が長期にわたり記した史料を用いて、一九六〇～一九七〇年代における救援運動を実証的に検討する。

本稿は、一九五四年に起きた「島田事件」(7)の冤罪被害者・赤堀政夫(8)の救援に携わった社会運動家・森源（もりげん）と、森源が事務局長を務めた「島田事件対策協議会（島対協）」を主たる対象として、「島田事件」の地元（事件発生地、事件の被害者と冤罪被害者の出身地）での赤堀政夫に対する救援運動を追究する。森源は、一九一一年生まれで、戦前・戦後に小学校の教員勤務を経て、一九五五～一九七五年に島田市の市議会議員（革新系、無所属）を四期務めた人物である。(9)治安維持法での逮捕や、(10)戦後はレッド・パージ、(11)共産党から除名された経験をもち、多様な地域活動や社会運動に関わり、(12)一九六四年に死刑囚・赤堀政夫を救援する初の運動団体である島対協を結成した。森源は日々の活動を克明に記しており、本稿ではその記録『島田事件メモ（森源メモ）』(13)を主な史料として用いる。森源メモの特徴は、第一に、森源自身に関わる活動について、簡潔ではあるが具体的かつ一八年（一九六三～一九八一年）もの長期にわたって記されている点、第二に、森源本人の行動のみならず、赤堀政夫の救援を取り巻く人々や団体などの活動が記されている点である。森源が知り得た行動のすべてが盛り込まれているわけではないことに留意する必要があるが、ミクロ的に分析していくことにより、運動の中心にいる森源が知り得た、救援運動に関わる人々の行動とその関係性を明らかにすることが可能となる。

以上を踏まえ、本稿では、一九六〇～一九七〇年代の森源および島対協の救援運動がどのように展開したのかを、同時代の社会運動や人々の間に広がった関心、それに連なるマスメディアの動きなどと関わらせながら、動態的に明らかにすることを課題とする。ただし、赤堀政夫に対する救援運動には島対協以外にも多くの運動団体・担い手が関わっており、その全容を明らかにするものではない点を予めことわっておく。

本稿の時期区分は、森源メモの年ごとにおける記事数・人物数の推移を示した図（一章で詳述）をもとに設定し、章構成に反映した。一章は一九六〇年代末頃から漸増するもほぼ横ばいで推移する一九六〇年代、二章は一九七二・一九七三年にかけて増加していく一九七〇年代前半、三章は一九七四年に記事数・人物数ともに激増し、その後も森源メモが記された期間のなかで最も大きな変動をみせる一九七〇年代後半を、それぞれ対象とした。

史料を引用する際、明らかな誤植は訂正、俗字や略字などは常用漢字に改めた。引用史料中の「〔　〕」は筆者の補足を示す。史料には、現在の社会通念上差別的な用語や不適切な表現が用いられている場合があるが、当時の社会認識を示す歴史的用語としてそのまま引用した。出典が森源メモの場合、本文に年月日（〔　〕書き）のみを記した。

一章　「無実の死刑囚」赤堀政夫に対する救援運動の誕生――一九六〇年代

（一）島対協の結成

森源と冤罪救援の出会いは、運動が全国的に広がった「松川事件」がきっかけであった。森源は、一九四九年に福島県で起こった列車転覆事件で共産党員や労働組合員が逮捕・起訴された「松川事件」の、被告らの手記や運動に深く関わった作家・広津和郎の著書などを読み、「無実の者を殺してはなるものか」との思いで救援に乗り出した。「松川事件対策協議会」に入り、島田の「本通三丁目の街頭で、大きな幟旗をたて、裁判の話をしたり、署名運動」をしたり、「映画（松川事件）を借り出し上映運動も行」うなど、積極的な運動を展開したと語っている。[14] では、「島田事件」に関わっていく経緯は一体どのようなものだったのか。一九六三年に「松川事件」の無罪が確定した後、森源は元被告のひとりの阿部市次を自宅に招き、島田の知人と共に懇親会を開いた。その席で阿部から、「日本の裁判ではやってもいないのに死刑囚にされた人がたくさんいる。島田にはそういう人はいませんか」と問いかけられ、「そういえば、久子ちゃん事件の赤堀はどうなっただろう」という話になったことがきっかけで、森源は赤堀政夫に関心をもったのである。[15]

そこから実際に「島田事件」の救援に取り組むまでには、二つの契機があった。第一に、裁判書類を読み、それまで赤堀が「犯人」であることを信じていたが、それに対して疑問をもったことである。阿部の発言を受けた森源が、自身のレッド・パージ裁判の弁護士で、赤堀政夫の弁護を引き受けていた大蔵敏彦に話を聞きに行くと、大蔵は「赤堀は生きています。［略］あなたが関心をおもちなら裁判記録を読んでみますか」と提案した。裁判書類を読んだ森源は、「不馴れた頭脳〔ママ〕には、その急所がピーンと響かなかったけれど、疑問の渦が立ち込めていると思えた。私は何回も目を通しては努力した」と振り返っている。[16]第二に、複数の人物から救援運動団体結成の働きかけがあったことである。はじめは、社会運動家・神山茂夫[17]である。家族ぐるみで付き合いがあり思想的にも近しい神山からは、「現地の人である源さんにひとはだぬいでほしい」〔一九六三年夏、月日不明〕と言われた。次に、冤罪被害者の救援活動家の檜山義介と篠原道夫である。神山茂夫から赤堀政夫の事件と森源の存在を伝えられた彼らは、二人で森源のもとを訪れた。[18]森源は後に、「私たちの対策協議会は、檜山さんたちの熱意に打たれて誕生したといってもよい」と語っており、[19]彼らの積極的な姿勢が励みとなり、結成を後押ししていたことがわかる。

一九六四年三月に、一審から赤堀政夫の弁護を担当してきた主任弁護人・鈴木信雄弁護士の講演会「鈴木弁護士から久子ちゃん事件の真相を聞く会」を開催した。講演をきっかけに、森源と同じく島田出身の田中金太郎[20]が会長、森源が事務局長となり、森源を市議会議員に推した地元の人々や赤堀政夫の兄・赤堀一雄らと共に「久子ちゃん事件の真相を知る会（真相を知る会）」を結成、同年九月二七日に島対協へと名称を変え、[21]救援運動団体として本格的に始動していったのである。

（二）一九六〇年代の森源メモの特徴

図は、一九六三～一九八一年の森源メモにおける、記事数・人物数（のべ回数、以下同様）と、すべての人物の行動を分類したなかで回数が多かった五つの事務局活動（「来客」「会合」「外出」「電話」「通信」（主要事務局活動）。のべ回数、以下同様）の登場回数を年ごとに示したものである。「来客・会合・外出」は、いずれも人と会うことを前提とする活動のため、一つにまとめた。表は、主要事務局活動に関わる人物をグループ別にし、年ごとの登場回数を示したものである。各グループの分類は、島対協および森源との関わり方や森源メモにおける行動の表れ方に即し

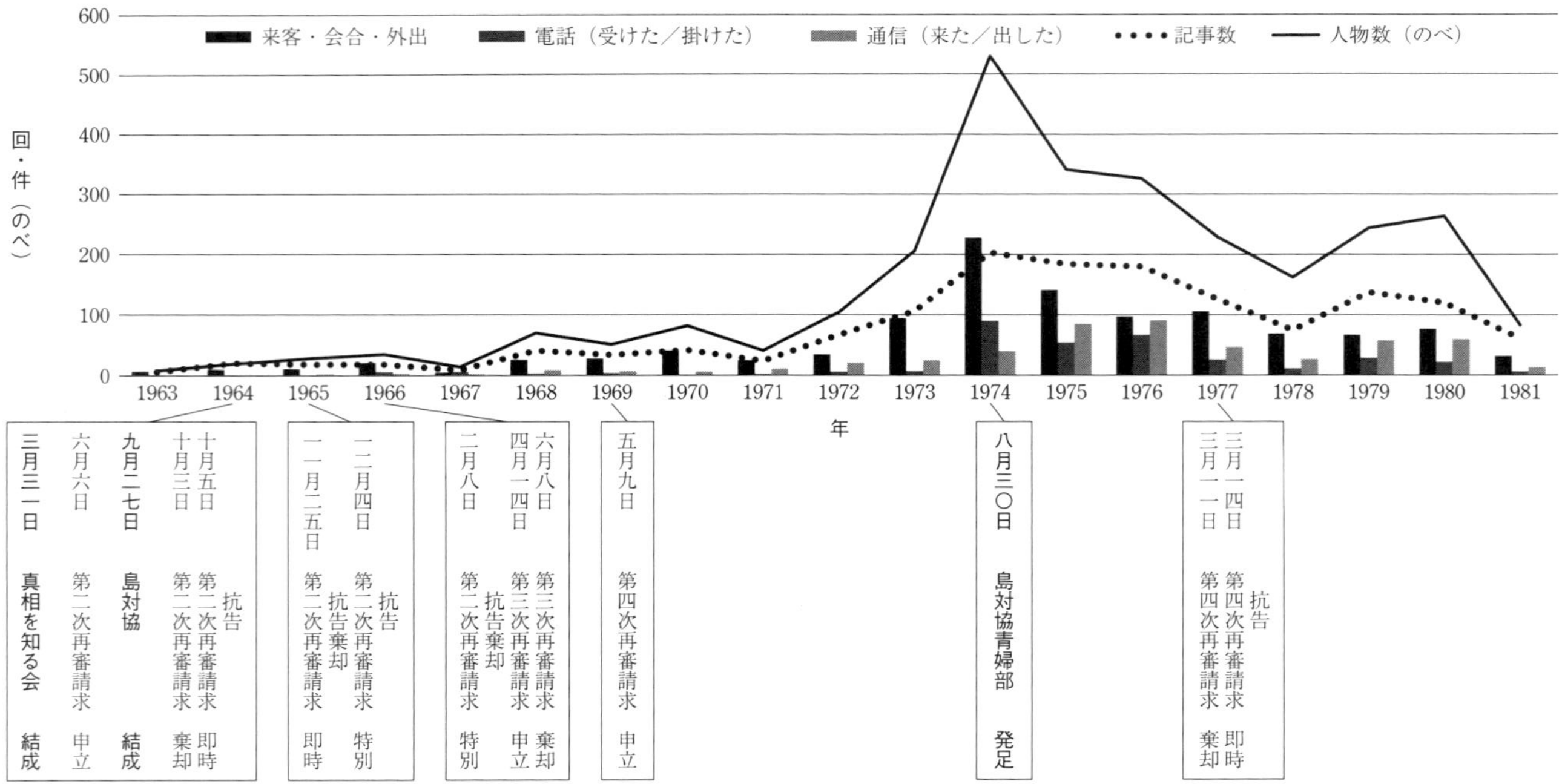

図　記事数・人物数と主要事務局活動の登場回数

出典）『島田事件メモ』（森源メモ）、一九六三～一九八一年

注）折れ線グラフは、記事数・人物数をカウントしたものである。記事数は一日分を一記事とし（計一四七一件）、人物数は一記事に登場する人物の登場回数（のべ）とした。

棒グラフは、各年に登場するうち主要事務局活動（「来客・会合・外出」「電話」「通信」）に関わる人物をカウントしたものである。主要事務局活動に関わる人物の登場回数は、一日に二つ以上の項目を行っている場合、それぞれを一とした。

表　主要事務局活動におけるグループ別登場回数

年	1963	1964	1965	1966	1967	1968	1969	1970	1971	1972	1973	1974	1975	1976	1977	1978	1979	1980	1981	合計
(1) 赤堀政夫	0	0	2	1	1	5	2	1	6	5	9	7	42	41	18	12	16	17	4	189
(2) 赤堀家族	1	2	0	4	1	3	6	4	3	5	4	15	14	7	12	3	7	5	3	99
(3) 弁護士	2	6	4	10	5	6	12	14	19	14	30	50	34	45	11	10	13	11	3	299
(4) 労働運動家	0	0	1	4	0	0	0	6	0	0	1	13	0	0	0	0	0	4	0	29
(5) 島対協	1	0	1	2	0	2	5	7	1	11	33	59	34	14	17	13	17	18	3	238
(6) 島対協青婦部	0	0	0	0	0	0	0	0	0	2	1	87	81	74	60	29	25	28	9	396
(7) 支援者	2	3	5	9	6	15	9	6	7	14	21	55	46	34	35	24	41	35	11	378
(7-1) 救援活動家	0	2	4	9	3	9	4	6	5	0	6	12	12	7	2	4	3	3	0	91
(7-2) 国民救援会	0	0	0	0	0	2	1	0	0	7	8	13	1	1	0	0	0	0	0	33
(7-3) 冤罪被害者	1	0	0	0	0	1	0	0	0	0	0	0	0	0	2	6	6	4	0	20
(7-4) 赤堀闘争	0	0	0	0	0	0	0	0	0	0	0	16	27	10	22	9	16	18	8	126
(7-5) 元刑事	0	0	0	0	0	0	0	0	0	0	0	0	4	16	7	4	15	5	0	51
(7-6) その他	1	1	1	0	0	1	4	0	2	0	1	1	0	0	0	1	1	4	3	21
(7-7) 詳細不明	0	0	0	0	3	2	0	0	0	7	6	13	2	0	2	0	0	1	0	36
(8) マスメディア・ジャーナリスト	0	0	0	0	0	4	2	1	0	3	5	39	14	8	11	5	11	13	8	124
(9) その他	2	0	0	0	0	0	3	6	2	3	4	3	1	1	1	0	0	1	2	29
(10) 詳細不明	0	1	0	0	0	3	0	3	0	5	18	30	14	31	14	11	24	27	8	189
合計（回）	8	12	13	30	13	38	39	48	38	62	126	358	280	255	179	107	154	159	51	1970

出典）図に同じ

注）登場人物数のカウントは、主要事務局活動のうち一日に二つ以上の項目を行っている場合、それぞれを一とした（のべ回数）。各グループに振り分けている人物の家族が登場した場合、同じグループに一とした。「(1)赤堀政夫」は、森源メモが記された全期間で「電話」は〇回である。「(3)弁護士」は、「弁護士」「弁護団」「〇〇（個人名）弁護士」、いずれの場合も一とした（他グループも同様）。「(5)島対協」は、メンバーの詳細が不明のため、「会合」に参加している人物を振り分けた。「(5)島対協」「(6)島対協青婦部」のメンバーは、各団体結成前もそれぞれのグループに振り分けた。「(7)支援者」は、内訳（（7－1）～（7－7））を記載した。「（7－4）赤堀闘争」は、赤堀闘争の活動家、精神障害者、精神科医、狭山闘争の活動家など、反差別の立場の人々を振り分けた。「（7－7）詳細不明」は属性は特定できなかったが支援的行動をしている人々、「(9)その他」は属性は特定できたが(1)～(8)には含まれない人々、「(10)詳細不明」は属性を特定・同定できなかった人々を、それぞれ振り分けた。

＊森源メモは「行動」別に分類・集計を行っており、登場回数の多い以下の五つを基本的な分析対象とした。「来客」（森源宅に人が来たもの）、「会合」（「会合」「例会」「打合せ」など。「来客」との区別は文脈から判断し、「集会」など広報的役割のものは除いた）、「外出」（森源が自宅外で人と会ったもの。赤堀政夫との面会も含む）、「電話」（森源が受けた電話、森源から掛けた電話を、それぞれ分類）、「通信」（森源に来た通信、森源が出した通信を、それぞれ分類）。

て筆者が行ったことから、必ずしも森源が記録した運動の実態を正確に表したものとはいえないが、全体の傾向を把握することはできよう。

図で示したように、一九六三〜一九六六年は、記事数は年一桁台〜二〇件台、人物数は年一桁台〜三〇回台と、どちらも増加しているとはいえない。一九六七年は記事数・人物数ともに減少しているが、主な要因として、一九六六年六月に第三次再審請求が棄却されてから裁判が停滞したこと、一九六七年に森源が島田市議会議員に再選し多忙となっていたことの、二点が考えられる。その後、一九六九年五月に第四次再審請求が申し立てられるため、その準備で一九六八年頃から次第に活動が増え、記事数・人物数ともに一九六〇年代末に向けて増加傾向を示している。主要事務局活動を比較すると「来客・会合・外出」が最も多く、一九六三・一九六七年を除き、一九六〇年代を通じて二桁台を維持している。この期間の内訳は「来客」三二回、「会合」四回、「外出」七二回と、「外出」が多いことがみてとれる。表の、主要事務局活動におけるグループ別登場回数の合計は、年一桁台〜三〇回台で、最も多いのは一九六九年の三九回である。一九六〇年代の傾向として、運動の拡大はみてとれないが、一定の活動の継続がうかがえる。

（三）冤罪被害者・その家族へのケアと救援を取り巻く関係性の構築

救援対象である赤堀政夫と森源との一九六〇年代の関係の特徴は、第一に、面会が二回実施されている点である。一回目は一九六五年で、「仙台拘置所の赤堀君と面会」（四月一四日）とあり、救援活動家の檜山義介に同行するかたちで行われた。仙台には冤罪を訴える人々が複数収監されており、森源は赤堀以外の冤罪被害者とも面会をしたが、「服装や応答から推して、赤堀君の救援活動が一ばんおくれていることを感じて、私はいたたまれない気持に襲われた」と振り返っている。(22)二回目の一九六八年（四月三〇日）は、一回目とは異なり一人で赴いている点で、面会に慣れてきた様子がうかがえる。第二に、面会以外唯一の交流手段である手紙などの送付（「通信」）を通して関係を深めようとした点である。「通信」は、一九六五～一九六七年各一回、一九六八年四回、一九六九年二回、いずれも森源からの発信であった。「赤堀君へ冬物の差入品郵送」（一九六八年一一月四日）や「仙台の赤堀政夫君へ夏物の小包を送る」（一九六九年七月二日）とあることから、手紙のやりとりや季節物衣類の送付を通して、獄中の赤堀政夫の生活を気にかけていたことが伝わる。

一九五四年に発生した「島田事件」において、島対協が結成するまでには一〇年もの月日を要したが、この間、赤堀政夫の無実を信じて活動していたのが赤堀政夫の家族であった。赤堀政夫の家族は、森源メモに一九六三年一回、一九六四年二回、一九六六年四回、一九六七年一回、一九六八年三回、一九六九年六回登場するが、七〇年代も含めほぼすべてが兄の赤堀一雄であった（一九七七年の一回のみ赤堀一雄の妻）。赤堀一雄は、島田にある東海パルプ横井工場の労働者であり、政夫が逮捕されて以来、休日はアリバイ探しに奔走していた(23)。赤堀家族との関係の特徴は、第一に、直接会う「来客」や「外出」で、何らかの活動を共にする関わり方が多い点である。一九六〇年代の主要事務局活動の内訳の合計は、一九六六年の「電話（掛けた）」一回を除き、「来客」「外出」各八回である。「来客」の理由は記載されていないことが多いが、「赤堀一雄君を招いて上申書の下がき　2時10分発で鈴木弁護士宅へ」（一九六九年八月八日）からは、冤罪被害者の家族が担う対外活動を森源が支えていたことが読みとれる。第二に、弁護士や支援者を交えたかたちで、冤罪被害者の家族との関係性を築こうとしていた点である。「桧山氏から電話連絡あり、鈴木、大蔵、一雄に連絡」（一九六六年五月六日）のように、情報共有を心掛けていたといえる。加えて、一九六〇～一九七〇年代を通じて、森源と赤堀一雄との間には、「一雄さん鮎をくれる」（一九六四年六月一七日）といった交流があった。赤堀一雄にも、弁護士以外にようやく現れた赤堀政夫の無実を信じる人物と、良好な関係を築いていきたいという思いがあったことがうかがえる。

冤罪被害者の救済において弁護士との関係性は重要となるが、一九六〇年代は支援者（後述）に次いで登場回数が多く、年二〜一二回登場している。主任弁護人の鈴木信雄は、市議会議員・県議会議員・衆議院議員を務めた政治家、実業家で、赤堀一雄の勤め先である東海パルプの顧問弁護士だった関係などから、赤堀政夫の弁護を引き受けた[24]。森源メモ全期間中で鈴木信雄の「来客」は二回のみであるが、それがすべて島対協結成の年である一九六四年に集中していることから、森源に対する期待が読みとれる。もう一人の弁護士・大蔵敏彦は、自由法曹団に所属し、東海パルプの労働組合の顧問弁護士をしていた関係で、鈴木と同じく赤堀一雄の依頼によって弁護を担当することになった人物で[25]、一節でふれたように森源とは知り合いであった。

一九六〇年代に最も登場回数が多いのは支援者で、なかでも救援活動家の檜山義介と篠原道夫は、一九六三年を除き、年二〜九回登場する。「来客」は、一九六五年二回（檜山、篠原）、一九六六年二回（檜山、篠原）、一九六八年一回（檜山）、一九六九年一回（檜山）であり、「檜山、篠原氏来宅、午後3人で鈴木信雄氏に会う」（一九六五年一一月二一日）、「檜山氏お茶買いに来て一泊」（一九六九年一二月八日）とある。檜山が森源宅に一泊している関わりの深さに加え、東京在住の檜山と篠原の森源宅への度重なる訪問は、弁護士と同様に森源への期待の表れといえよう。

弁護士や救援活動家からの期待に対して森源も積極的に応え、彼らとの関係構築に努めた。弁護士とは「外出」での関わりの多さがみてとれ、一九六三年二回、一九六四年四回、一九六五年三回、一九六六年六回、一九六七年三回、一九六八年二回、一九六九年八回である。「森　鈴木信雄弁護士を訪ねる　歓待してくれる」（一九六三年夏、月日不明）、「大蔵事務所へゆく」（一九六六年一一月二日）とあるように、弁護士のもとに直接訪問していたことがわかる。救援活動家とも「外出」での関わりが多く、一九六五年二回（檜山、篠原）、一九六六年三回（檜山二回、篠原）、一九六八年五回（檜山三回、篠原二回）、一九六九年一回（檜山）である。「檜山、篠原氏と相談、討論（東京）」（一九六五年一〇月一二日）のように、森源の側が東京に赴くことも少なくなかったことが読みとれる。

一九六〇年代の島対協の救援運動における成果と意義は、第一に、森源が自身のそれまでの社会運動経験で培ってきた関係性や、市議会議員として活動してきた自身の地域におけるつながりを、救援運動団体の結成に生かしたこと、第二に、記事数・人物数ともに横ばいであり、担い手も広がりがあったとはいえないものの、救援を取り巻く人々と関係性を結びそれを深めたことである。

二章　注目を集める「島田事件」と徐々に拡大する救援運動——一九七〇年代前半

（一）一九七〇年代前半の森源メモの特徴

図の記事数・人物数は、一九七一年の減少を除くと、一九七〇～一九七三年を通じてどちらも増加し続けている。とくに一九七三年は、記事数一〇六件・人物数二〇六回と、人物数の増加が著しい。主要事務局活動は、一九六〇年代から引き続き「来客・会合・外出」が「電話」「通信」を上回るが、一九六〇年代とは異なる点として「来客・会合・外出」の内訳の変動が挙げられる。「外出」が他の活動よりも多いのは一九六五～一九七〇・一九七二年で、一九七三年にピーク（四四回）を迎えるが、その後減少した。一方、一九六〇年代には年〇～二回であった「会合」は、一九七〇～一九七三年には年九～三六回に増加した。「会合」は参加者の登場回数のため、必ずしも開催回数の増加を示すものではなく、一九六〇年代は森源が記さなかった可能性もあるが、「会合」の開催を意識して書き残すようになったことに当該期の変化がみてとれる。表でも、一九六〇年代には少なかったグループの増加がみられ、なかでも島対協の活動数の増加が指摘できる。

（二）「島田事件」および救援運動に対する関心の高まり

一九六〇年代の弁護活動はごく少数の弁護士によって担われており、森源メモでの登場回数も多いとはいえなかったが、一九七〇年代前半には最も登場回数が多い担い手となった。この時期の弁護士の特徴は、第一に、一九六〇年代末～一九七〇年代前半に弁護団の拡充が図られたことにより、自由法曹団に属する若手弁護士が多く登場する点である。[26]一九七〇年一四回（若手弁護士は七回）、一九七一年一九回（同八回）、一九七二年一四回（同四回）、一九七三年三〇回（同一六回）と、若手弁護士の登場により各年二桁台で推移している。一九六〇年代と同じく「外出」での関わりの多さと同時に、「電話」「通信」も増加するが、若手弁護士のなかには東京など静岡県外の人々も多かったことが理由と考えられる。一九六〇年代から関係を築いてきた鈴木・大蔵両弁護士にとどまらず、若手弁護士とも交流していたことがわかる。第二に、弁護士による対外活動が積極的に行われている点である。「田中金氏と上京、法務省へ執行停止、待遇改善の要望　田中氏代表　小生大臣秘書と面談　午後1時から日弁連講堂で再審問題シンポジューム」（一九七三年五月二八日）のように法務省や、裁判所（静岡地裁、同年六月二日）に対して直接働きかけていること、田中金太郎や森源が参加していることが読みとれる。第三に、弁護士の「会合」（弁護団会議、弁護団合宿）が記載されるようになった点である。これらの「会合」の開催回数（泊まり込みの合宿は一日ずつカウント）は一九七〇年一回、一九七一年五回、一九七二年二回、一九七三年四回で、森源も参加している。弁護士の名前ではなく「弁護団」などと記されることもあり正確な参加人数は不明だが、一九七一年は一五回と、登場回数の増加が読みとれる。自由法曹団の弁護士の加入により強化されつつあった弁護体制のなかで、弁護士と島対協が、一九六〇年代以上に具体的かつ多様な行動を起こしていたことが指摘できる。

一九七〇～一九七三年で、弁護士と島対協の次に登場回数の多い担い手が支援者であり、一九七〇年六回、一九七一年七回、一九七二年一四回、一九七三年二一回と、増加している。一九六〇年代と同様に救援活動家が多く（計一七回）、そのうち一五回が檜山義介であった。一九七〇年代の新たな特徴として、国民救援会の人々が一九七二年七回、一九七三年八回登場していることと、同会と島対協の合同活動に参加した人々（表では国民救援会以外にカウント）の増加が指摘できる。

国民救援会では発足以来、共産党員や政治犯に対する弾圧事件の救援に重きをおき、冤罪事件の救援には必ずしも積極的ではなかったが、(27)一九六〇年代に入り、次第に関心がもたれるようになった。一九六二年の「第一七回全国総会」では、運動の方針が討論されるなかで、「各種のえん罪事件や人権じゅうりん［略］等も、われわれの教訓を生かして必要な援助をおこなう」ことが採択され、(28)一九六八年に刊行された同会会長の難波英夫による『死をみつめて』では、赤堀政夫を含む九人の冤罪被害者が取り上げられた。(29)しかし、森源メモによると、「早朝6時52分発で赤堀一雄君と上京、国救へ　檜山氏と同道　齋藤喜作氏に懇請」（一九六八年一月一二日）と、国民救援会中央本部・事務局長の齋藤に「島田事件」の支援を「懇請」したが、一九六〇年代～一九七〇年代初頭に同会関係者は増加しなかった。以上より、一九六〇年代に高まりつつあった国民救援会の冤罪事件への関心は、島対協には届いていなかったこと、島対協の結成とその後の活動に深く関わった檜山義介は、国民救援会の組織的意向ではなく個人の意志で島対協に協力していたことがわかる。

それでは、なぜ一九七二・一九七三年に、森源メモで国民救援会関係者が増加したのか。第一に、「白鳥事件」(30)の再審請求が札幌高裁により棄却されたことなどにより、国民救援会の再審裁判全般に対する取り組みが強化された点である。同事件は、国民救援会が救援に力を入れ全国的な運動を展開し、社会的な関心も呼んでいた。(31)国民救援会は、再審裁判への取り組みを一層進めるため、一九七三年四月に、再審事件の冤罪被害者家族・関係者・支援者らの参加による「再審事件全国交流会」を開催し、(32)島対協からも森源と田中金太郎が出席した（「田中金氏と仙台へ　再審問題交流会へ」〔一九七三年四月一五日〕)。第二に、当該期に複数の再審裁判で無罪が確定したことから、弾圧事件の救援だけでなく、冤罪を訴える刑事事件の被告人に対する救援運動への関心が国民救援会内において一層高まった点である。同時期の国民救援会の機関紙『救援新聞』では、再審事件について、「たたかう組織をつくるといっても、労働運動その他の弾圧事件と比べてその核を作ることさえ不可能に近い状態におかれてきました。〔略〕だからこそ、今日、困難をのりこえて交流し、団結し、救援と闘いを組織する必要があるといえます」とある。(33)一九七〇年代に入り、冤罪事件救援運動や再審裁判の救援に対する視野が広がり、国民救援会の具体的な取り組みが島対協にも届きはじめていたといえる。

当該期のもう一つの新たな特徴として、マスメディア関係者の増加がある。表において、一九六〇年代末〜一九七三年のマスメディア・ジャーナリストの登場は年〇〜五回でほとんどがジャーナリストであり、そのうちマスメディア関係者の登場は一九七〇・一九七二年の二回のみで、いずれも新聞記者であった。それが一九七四年には三九回、うち二七回がテレビ局からの取材者と、大幅に増加した。TBSで制作された「島田事件」の番組『ある不在証明《アリバイ》』に関する記述に限っても、一九七四年二月〜四月に二一回登場している。同番組に対しては再放映の要請活動も行われ、放送局に手紙を送り(一九七四年三月二八日)、再放映決定後は「はがき400枚だす」(同年四月一六日)や地元紙『島田新聞』への広告掲載(同二〇日)など、島対協や弁護士らの積極的な活動により実現に至った。

テレビは、東京オリンピックが開催された一九六四年頃には多くの家庭で観られるようになっており、昭和四〇年代(一九六五〜一九七五年)には「世の中の出来事を知る手段として」新聞に並ぶメディアと認識されていたことか(34)らも、「島田事件」を世の中に広めるうえで大きな影響力をもったと考えられる。先述の取り組みからも、救援運動の側がテレビの影響力の大きさを期待し、マスメディアからの注目を積極的に活用しようとする姿勢がうかがえる。一方で、再放映の日の森源メモには「昨日のテレビを見た人　電話で感想を、私に迎合する感」(一九七四年四月二二日」と記されていた。「電話で感想」を述べた人物との関係性などは不明だが、「迎合」という表現から、マスメディアが「島田事件」を取り上げるようになったことで変化した周囲の反応に、一九六〇年代以来冤罪救援を闘ってきた森源は葛藤を抱いたと推察される。

さらに、一九七四年五月には、島田地区労働組合会議や静岡県労働組合評議会、静岡県教職員組合などが相次いで「島田事件」を支援する決議を行った。一九六六年には檜山義介や篠原道夫の人脈を活用するなどして東京や島田の労働運動家から現地調査などへの協力があり、一九七〇年には弁護団合宿のための会場手配の協力を得るなど関係性を築いてはいたが、いずれの年も地元からの組織的支援は得られなかった。一九七四年の複数の労働組合による支援決議の実現には、マスメディアにより「島田事件」が冤罪事件として世の中に広く知られるようになったことや、社会保障などの問題が取り上げられた同年の「国民春闘」など、社会状況の変化が背景にあったと考えられる。

(三)　島対協の活動量の増加

一九六〇年代の森源メモでは、森源と田中金太郎以外の島対協メンバーの活動はほぼみられなかったが、一九七〇年代前半の登場回数は、一九七〇年七回、一九七一年一回、一九七二年一一回、一九七三年三三回と年々増え、とくに「会合」に関わる人物数が大幅に増加した。参加者の名前がわかる一九七〇・一九七一・一九七三年（計五回開催）の「会合」では、会長の田中金太郎が四回出席の他、三回出席者が二名、二回出席者が三名と、一部メンバーの固定化も読みとれる。

主要事務局活動ではないが、一九七〇年代前半の島対協の活動で特筆すべき点として、会報紙『島田事件ニュース』の制作が挙げられる。一九六〇年代の森源メモから読みとれる制作活動は、一九六八年の「島田事件の複本700冊」〔九月二五日〕に関するもののみであったが、一九七〇年代になると、一九七二年一　回、一九七三年九回と、会報紙の制作活動が増加している。部数は一七〇部〔一九七〇年六月二四日〕~三〇〇部〔一九七三年九月一八日〕ほどで、東京・名古屋・仙台・京都に発送〔一九七〇年六月二四日、一九七二年一月二四日、同年三月二五日〕していた。「ニュース配り、七丁目、六丁目」〔一九七二年四月一九日〕からは、森源が住まい近くには自ら配布していたこと、「ニュースのはり込み、一日分で一時間かかる」〔一九七二年二月一九日〕や「午前中ニュースのことを考える」〔同二四日〕からは、会報紙の制作に多くの時間を割き、主体的に取り組んでいたことが読みとれる。他にも『再審への道』という会報紙も発行しており、「はじめは編集に経験の深い」人々の協力を得ていたものの「いつの間にか私への肩にかかってしま」ったが、一九七三年秋の脳梗塞の発症などにより途絶えるまでは、発行を継続していたと振り返っている。[35] 森源は、会報紙制作・配布を通じて、多くの人に赤堀政夫の無実を伝えようとしていたのである。

さらに、二節でみてきた弁護士の登場回数の増加や多方面からの関心の高まりに対して、島対協は積極的に応えた。第一に、弁護士に対して様々な支援を行った点である。先述の弁護団合宿の会場手配以外にも、裁判所に証拠を提出するため法医学鑑定が必要になった際には、島対協を中心としたカンパで費用を工面しており、[36] 弁護活動の活性化に貢献していた。第二に、国民救援会との合同の活動を行った点である。島対協は、国民救援会との関係が深い「静岡赤堀さんを守る会」と共に赤堀政夫の言葉をタイトルに採用したパンフレット『ワタシヲ　タスケテクダサイ』[37] を作成し、一九七三年七月~八月には、島対協と国民救援会でその頒布と署名のキャンペーンを行った。森源は「8月署名のことで追われる感じ」〔一九七三年八月二九日〕と記しており、多忙ななかでの取り組みであったことが伝わる。この活動には、一九七〇年代前半に加わった自由法曹団の若手弁護士が度々登場していることから、島対協と国民救援会の組織的協力関係において、弁護士が重要な役割を果たしていたことも指摘できる。

一九七〇年代前半の島対協の救援運動における成果と意義は、外部からの関心の増加に加え、それらに応えた森源および島対協メンバーの努力により、一九六〇年代の運動の広がりのなさを克服して救援運動を拡大させたことである。一方、当該期は「夜田中氏くる、パンフ『ワタシヲ　タスケテクダサイ』」、署名のこと報告したが反応なく」（一九七三年七月二五日）、「島対協集会6名　熱気あがらず」（同年九月一三日）という記述がみられる。島対協の活動量が増加したことで森源は運動拡大への期待を大きくしたが、他団体の精力的な活動に触れたことなどにより、増加する事務局活動への対応という組織的課題に直面することにもなったと考えられる。

三章　「赤堀さんと共に闘う」新たな運動の登場――一九七〇年代中頃～後半

（一）一九七〇年代中頃～後半の森源メモの特徴

図で示したように、一九七四年は記事数が前年の約二倍（一〇六→二〇三件）、人物数が前年の約二・五倍（二〇六→五三〇回）と、大幅に増加した。一九七四年は「来客・会合・外出」および「電話」が、一九七五・七六年は「通信」がピークを迎えていることから、一九七〇年代中頃は、森源メモが記された期間で島対協の事務局活動が最も盛んな時期といえる。活動量増加の主な要因は、一九七四年八月に発足した「島田事件対策協議会青年婦人部（島対協青婦部）」であった。表からは、一九七四年八七回、一九七五年八一回、一九七六年七四回、一九七七年六〇回、一九七八年二九回、一九七九年二五回、一九八〇年二八回、一九八一年九回と、一九七〇年代中頃が多いが、一九七八年以降も、減少傾向にあるものの他の多くの担い手よりも高い水準で推移していることがわかる。

一九七七・一九七八年は記事数・人物数が減少するが、背景として、一九七七年一月一一日の第四次再審請求の棄却があった。森源は、「棄却のこと頭にこびりついて離れず」（同一一日）、「棄却書のコピーを読む　腹立たしくなる」（同一三日）と記している。さらにこの時期は、脳梗塞の後遺症の影響もあり、「〔昭和〕五十三年二月の息子の結婚式にも出席する気持にならないほど、私は無気力となってしまいました。苦悩の日々の連続でした」[38]と回顧している。実際、一九七七・一九七八年は、主要事務局活動における「電話」「通信」がそれぞれ前年の約半分から半分以下にまで減少した。一方、活動量は減少し続けたわけではなく、一九七九・一九八〇年に再増加したことは注目すべき点といえよう。

（二）保安処分の問題に関心をもつ人々による島対協青婦部の発足

島対協青婦部の担い手の中心となったのは、島田市出身の青年労働者と、静岡県藤枝市で活動していた「藤枝住民会議ずら（ずら）」[39]の青年労働者であった。発足の契機は、島田出身の青年が、先述のパンフレット『ワタシヲ タスケテクダサイ』を読んで冤罪の存在を知り[40]、一九七三年九月に証人尋問が行われることを新聞で読み静岡地裁に赴いた際、森源ら島対協メンバーに会ったことであった[41]。青年は、同級生にも声をかけて共に島対協に入り、さらに同年代の人々が集うずらの勉強会に参加して赤堀政夫のことを知らせた。森源メモによると、一九七四年六月二六日に青年メンバー一名が「藤枝へＰＲ」に行き、同三〇日に青年メンバー二名が森源宅を訪れ「藤枝の会合のこと」を話し合っており、ずらへの広報活動は森源とも共有されていたことがわかる。

島対協の青年メンバーとずらの青年らは、赤堀政夫を死刑とした判決文に「保安処分性」があることを確認し、「赤堀さんを抜きにした運動はあり得ないと感じ」たことから、赤堀政夫と面会し、赤堀と同様に障害をもつ人々に話を聞いた[42]。島対協青婦部が、結成後に発行したパンフレットには、「この事件を単なる冤罪事件として赤堀さん個人の問題と考えてゆくならば、長い困難な闘いの後、彼の無罪は証明されても、権力者によるこの様な事件、人権剥奪、差別は決して無くならない」[43]とあり、赤堀政夫の無罪を勝ち取ることの先に人権侵害や差別を許さない社会の実現を見据え、救援運動を志していたことがわかる。青年たちの一部が島対協メンバーであったこともあり、一九七四年八月三〇日の「島対協8月定例会」で島対協青婦部は発足した。(44) これは、障害者差別の告発というそれまでの島対協の視点にない運動を行うための受け皿を、新たに必要としたことが理由であったと考えられる。

島対協青婦部メンバーにとって森源は、「年相応にガンコではあったろうけど、きっちり話せば理解して貰える」(45) 存在、「血気盛んに、まだ尻の青い論理を述べ」ても「泰然と聞いて頂き、森流に、咀しゃくして対応し」てくれる(46) 存在であり、島対協青婦部内では、運動を牽引してきた森源ら「先人」を「後ろから踏みつぶすようなことはしない」という意思一致があったという。(47) 森源への信頼があり、一九六〇年代以来の運動の重みを理解し尊重していたことが伝わる。対する森源は、後のインタビューで、「運動で得たもの」として島対協青婦部の発足を挙げ、「実は私もね、精神障害者に対して偏見を持っていたけど、その方々と一緒に話をしたり、運動をやることによってその偏見が取れて行ったということがありますね」と語っている。(48) 森源と島対協青婦部は、当初赤堀政夫の救援運動に対して異なる考えをもっていたが、対話により互いの違いを認め合い、森源はそのなかで、障害者への偏見があった自らの運動姿勢を改めていったのである。

島対協青婦部発足の背景には、当時の日本社会における刑法改正および保安処分(49) への問題意識の高まりがあった。厚生省が一九七三年に行った「全国精神衛生実態調査」に対する反対運動や、一九七四年二月の「刑法改正・保安処分に反対する百人委員会」発足など、精神科医をはじめとした医師や文化人、ジャーナリスト、社会運動家を中心に、反保安処分の取り組みが積み上げられていた。(50)「狭山事件」(51) においても、部落解放同盟を中心に狭山差別裁判闘争（狭山闘争）が全国的に広がっており、(52) 運動や社会が見過ごしてきた差別の問題を、社会に問いかけていく機運が盛り上がっていたといえる。

一九七四年の主要事務局活動における島対協青婦部七名の登場回数は、三〇回、二一回、二〇回、六回、三回、二回、一回（表の合計は八七回であるが、各メンバーの家族の登場三回および「青年部」とのみ記された一回の、計四回は除く）で、二〇回以上のメンバーが三名いた。その内訳は、「来客」四五回、「会合」一三回、「外出」七回、「電話」二二回（受けた一二回、掛けた八回、不明二回）で、「来客」の多さをみてとれる。用件は記されていないことが多いが、「プリントを持ってくる」（一九七四年八月二九日）や、「赤堀面会の録音をきく　仙台の報告をきく」（同年一一月二二日）などより、情報共有を中心としていたと推察される。彼らの活動はそれだけにとどまらず、一九七四年の島対協青婦部発足から一九八一年までの主要事務局活動以外の活動をみていくと、アリバイ調査・聞き込み一九回、ビラはり・ビラまき一八回、赤堀政夫との面会一六回の他、資料展の開催やハンガーストライキなど、多様な活動を行っていた。各々仕事をもちながら、遠方への外出や独自の活動を精力的、自律的に行っていたことが読みとれる。森源は、島対協青婦部メンバーに対して「よく活動する」（一九七四年九月二一日）と記しており、行動力を発揮する島対協青婦部を高く評価していた。障害者差別の問題に関心をもつ島対協青婦部が、島対協の事務局活動を積極的に担うことで、一九七〇年代中頃以降の活動量の増大に寄与し、救援運動を拡大したことが指摘できる。

一九六〇年代以来の島対協メンバーが、森源のように、島対協青婦部の存在や障害者差別告発の運動を理解し受け入れていたか否かは不明だが、一九七六年以降、森源宅に「カンパ」をもってきたり（一九七六年七月一日）、森源が「電話」を掛けたり（一九七七年三月一一日）する以外は、森源メモへの登場が減少した。彼らはカンパ活動などで島対協の活動を支えたが、表立った活動からは次第に遠ざかっていったと推察される。一方、会長の田中金太郎は、島対協青婦部と共に森源宅での「懇談」に参加したり（一九七四年一一月二日）、障害者差別を告発する人々による赤堀政夫の救援運動（赤堀闘争）の担い手による「赤堀裁判全国活動者会議（後に「赤堀闘争全国活動者会議」）」の集会が島田で開催された際には参加者を自宅に泊める（同年一二月七日）など、島対協青婦部や赤堀闘争の担い手らと積極的に関わっていた。また、弁護士は、一九五〇年代に申請した赤堀政夫の精神鑑定(53)について、その差別性を精神障害者らから指摘されたときの様子を、「反応にぶく」（一九七四年一二月一五日）と森源に評されたが、翌一九七五年の弁護団会議時には「精神鑑定批判少し進む」（九月一四日）と記された。差別の問題に対して、森源の目からみても関心が薄かった弁護士が、赤堀闘争の人々の主張を徐々に理解し受け入れていたことがうかがえる。

（三）森源および島対協の運動の変化

島対協青婦部の発足は、島対協の運動方針にも影響を与えた。島対協青婦部が独自の運動を展開したことにより、島対協の運動は、障害者に対する差別告発の性格を強めていったのである。他方、このことに対して、一九七〇年代前半に島対協と組織的な協力関係にあった国民救援会中央本部の事務局次長・山田善二郎は反発した。赤堀政夫の救援運動が、狭山闘争を展開する部落解放同盟や新左翼運動から影響を受けることを懸念し、森源に「解同のこと心配」（一九七四年一一月四日）の旨を伝えてきたのである。山田は森源に対し、島対協青婦部との関係解消や、赤堀闘争の担い手との共闘を見直すよう訴えたと考えられる。森源はこれを受けて、翌日「島対協の路線のことを考え」（同五日）、島対協メンバーを集めて「スローガン運動方針を討議」（同七日）し、「夜7時—10時半　島対協　国救の運動方針討論」（同一三日）を行った。議論を重ねた末、島対協および島対協青婦部メンバーが揃うなかで、「山田氏を交えて対策協運動方針討議」の場を設け、「山田氏おれる」というかたちで決着がついた（同一五日）。同時期の森源メモの欄外に「〔国民〕救援会と離れる」（日付記載なし）と記されていることからも、森源が、障害者差別を告発する運動の担い手と共に赤堀政夫の救援を闘っていくことを決断し、国民救援会との離別を選択したことが読みとれる。

国民救援会との関係が一旦は途切れる[54]一方で、森源メモには新たに、赤堀闘争の担い手との関わりが記されるようになる。背景には、島対協青婦部による各地での呼びかけにより、「全国『精神病』者集団」や「全国障害者解放運動連絡会議」をはじめとした障害をもつ人々が運動に参加したことや、全国各地に「赤堀さんと共に闘う会」が生まれたことなど、障害者差別を問う視点をもつ人々の運動参加があった。[55] 表でも、赤堀闘争の担い手は一九七四～一九八一年に年八～二七回登場し、支援者のなかで唯一、一九八〇年に二桁を維持していた。登場回数が最も多いのは、「全国『精神病』者集団」の大野萠子であり、[56] 一九七四～一九八一年に「来客」六回、「会合」二回、「電話」一〇回(受けた六回、掛けた四回)、「通信」一三回(来た八回、出した五回)登場した。他にも、狭山闘争の活動家の「来客」や、各地の「赤堀さんと共に闘う会」および精神科医師との「通信」など、多様な人々との関わりが読みとれる。森源は、赤堀闘争の担い手からも救援運動の中核を担う人物とみなされていたといえよう。

一九七五・一九七六年の「通信」の増大は、赤堀政夫の精神状態の悪化が原因であった。島対協青婦部や赤堀闘争の担い手は、赤堀政夫との面会や手紙の送付により信頼関係を築こうとしたが、長年「死刑囚」として孤独を強いられてきた赤堀政夫は彼らのことを信じることができず、「再審取り下げ、真犯人［の］身代わりに」なるとして「遺言状」を執筆し、法務大臣に送ろうとしたのである。[57] 森源のもとにも、「遺言状くる」(一九七五年四月一四日)、「遺言めいた便り」(同年七月一日)など、複数回届いた。この危機に対して、赤堀闘争の担い手を中心に島対協や弁護士も関わり赤堀との関係をつなぎとめたが、森源個人も、一九七五年四二回(来た一七回、出した二五回)、一九七六年四一回(来た一八回、出した二三回)と、一九六〇年代～一九七〇年代前半を上回る回数の「通信」を交わした。「赤堀さんを抜きにした運動はあり得ない」とした島対協青婦部らの運動姿勢に影響を受けた森源は、それまでの自身と赤堀政夫との関係を見直し、「通信」量を増加させることで赤堀政夫の孤独を受け止めようとしたといえる。

島対協の運動が変化していくなかで、森源の島対協事務局内の立ち位置にも変化がみられた。第一に、弁護士との関わりの減少である。先述の国民救援会との離別が影響している可能性もあるが、「〔島対協青婦部メンバーが〕大蔵氏との電話連絡を伝えてくれる」(一九七六年四月五日)との記載から、弁護士と救援運動をつなぐ窓口が森源だけではなくなっていたことが指摘できる。第二に、島対協の「会合」への参加減少である。一九七〇年代中頃までは開催場所の記載はないため森源宅で行われていたと考えられるが、島対協青婦部の結成後は、「公会堂」（一九七五年八月一八日）や「市民会館」（一九七八年八月六日）など、公共施設の利用が記載されるようになった。さらに、森源の「会合」への出欠状況は不明だが、一九七九年になると「島対協例会　出席する」（二月四日）のように、あえて「出席」が記されている。島対協や島対協青婦部メンバーが、「会合」後に森源宅を訪れている（一九七七年二月一日、一九七八年九月一七日、同年一〇月八日）ことから、森源にも情報は共有されていたといえるが、事務局の運営が少しずつ島対協青婦部へと移行していたと考えられる。

一方、森源宅の「来客」数に注目すると、一九六三～一九七三年の最多回数が一九七三年の一四回だったが、一九七四年一一七回、一九七五年九四回、一九七六年八二回、一九七七年九五回、一九七八年六〇回、一九七九年三七回、一九八〇年五九回、一九八一年二〇回と、高い水準で推移している。また、一九七七　一九七八年に記事数・人物数が減少した後、一九七九・一九八〇年は活動量が再び増加したが、当該期に積極的な支援を開始した日本弁護士連合会の弁護士や、冤罪被害者救援に意欲的な支援者（冤罪被害者、元刑事）[58]の登場という、新たな担い手の影響が指摘できる。当該期の森源は、「来客」を中心に「電話」「通信」という自宅での活動を通して、救援を取り巻く関係性を築き、深めていたといえる。

一九七〇年代中頃～後半の島対協の救援運動における成果と意義は、島対協青婦部の発足と積極的な活動により、一九七〇年代前半に顕在化した増加する事務局活動への対応という組織的課題を乗り越え、森源の赤堀政夫に対する受け止めを変化させ、島対協の運動を若いメンバーへと継承したことであった。森源は、事務局内での立ち位置を変化させ自宅での活動を増加させていくが、そのなかで、赤堀闘争の台頭により一層多様化する救援を取り巻く人々をつなぐ、救援の拠点としての役割を果たしていたといえよう。

おわりに

本稿では、森源メモをミクロ的に分析することにより、森源および島対協がいかにして赤堀政夫に対する救援運動を展開したのかを明らかにした。一九六〇〜一九七〇年代の救援運動は、日々の事務局活動の積み重ねと、救援を取り巻く多様な関係性の構築によって形づくられていた。

森源および島対協を主たる対象とした、赤堀政夫に対する救援運動の検討から得られた本稿の結論は、第一に、森源の、赤堀政夫の救援運動に対する内発的動機や社会運動・社会活動のなかで築いてきた関係性が、島対協の結成や運動の展開に重要な意味をもったこと、第二に、同時代の社会情勢あるいは社会運動の動向など、島対協の外部からの影響を強く受けつつ、新たな運動主体を取り入れたり関係を解消したりと常に試行錯誤しながら、冤罪被害を訴える赤堀政夫の存在を社会に広めて救援運動を発展させたことである。第一と第二の点が、どのような特徴を発揮しながら運動を展開したのかを、本稿の時期区分に沿って以下にまとめる。

一九六〇年代の島対協結成に影響を及ぼしたのは、森源の救援運動への内発的動機と、森源が培ってきた経験および関係性であった。治安維持法での逮捕・勾留やレッド・パージなどの経験を通じて、権力による人権侵害の実態を身をもって知っていたこと、地元・島田で起きた冤罪を見過ごしていたことに気付かされ、赤堀が「犯人」であると信じていたことに疑いをもったこと、市議会議員としての地域活動とその貢献による自身の認知度の高さや、社会運動経験で培ってきた関係性があったことが、大きな役割を果たした。そこに、救援活動家の檜山義介や篠原道夫の協力が加わることで、獄中の赤堀政夫を気にかけ、事件発生後も島田に住み続け「犯人」の家族として苦しんできた赤堀一雄ら冤罪被害者の家族を励まし、法廷外から再審裁判に関与していくために弁護士との関係を築くという、救援運動団体が行うべき活動や関係性を、模索しながら深めていったのである。一九六〇年代の救援運動は、森源を中心とした限られた人々により担われ、決して広がりがあったとはいえない。しかし、運動団体を結成し、救援を取り巻く人々との関係性を深め、活動を継続させたこの時期の取り組みは、赤堀政夫の救援において重要な意味があった。

一九七〇年代前半の島対協の運動拡大は、弁護士の活動の活性化や、他団体との合同活動の開始、人権意識の高まりにより「島田事件」に広い層が関心をもつようになるといった外的契機と、それらの注目に応え活動量を増加させた森源および島対協メンバーによるものであった。森源は、運動の広がりを島対協の発展につなげるべく、救援に関心のある人々と連帯し、弁護士とは一九六〇年代以上に具体的かつ多様な行動を起こしていった。「島田事件」が注目を集め、島対協が他団体やマスメディアなどの連絡窓口として機能し、活動が活性化したことは、一九六〇年代の島対協が抱えていた運動の広がりの不足を補ったが、同時に、増加する事務局活動への対応という組織的課題の存在に、森源自身が気付かされることにもなった。

一九七〇年代中頃～後半の島対協の運動拡大に貢献したのは、「島田事件」を障害者差別の問題と捉えた島対協青婦部の活動と、赤堀闘争の担い手との関係性の構築であった。森源は彼らの運動に影響を受け、差別の視点がなかったそれまでの運動方針を転換し、島対協青婦部が事務局活動を精力的に担うことにより、島対協は若手メンバーへの救援運動の継承を果たしたのである。

本稿は一事例の分析ではあるが、救援運動の中心人物である森源が知り得た、救援を取り巻く人々の行動と関係性に着目しながら、その他の担い手の史料をあわせて用いることにより、一九六〇～一九七〇年代の社会状況との関連とともに救援運動を動態的に究明することを目指した。森源および島対協の救援運動は、国民救援会や赤堀闘争の担い手の影響を強く受けつつも、いかにして権力に赤堀政夫を殺させずに無実の罪を晴らすかに主眼をおき、救援を取り巻く人々との緊張関係のなかで、「外出」し、「来客」を迎え、「電話」を掛け、「通信」を交わすなどの行動が、日々積み重ねられることを通して築かれた。社会に開かれた運動を展開したことにより、人権意識の高まりによる変化を取り入れて、外部の運動とも積極的に連帯したが、運動の継続を可能としたのは、森源が自らの運動を振り返り方針を転換させ、島対協青婦部の成熟を重視して島対協を内部から変革したことによるものであった。冤罪被害者の救援では、少なくとも無罪を勝ち取るまで運動を堅持することが重要な課題となる。森源および島対協のような取り組みがあって初めて、国家権力により拘束されている人を救援することが可能となるのだといえよう。

再審裁判は、一九八七年に再審開始確定、一九八九年一月に無罪判決が言い渡された。森源および島対協は、裁判の進展のなかでどのような運動を展開したのか。一九八〇年代以降の救援運動の検討は、今後の課題としたい。

注

（1）日弁連えん罪原因究明第三者機関ワーキンググループ編著・指宿信監修『えん罪原因を調査せよ』（勁草書房、二〇一二年）の「えん罪事件一覧表」によると、一九一三～二〇〇八年で一六二件の冤罪事件が発生しているという。

（2）西愛礼『冤罪学』日本評論社、二〇二三年、二八七頁。

（3）国民救援会は労働争議への弾圧に対する救援のため一九二八年に結成した「解放運動犠牲者救援会」を前身とする団体、救援連絡センターは大学闘争での大量の逮捕者に対する救援のため一九六九年に結成した団体である。

（4）国民救援会が冤罪救援に積極的に取り組みはじめる経緯は二章二節で扱う。救援連絡センターの会報紙『救援』において赤堀政夫に対する救援運動が取り上げられるのは、一九七四年一一月発行の六七号からであった。

（5）一九五四年に山口県で起きた殺人事件とそれに伴う冤罪事件。「犯人」とされた岡部保は死刑判決を受けるが、一九七〇年に最高裁が原判決を破棄して広島高裁へ差戻し、一九七二年に広島高裁が無罪判決を下した。

（6）播磨信義『仁保事件救援運動史』日本評論社、一九九二年。『仁保事件』は国民救援会を中心に救援運動が展開したが、播磨は膨大な史料を掲載し、同会会員にとどまらない救援運動の全国的な広がりを描いた。なお、「島田事件」を取り上げたものには、社会学者の桐原尚之による研究がある（「解放という視座を有する社会運動が社会に与える影響」『解放社会学研究』二八号、二〇一四年、二七―四八頁）。桐原は、「解放」という視座の有無により運動が社会に与える影響は異なるとして、「全国『精神病』者集団」をはじめとした赤堀闘争の運動のあり方および彼らの運動の成果を高く評価した。無罪確定後の年金の問題まで扱い貴重な研究であるが、島対協の運動に関する叙述および分析は十分とはいえない。

(7) 一九五四年三月一〇日に静岡県島田市で起きた女児殺害事件とそれに伴う冤罪事件。一九六〇年に、強姦致傷、殺人罪に問われた赤堀政夫の死刑が確定した。「島田事件」の発生経緯および冤罪性など詳しくは、本稿で取り上げた書籍の他、佐藤一『不在証明』（時事通信社、一九七九年）、白砂巌『雪冤　島田事件』（社会評論社、一九八七年）、伊佐千尋『島田事件』（潮出版社、一九八九年）などを参照されたい。

(8) 一九二九～二〇二四年、静岡県島田市出身。一九四四年に国民学校高等科を卒業し、その後窃盗の罪で二回逮捕された。一九五三年夏頃に職を求め東海地方を中心に「浮浪生活」をした後、同年一〇月頃に島田に戻り、一九五四年三月に再び職を求めて東京方面へ向かったが、直後に「島田事件」が発生した（赤堀闘争全国活動者会議編『島田事件と赤堀政夫』たいまつ新書、一九七七年、七―一二頁）。

(9) 一九六三年に静岡県議会議員選挙に革新系・無所属で立候補したが、社会党が別の候補を立てたことで票が割れ、落選した（「杉本、八木、平林、森の四氏届出」『島田新聞』一九六三年四月三日、「平林、八木両氏が当選」『島田新聞』一九六三年四月一八日）。一九六七年に市議会議員に再選した。

(10) 教育科学研究会の活動が「国体を変革する共産主義運動」とみなされ、一九四四年に治安維持法で逮捕、約八カ月勾留された（森源「ブタ箱ぐらし」『雑記帖』私家版、一九八二年、九一―八頁）。

(11) 一九四九年一〇月に失職。一〇年後、不当馘首反対同盟を組織して県教育委員会を相手どり裁判を起こした（森源「静岡県教職員組合運動史覚え書」、同右書、一―三〇頁）。

(12) 地域活動では、島田青年文化協会や島田市横井町内会に関わり、運動では、教職員組合の結成や原水爆禁止運動などに携わった。

(13) 縦長・横書きのレポート用紙に、年月日および出来事や人物名などが一～二行で記されている。筆跡の連続性から、日記や手帳などの記録を、後にレポート用紙にまとめ直したもの（時期不明）と推定される。本人の直筆のため、本稿では一次史料として用いる。森源は一九八二年以降も救援運動を続けているが、森源メモと同様の形式での記録の有無は不明である。

(14) 森源「島田事件運動史覚書（その1）」、島対協編集委員会『島対協折込通信』二一号、一九八四年三月七日。

(15) 「『赤堀君を取り戻すまで』—森源さんに聞く」、島対協編集委員会『島対協折込通信』五号、一九七八年八月一〇日。

(16) 同前史料（注14）。

(17) 社会運動家、衆議院議員。森源は、神山が共産党除名後に参加した「日本のこえ」の「島田分局」を立ち上げており（森源の小型ノートの押印より）、神山の活動を支援していたと考えられる。また、森源の弟・数男の、妻の姉が神山の秘書であり、数男自身も秘書の役割を果たしていた（森伸一氏聞き取り、二〇二三年一〇月一三日）。

(18) 篠原道夫「森源さんはこんな人だった」、森源さん追悼文集編集委員会『森源さん追悼文集　あじさい』私家版、一九九五年、七三頁。檜山義介は国民救援会の会員だが、筆者は、檜山が個人の意思で島対協に関わっていたと考え（二章二節で詳述）、表では支援者内の「救援活動家」に分類した。篠原道夫は、日雇労働者の「全日本自由労働組合」に所属していた人物である。

(19) 森源「檜山義介氏を偲ぶ」、同前書（注10）、二〇〇―三頁。檜山と篠原は、一九六六年、事件発生前後に転々としていた赤堀政夫の足取りを実際に歩いて調査し、裁判記録との違い（アリバイ）を発見、裁判所による現場検証につながるなど、再審裁判の進展にも貢献した。

(20) 森源と同じ横井町出身で、建設業に従事。森源が県議会議員に出馬した際、地盤を引き継ぎ市議会議員に立候補し、当選した。

(21) 島対協メンバーの杉山緑郎は、「久子ちゃん殺し」が「島田事件」へと呼び方が変わったことは、「犯人とされた赤堀政夫君の冤罪事件としてとらえることを意味していた」と述べている（杉山緑郎「失われた条理　島田事件」同人誌に掲載、年不明)。
(22) 同前記事(注19)。赤堀政夫の他に、「帝銀事件」の平沢貞通、「牟礼事件」の佐藤誠、「松山事件」の斎藤幸夫と面会した。
(23) 同前書(注8)、一三二―六頁。
(24) 「『無罪』『再審』春待つ梅田事件と島田事件の2　被告」『朝日新聞(夕刊)』、一九八六年二月二四日。
(25) 同右史料。
(26) 佐藤久「当初の島田事件弁護活動と森源さん」、同前書(注18)、五六―九頁。
(27) 難波英夫「一社会運動家の回想」(白石書店、一九七四年)、竹沢哲夫「再審裁判の現状と問題点(要旨)」(日本国民救援会『救援新聞』四四五号、一九七三年四月二五日)、日本国民救援会『嵐に抗して　救援会50年のあゆみ』一九七八年、日本国民救援会「70年のあゆみ」編纂委員会編『救援会の70年』一九九八年、齋藤喜作『無実の人々とともに』(光陽出版社、二〇〇二年)、山田善二郎『日本近現代史のなかの救援運動』(学習の友社、二〇一一年)。
(28) 同右書(『嵐に抗して』)、二五八頁。
(29) 難波英夫編『死をみつめて』理論社、一九六八年、二八一―三〇六頁。
(30) 一九五二年に札幌市警察本部の白鳥一雄が射殺された事件とそれに伴う冤罪事件。捜査当局は共産党関係者の犯行と断定し、同党の村上国治を逮捕、一九六三年に懲役二〇年の刑が確定した。一九七五年、最高裁は再審請求の特別抗告を棄却した。
(31) 「白鳥事件」『日本大百科全書』小学館。
(32) 「〝全国連絡会〟を結成」、同前史料(注27、『救援新聞』四四五号)。
(33) 同前史料(注27、『救援新聞』四四五号)。
(34) NHK放送文化研究所編『テレビ視聴の50年』日本放送出版協会、二〇〇三年、六―七・一一二頁。
(35) 森源「『再審への道』復刊によせて」、島対協『再審への道』一五号、一九八二年九月二三日。森源メモによると、一九七三年九月末の脳梗塞発症の翌一〇月は記事数が減少するが、一一月以降は精力的な活動を再開している。

(36) 島対協『金銭出納帳』。
(37) 島対協・静岡赤堀さんを守る会『ワタシヲ　タスケテクダサイ』(パンフレット)、一九七三年。
(38) 森源編著『島田事件レポート』私家版、一九八九年、三頁。
(39) 長船恒利「創刊にあたって」『かわら版ずら』創刊号、一九七四年九月一五日。
(40) 秋野正男「赤堀政夫さんを偲ぶ」、島対協編『追想　赤堀政夫さんを偲ぶ』二〇二四年五月一八日、三頁。
(41) 秋野正男「森源さんとの出逢い」、同前書(注18)、八九—九〇頁。
(42) 「赤堀闘争を闘い抜くために…」、島対協青婦部『赤堀さんと共に!』一九号、一九七五年三月一六日。
(43) 秋野正男「赤堀政夫さんを守り抜こう!!」、島対協青婦部『赤堀さんと共に!』(パンフレット)、一九七四年一〇月一三日(鈴木昂氏所蔵史料、発行日は手書きで記載)。
(44) 「〝74年の闘いのあと〟島対協」、島対協青婦部『赤堀さんと共に!』一七号、一九七四年一二月三〇日。
(45) 池田一「森さんのこと」、同前書(注18)、八八頁。
(46) 玉川勤「生き続ける森さん」、同前書(注18)、八七頁。
(47) 寺澤暢紘「破顔一笑」、同前書(注18)、九三頁。
(48) 森源「より強く、再審請求の声を!」、島対協編集委員会『島対協折込通信』一五号、一九八二年三月九日。
(49) 犯罪者や罪を犯す危険性があると判断した者に対し、犯罪防止のために科す、刑罰以外の保護・教育・矯正・治療などの強制処分のこと。
(50) 青木薫久『保安処分と精神医療』社会評論社、一九七五年、九—二〇頁。
(51) 一九六三年に埼玉県で起きた殺人事件とそれに伴う冤罪事件。一九六四年に地裁で死刑判決が出され、一九七四年に高裁が原判決を破棄して無期懲役判決が出され、一九七七年に確定した。二〇二四年八月現在、第三次再審請求が行われている。
(52) 荒川章二『全集日本の歴史16　豊かさへの渇望』小学館、二〇〇九年、一八一頁。黒川みどり『被差別部落に生まれて　石川一雄が語る狭山事件』岩波書店、二〇二三年、九三—一四二頁。

(53) 一九五〇年代に弁護士が、「『自白』が本人の意思でなされたものでないことを間接的に裏づける一つの資料」とするために、裁判所に申請した赤堀政夫の精神鑑定のこと（同前書（注8）、九四—一三〇頁）。
(54) 一九八三年に、国民救援会静岡県本部から弁護士を介して依頼があり、赤堀一雄と森源は同会の集会に出席した（森源「天網恢恢疎而不漏」、島対協編集委員会『島対協折込通信』二〇号、一九八三年一月二〇日）。
(55) 同前書（注8）、一三八—六〇・一六三—四頁。赤堀さんと共に闘う会は、本書発行時点で、仙台・関東・八王子・静岡・愛知・京都・大阪・岡山に結成。
(56) 赤堀政夫から「お母さん」と慕われ、無罪確定後には介助者として生活を共にした。
(57) 島対協「7・5赤堀氏面会報告」一九七五年。同前書（注38）、巻末四頁。同前書（注8）、一四〇—五頁。
(58) 冤罪被害者は、「松川事件」の佐藤一、元刑事は、奥野正一、山崎兵八、南部清松のこと。

Ⅲ　一九七〇年代の東京都における脳性マヒ者運動の展開
――「東京青い芝の会」のケア付住宅建設運動を事例に――

鈴木　雅子

はじめに

戦後障害者運動における一九七〇年代は、常時介助を要する重度身体障害者らが親元や施設を出て、地域社会で自立して生きるための様々な試みを始めた時期である。そこには概ね二つの方法があった。一つは、生活保護制度を利用し支援者・ボランティアの無償介助を受けながら、公営住宅や民間アパートで生活するものである。もう一つは、少人数の障害者が地域の介助者付き小規模施設や共同体で暮らすことにより、家族や施設に管理されない自立的な生活を獲得しようとするものであった。

一九七〇年代初期の日本脳性マヒ者協会「東京青い芝の会」（以下、東京青い芝）の中にも、この二つの動きがあった。七三年に東京都立府中療育センターを退所した新田勲らは、支援者の二四時間介助を受けながら都営住宅で自立生活を始め、都や国に対して公的介助保障を要求していった。他方で、東京青い芝の執行部は、地域に開かれた小規模施設を求めて七三年から東京都と交渉を続け、八一年に日本で最初のケア付住宅「東京都八王子自立ホーム」（現・はばたきの郷　八王子自立ホーム。二〇一七年に民間移譲。以下、自立ホームまたはホームと呼ぶ場合がある）を開設させた。

しかし、前者が、一九八〇年代に本格化する「自立生活運動」の萌芽と位置づけられ、その重要性が評価されてきたのに対し(1)、後者の自立ホームは、当初、各方面から注目され、開設後七年間で延べ五〇〇〇人の見学者を迎えたものの、その一方で、「ケア付き住宅といいながら、自立ホームも施設ではないか」、「二〇人も一つの建物でまとまって生活するのは、自立生活とはいえない」などの批判も多かった(2)。

このように一九七〇年代は、障害者の自立生活のあり方をめぐって様々な試行錯誤が行なわれた時期だったのである。本稿では、このような試行錯誤の一つである東京青い芝のケア付住宅建設運動を取り上げ、この運動が生まれた時代背景や思想および運動の実態を解明することを目的とする。

東京青い芝の母体である日本脳性マヒ者協会「青い芝の会」（以下、青い芝）は、日本最初の公立肢体不自由学校・東京市立光明学校（一九三二年開校。現・東京都立光明学園）の卒業生らが一九五七年に結成した脳性マヒ者（以下、ＣＰ者。ＣＰとはCerebral palsy（脳性マヒ）の略）の団体である。ＣＰとは妊娠中や出産時などに起こった脳損傷のため、主に運動機能面にマヒを生ずる障害である。全身性の障害で言語障害を伴うため職業的自立が難しく、更生（職業自立）を目的とする戦後の障害者施策から取り残された存在であった。また、言語障害や顔面麻痺を伴うこの障害への差別・偏見はとりわけ厳しく、ＣＰ者の多くは家の片隅で家族にも「厄介者」扱いされながら、殆ど外に出る機会もない状態に置かれていた。東京青い芝は、会の結成から一六年後の七三年に都内五支部を統合してできた地方組織であった（結成時の名称は「青い芝の会　東京支部」）。

青い芝の歴史は、一九九〇年の立岩真也の論文「はやく・ゆっくり――自立生活運動の生成と展開――」(3)を契機として研究者・運動関係者から注目されるようになり、これまでに多くの研究が蓄積されてきた。しかし、その関心は一九七〇年代に差別告発運動を展開した「青い芝の会　神奈川県連合会」（以下、神奈川青い芝）などに偏っており、それらとは性格の異なる東京青い芝についての研究は極めて少ない。特に七〇年代のケア付住宅建設運動については、会員の若林克彦がまとめた通史(4)以上に詳しいものはない。なぜこの運動は研究されてこなかったのだろうか。その理由の一つは、運動の成果であるケア付住宅が、障害者や研究者らからあまり評価されず、むしろ批判されることが多かったことにあると思われる。

二〇一九年、東京青い芝の運動を批判的に論じた立岩は、ケア付住宅はその建設に膨大な労力と時間がかかる割に少人数しか住めないし、集まって住むという形態がもたらす介助者の「共有」は「介助が多く必要な人には辛いものであった」、ケア付住宅は「基本的にはうまくない手だったと、私は以前から考えて」いたと書いている(5)。

東京青い芝を先駆けとするケア付住宅建設運動は、一九七〇年代から八〇年代末にかけて全国各地で一定の広がりをみせたものの(6)、八〇年代半ばからは、個々の在宅障害者などに有償の介助サービスを提供するアメリカ型の自立生活運動(7)が運動の主流となった。そして今日では、障害者の自宅に介助者を派遣するという方法が障害者の自立生活の形態として定着したといえる。よって今日的視点からみれば、立岩の批判は的を射ているように思われる。しかし立岩は、七〇年代の障害者らがなぜこのような生活形態を求めたのかという歴史的背景には言及していない。

立岩らの見解に対して運動の再評価を試みる廣野俊輔は、「運動の歴史を考える上では」「さまざまな限界にも関わらず、いかなる経緯で東京青い芝の会が議論されているような要求に至ったのか」を解明すべきだとし、二〇二四年の論文では、ケア付住宅の構想が一九六〇年代の運動を通してどのように生まれてきたかという歴史的背景を明らかにした(8)。しかし、廣野の研究も、六〇年代と七〇年代の運動の連続性の解明に力点が置かれ、七〇年代の運動そのものを実証的に分析したものではない。

そこで、本稿ではまず、この運動の全体像を同時代の一次史料に基づいて徹底して実証的に明らかにする。その際、重要なことは、この運動を今日的価値観から評価するのではなく、同時代を歩んだ障害者の視点に立って検討することである。

また、東京青い芝のケア付住宅建設運動は、一九七〇年代の美濃部（亮吉）革新都政における「都民の都政参加」の実例の一つでもあった。行政を批判する急進的な差別告発運動が高揚していた七〇年代に、なぜこのような運動が成立したのだろうか。本稿では、運動の中でCP者がどのようにして都との信頼・協力関係を築き目的を実現していったのかにも注目したい。

本稿で使用する主な史料は、青い芝の会報『青い芝』と東京青い芝の会報『とうきょう青い芝』、東京都八王子自立ホームの創立記念誌、および会員の著書である。本稿では、一九六〇年代から八〇年代初期までを分析の対象とし、第一章で一九六〇年代、第二章で一九七〇年代前半、第三章で一九七〇年代後半から八〇年代初期までを検証する。なお、文献によっては「ケア付き住宅」などの表記もあるが、運動当時の青い芝の会報は「ケア付住宅」と表記しているため、本稿ではこれを使用した。また、史料を引用する場合、明らかな誤植は訂正し、俗字は常用漢字に改めるとともに、読みにくい箇所には句読点を加筆あるいは削除した。

一　東京青い芝の結成まで

（1）一九六〇年代の青い芝と久留米園関係者の運動

一九七〇年代初頭に東京青い芝を結成した会員たちは、一九六〇年に開設された東京久留米園（現・くるめ園。以下、久留米園）の関係者で、六〇年代の青い芝の中で権利要求運動を主導した人たちである[9]。

久留米園は、国立身体障害者更生指導所（現・国立障害者リハビリテーションセンター）に勤務する田中豊と妻寿美子（久留米園園長）の経営による、障害者の救護施設（生活保護法に基づく入所施設）であった。「施設運営の基本は人権の保障にある」という豊の考えの下、同園では障害者の自由を尊重し主体性を育成する運営が行なわれた。のちに東京青い芝の主要メンバーとなる寺田純一[10]は、家族から危ないと反対され、一九六一年に二三歳で同園に入所するまで一人で電車に乗ったことがなかった。しかし、「ちゃんと判断力があるのだから、周りがどうこういうことではない」という田中の一言が「人生の大きな転機になった」という[11]。就学免除で学校にも行けず親元で子ども扱いされてきた寺田は、久留米園に入ってはじめて判断力のある大人として認められ、外出して社会的経験を積むことができるようになったのである。

同園には規則がほとんどなく、クラブ活動や学習会などの自主的な集団活動が奨励され、園内の問題は、園長・園生（入所者）・職員の会議である「全員会」や園生の会議である「園生会」（一九六六年、「園生自治会」に発展的解消）で議論し民主的解決が図られた。地域住民のボランティア活動などを通じた地域との交流も盛んであった。また、労働組合運動の活動家でもある田中は、障害者が団結して政治に関心をもち自ら行動を起こす必要を説いた。田中の周囲には政治意識の高いＣＰ者が集まり、同園は障害者運動の拠点となっていく。

一九六一年に多数の久留米園の入所者が青い芝に入会すると、田中の影響を受けた久留米園関係者（久留米園の入所者と同園に出入りして田中の影響を受けた会員たちを、本稿ではこのように呼ぶ）らは、親睦・互助活動を中心とした青い芝に要求運動という新しい運動スタイルを持ち込んだ。六二年、久留米園関係者を中心に、会は国立重度者施設設立など一二項目の要求を掲げて政府への要求運動を開始した。この時、会員らは障害者の「生きる権利」を根拠として、軽度者中心の従来の障害者施策を重度者本位のものにすべきだと訴えた。

この時の青い芝の要求項目にもあるように、当時は、「重度者施策＝施設」というのが一般的な考え方であった。一九六〇年代には重度障害児者施設を求める親の会などの運動が高揚し、これに応えて六〇年代後半には国や自治体が各地に大規模入所施設（コロニー）を建設していく。しかしその一方で、青い芝ではこの頃から会員たちの体験を通して、入所者への自由の束縛や社会からの隔離など、施設の負の側面が明らかにされていった。

一九六五年、のちに東京青い芝を牽引することになる磯部真教は会報に「私たちの施設を！」を書き、従来の施設が「地域社会から人里離れた」「大規模」施設であることを批判して、障害者が運営に参加する地域に密着した小規模施設、という理想の施設像を提示した(13)。この理想の施設像は青い芝の会員とその関係者に広く共有されるとともに、七〇年代のケア付住宅建設運動につながっていく。

他方で、一九六〇年代半ば頃から、結婚して生活保護を受けながら地域社会で暮らす会員たちが現れた。久留米園でも六六年には秋山和明夫妻が、六八年には寺田純一が施設を出て地域での生活を開始する。こうして、六〇年代後半の青い芝では、CP者が家元や施設を出て生活保護を受けながら地域社会で生活する、という新しい生活スタイルが生まれたのである。

さて、その際、会員から出てきたのは「年金」と「住宅」に対する要求であった。そこで、一九六八年、久留米園関係者の磯部・寺田・秋山を中心に、会は、東京都と都議会に対して住宅問題に関する陳情・請願運動を行なった。この前年に成立した美濃部革新都政の下、都営住宅の身体障害者向け割当制、都営住宅一階へのスロープの設置、入居者の障害に応じた住宅改造など、会の要求のほとんどが実現した。これが、会が革新都政を動かした最初の事例となった。

（2）府中療育センター闘争とその影響

一九六〇年代後半に高揚した大学闘争が収束に向かう六〇年代末、新左翼系学生運動の一部が障害者運動に流れ込んできた。学生らの支援を受けて青い芝の周辺では、介助を要する重度CP者による急進的な個別運動がいくつも生まれた。入所者が施設のあり方を告発した府中療育センター闘争（以下、府中闘争）もその一つである。ここでは、ケア付住宅建設運動や日本の自立生活運動に影響を与えることになる府中闘争についてみていく。[15]

一九六八年、美濃部革新都政の下で重度障害者の大規模施設である都立府中療育センター（以下、府中センターまたはセンター）が開設された。この施設における人権侵害が青い芝の総会で報告されたのは、六九年五月のことである。センターに入所するCP者の新田勲らを通じて、医療専門家や施設職員による障害者への管理・抑圧の実態を目の当たりにした会は、久留米園関係者の寺田純一・若林克彦らを中心に運営改善への取り組みを開始した。

しかし一方で、職員の配置転換に反対する入所者のハンガーストライキ（一九七〇年一一～一二月、九日間）、入所者の他施設への強制移転に反対する都庁前での座り込み（七二年九月～七四年六月、一年九か月間）など闘争はエスカレートし、マスコミ報道や支援者の輪が広がっていった。一九七〇年の青い芝の集会には「学生・労働者等二十数名」が参加し、「資本主義をつぶさなければ根本的解決ではない」、「障害者闘争を革命の一環として位置づける」との発言があった。[16] さらに翌年の集会では、「施設は、障害者を隔離し、抑圧するものだから解体すべきだ」という意見（施設否定論）が出てきた。[17]

学生らの参加に伴うこのような運動の急進化は、青い芝の内部に会のあり方をめぐる意見の対立を生み出した。このため一九七一年に開かれた総会は定足数不足で二度流会となり、同年七月、会の立て直しのため寺田純一を委員長とする「改革委員会」が設置された。寺田らと学生運動との確執が深刻化するのはこの頃からだと思われる。

のちに新田勲は、当初青い芝を中心に取り組んでいた府中闘争に「いろんな大学の学生が加わってきて、『青い芝』の動きを取ってしま」った、と述べている。学生が運動の主導権を握り、「学歴も理論を交わす能力も」ない入所者たちは「学生の一言で説き伏せられて」しまったというのである[18]。当時、センター入所者のほとんどが未就学で非識字者であった。このような事態に反発した寺田らは、学生らが主導する都庁前の座り込みが始まった一九七二年頃、闘争支援から手を引いた[19]。

以上のような府中闘争との関わりを通して寺田・若林らの心に刻まれたのは、医療専門家・施設職員・運動支援者に対する不信と警戒心、およびCP者の主体性の弱さであった。これらは、彼らの自立観やケア付住宅構想のあり方に影響を与えることになる。

ところで、センターの運営改善を求めて始まった府中闘争は、一九七三年に新田勲らがセンターを出て自立生活を始めたことから二つに分岐した。「施設否定」の立場から地域での自立生活にのり出した新田らの運動と、「施設改革」の立場からセンターに留まりその改革に取り組んだ志野雅子と支援者らの運動である[20]。前者からは日本独自の自立生活運動[21]が誕生し、後者は紆余曲折を経て、八一年の都立日野療護園（現・立川療護園　はごろもの音。二〇一五年に民間移譲）の開設につながった。同園では府中闘争の教訓をもとに、入所者の主体性を生かした運営とサービス提供が目指された。

二　東京青い芝の結成とケア付住宅建設運動の開始（一九七〇年代前半）

（1）本部の再建と東京青い芝の結成

青い芝の周辺で府中闘争などの個別運動が高揚していた一九七〇年代初頭、青い芝の内部でも差別に反対する急進的な運動が誕生した[22]。七〇年に神奈川青い芝が取り組んだ、重症児を殺した母親の減刑運動に対する抗議行動である。障害児を殺した親に同情する健常者の意識の根底に、生産に役立たない障害者に対する差別意識があると主張したこの運動は大きな反響を呼び、以後、同会は、障害者を差別・抑圧する経済成長優先の社会のあり方を問い直し、変えていくべきだとする差別告発運動を展開していく。その際、七〇年につくられた同会の四項目の行動綱領（われらは自らがＣＰ者である事を自覚する／われらは強烈な自己主張を行なう／われらは愛と正義を否定する／われらは問題解決の路を選ばない）は、その後の同会の運動を規定することになる。

一九七一年以降、青い芝の立て直しに取り組んでいた改革委員会の寺田らが、組織再建の協力者として選んだのがこの神奈川青い芝のメンバーであった。七二年の再建総会では、会長・横塚晃一（神奈川）、副会長・磯部真教（東京）、事務局長・寺田純一（東京）の新執行部が誕生し、制度要求運動を重視する磯部・寺田と、差別告発運動を重視する横塚が七〇年代前半の青い芝を牽引することになる。さらに七三年には、会の全国組織化に伴って都内五支部を合同して東京支部（支部長・若林克彦）が結成され、翌年、東京青い芝と改称された。以後、磯部・寺田らは、全国青い芝と東京青い芝の役員を兼ねることになった。

寺田らが起草した青い芝の一九七二年度「運動方針」は、重度障害者の人権と共生社会の理念を明確に示した点で画期的であるとともに、その後の東京青い芝の運動の指針となる(23)。「運動方針」は、重度障害者の立場から人権の普遍性を次のようにうたっている。

私達は、人間の生きる権利と自由は、まさにそれ自体として尊ばれ、守られるべきであり、能力の程度などによって割引きされてはならないこと、そして重い障害者こそ、この人間としての生きる権利の最も端的な生きた具現者であるという基本的認識に立ちます。

人間の権利と自由は、生産に役立つかどうかという「能力」に左右されてはならず、重度障害者こそが人間の「生きる権利」の具現者であるべきだというのである。

続けて、CP者福祉の基本理念について、「その人が家庭の一員、地域社会の一員として生活出来るように、しかも独立した一個の人格として尊重されるように必要かつ十分な援助をするという点に置かれなければならない」とし、そのためには、所得保障としての「年金制度の確立」と、施設の「主権者」であるべき障害者が「施設の運営に参加する権利」の保障が必要だと述べている。

CP者が「独立した一個の人格」として尊重され「地域社会の一員」として生活できるような施策をCP者福祉の基本とした上で、年金制度の確立と障害者の施設運営への参加を主張したのである。磯部・寺田は、このうち前者を全国青い芝の、後者の「施設改革」を東京青い芝の重点課題とした。

（2）ケア付住宅建設運動の開始

東京青い芝の結成当初、東京都への要求運動は全国青い芝として行なわれた。一九七三年四月と五月には都民生局（現・福祉局）の縫田曄子局長との「対話」がもたれ、五月八日の話し合いでは局長が要求項目の一つである小規模施設建設に関心を示した[24]。これを受けて五月三〇日、東京都の第一回「障害者のための街づくり協議会」（以下、「街づくり協議会」）に全国青い芝会長の横塚晃一が障害者委員の一人として出席し、磯部・寺田・横塚が起草した「〝障害者の住みよい街づくり〟についての『青い芝の会』の見解」（以下、「見解」）を提出した。「見解」はまず、街づくりの意義についてこう述べている[25]。

障害者のための住みよい街づくりとは、単なる段差やエレベーターの問題ではなく、都の中期計画の総論の中で語られている「総ての地域における望ましいコミュニティーの形成」が、総ての障害者を含めたかたちで実現されてゆくためにはどうすればよいかという道筋を明らかにし、そのために、現時点で、革新都政がとりうる最も有効な方策を見出し、実行に移してゆくことであるはずです。（傍点引用者。以下同じ）

前年の『東京都中期計画一九七二年』が掲げた「望ましいコミュニティの形成」という目標に即して、障害者のための街づくりは車いすに配慮した街の物理的改造に留まってはならず、「総ての障害者」、すなわち車いすを動かすことさえできないCP者などの重度障害者を含めたコミュニティの形成を目指すものでなくてはならない、というのである。そして具体的な方策として、「都営住宅団地の一角に」CP者をはじめとする重度障害者の「小規模な施設」をつくり、その周辺の商店街や公共機関の段差をなくし「障害者が、地域の人たちと自由に交流しあえる条件を整備すること」を提案した。

さらにこの提案が、これまで「家庭の中にバラバラに放置され」、大規模施設の中で「無権利の状態に置かれている身障者が、自らの権利と要求を自覚し、自らの主体的な組織を生み育てる土台」であると同時に、「地域住民が、障害者を含めたかたちでの地域社会を建設していく基盤」でもあり、また「美濃部革新知事が《ママ》『国の政策と対立することによってその政策を変えてゆく』という観点に合致し、『資本主義社会の中で可能な施策』であ」るとともに、「障害者の都政参加と、革新地方自治体を障害者が自ら守るための条件」であるとした。

つまり、CP者をはじめとする重度障害者の小規模施設を中心とした街づくりが、障害者の権利意識の覚醒や組織形成に役立つばかりでなく、地域住民による障害者を含めた地域社会の建設を可能にし、資本主義体制内での革新都政による国政の変革という美濃部都政の基本姿勢と合致するとともに、障害者が都政に参加し革新都政の支持基盤になるための条件にもなるというのである。「見解」は、地域に密着した小規模施設という一九六〇年代からの理想の施設を要求するとともに、障害者が権利主体として都政に参加することを目指した点で、六〇年代の権利要求運動の延長線上にあるものだといえる。

ところで、文中にある「身障者が、自らの権利と要求を自覚し、自らの主体的な組織を生み育てる土台」とは何を意味するのだろうか。これを考えるヒントは、東京青い芝の一九七四年度総会に執行部が提出した次のような「施設作り決議案」にある。

> 青い芝の会は、東京都に対して、障害者の運動を支える土台としての小規模な施設を作ることを要求してきた。（略）しかし、このことを実現してゆくには、まず私たち自体の力で、生活の場としての小さな施設を作り、行政の古い施設観を打破してゆかなければならない。そこで、生活の場と運動の場を兼ねた場を作ることを特別活動として集中的に行なってゆくこと（略）を決議する。(26)

東京都に対して障害者運動を支える場としての小規模施設を要求するかたわら、自らの手で「生活の場と運動の場を兼ねた」小さな施設をつくる必要があるというのである。行政に向けた文書では曖昧な表現に留めているものの、会が求めていたのは、障害者運動を支える場、あるいは生活と運動の場を兼ねた場としての小規模施設だったのである。

さて、一九七四年度以降は東京青い芝が主体となって対都交渉を進めていった。この年の同会の重点課題は、重度障害者が親から独立し地域で生活する場としての「小規模施設の建設」と「個室を有する小規模な療護施設の建設」であった。七四年八月、会は都知事宛「要望書」を提出し、九月一七・一九日に関係各局との交渉をもった。ここで注目すべきは、要望書に掲げた一五項目の要求の中に「単身者用ケヤー付き住宅をつくってください」とあることである。(27)青い芝が要求してきた小規模施設が、会報紙上でケア付住宅と呼ばれるようになるのはこの時からである。名づけ親は、民生局心身障害者福祉部長の貫洞哲夫であった。(28)

前年五月の第一回「街づくり協議会」から七四年九月の対都交渉までの経緯については、会報に記載がないため不明である。しかしこの間、東京青い芝と民生局との間で小規模施設建設に向けた対話が重ねられ、両者がケア付住宅という言葉を共有するまでに至っていたことは確かである。ケア付住宅とは青い芝と行政との関わりの中で生まれた概念であった。

ケア付住宅をテーマとした九月一七日の民生局との交渉では、結婚して都営住宅に住む寺田・秋山夫妻が、親元での孤立無援の生活から施設（＝久留米園）での集団生活に移行し、さらに地域での独立した生活を闘い取ってきた自らの苦労と体験を切々と話し、これに対して局長がケア付住宅関連費を次年度予算に要求すると言明した。(29)この日寺田や秋山が強調したのは、社会経験不足のＣＰ者が自立する力を獲得するためには「施設での集団学習」や「本人の努力」が欠かせないということであった。このような考え方は、東京青い芝の自立観やケア付住宅構想のあり方に影響を与えていく。

一方、九月一九日の関係各局との交渉では、施設・労働・所得保障・住宅・医療など幅広いテーマについて話し合われた。この中で会は、職業更生中心の国の福祉政策がこれまでＣＰ者を「切り捨て」てきたと批判し、「革新都政が私達の生活実態に即した要求を取り入れて」国の政策を「補正していくことを要望」した。

このような東京青い芝の行政交渉の手法には特徴があった。若林克彦によれば、「障害者団体の行政に対する要求の出し方は、何でもかき集めてぶちまけるようなやり方が多く見られたのに対して、東京青い芝の会では、内部討論を積み重ね、作った原案をまた五回も一〇回もたたき直すというようなやり方で、要求を吟味していった」という。(30)

一九七五年度総会では、前会長の寺田純一が、「要求なら何でもいいというものではなく、今後の福祉はどうあるべきかという展望のもとに問題を掘り下げてゆく必要」があると述べている。[31] CP者福祉はどうあるべきかという長期的展望に立って要求を厳選し提示することが必要だというのである。独自の対策理念を構築した上で具体的な方策を提示する東京青い芝の姿勢は、行政からの信頼を勝ち取る上で有効だったと思われる。

（3）ケア付住宅調査費の予算要求行動

一九六七年に誕生した美濃部革新都政は、潤沢な税収入を背景に積極的な福祉政策を展開してきた。しかし、七三年一〇月の第一次石油危機を境に事態は大きく変化する。石油危機後の不況による税収減は地方財政の硬直化をもたらし、七五年には政府自民党による「バラマキ福祉」批判も始まった。同年四月の都知事選で美濃部は辛くも逃げきったものの、三期目も財政問題に悩まされることになる。

このような中、民生局が一九七五年度予算に要求したケア付住宅調査費一〇〇万円は予算から削られた。そこで会は、七五年一〇月、都知事宛「緊急要望書」を携えて次年度予算編成に向けた民生局との交渉を行なった。[32] この交渉には山口正憲都議会議員（公明党）がはじめて立ち会い、以後、東京青い芝の積極的な支援者となる。会は要望書の中で、七五年度予算からケア付住宅計画が抜け落ちてしまったことに抗議するとともに、この運動が「都から予算を少しでも多く引き出せばいい」という物取り主義の運動とは異なり、CP者が「権利の主体」として「革新都政を支えていく民主的な人間」に成長する、という明確な目的をもつ運動であることを強調して、「来年度予算要求のなかで最大限の努力をする」との行政側の回答を引き出した。

この日の交渉に続き、一一月には、都議会厚生文教委員会で山口都議がケア付住宅について質問し、民生局の大坪哲夫心身障害者福祉部長が、ケア付住宅は「いろんな施設に対する反省」から生まれた構想で、「いろんな団体」からも「要望の声」が強くなっているので「来年度も予算を要求してまいりたい」と回答している。[33]

ところが、一九七六年一月二七日に発表された七六年度予算第一次案では、再びケア付住宅調査費が全額削られた。そこで会はただちに民生局と話し合い、調査費を復活要求の重点項目にすることを確認した上で、二九日には会員一五人が知事特別秘書と交渉するとともに庁舎内外でケア付住宅の重要性を訴えるビラを配った。さらに都議会公明党に要請した結果、都議会三与党の共同要求としてケア付住宅調査費が取り上げられ、二月四日に調査費八〇万円が復活した(34)。こうして、民生局と連携し都と都議会に大衆行動で圧力をかけることによって予算復活を勝ち取ったのである。この予算を用いて七六年五月より「ケア付住宅検討会」が開かれることになる。

さて、このような一九七〇年代前半の運動の到達点として、寺田純一は七五年に『親がかり福祉の発想の転換をめざして』という論説を発表した(35)。この中で寺田は、三〇歳で生活保護を申請した際に子ども扱いされた屈辱的な体験を述べた上で、障害者の扶養を親の責任とし、障害者を「親の従属物」としてしかみない「親がかり福祉」の発想が「社会の隅々までゆきわたっている」として、次のように続けている。

　CP者の自己確立、自己解放への闘いを本当に押し進めようとするならば、こうした「親掛り《ママ》福祉」の発想と真向から対決しなければなりません。（略）私達が求めなければいけないのは、幼い時から長年にわたってうばわれ、失われ続けてきた、自分で判断し、決定し、行動する機会を生活のあらゆる面において獲得してゆくことなのです。

CP者が「自己確立、自己解放」を達成するためには、「親がかり福祉」の発想と対決し「自分で判断し、決定し、行動する」力を獲得しなければならない、というのである。この論説をもとに、障害者の自立とは「自分で判断し、行動し、その結果に対して責任を負う」ことだとする、東京青い芝の自立観が確立した。

障害者の「自己決定」を柱とするこのような自立観は、「自己決定権の行使＝自立」とするアメリカの自立生活運動の自立観に近いものである。ただし東京青い芝の場合は、社会に向けての権利主張というよりも、CP者が奪われ続けてきた自己決定の機会を取り戻すことによって「自己確立、自己解放」を達成しようという、運動目標としての性格が強いように思われる。CP者を「親の従属物」としてしかみない社会を批判しつつも、CP者自身が運動を通して自己決定する機会と能力を獲得することを重視している点に、東京青い芝の自立観の特徴があるといえよう。

ところで、東京青い芝がケア付住宅をはじめとするCP者の地域での生活の場づくりを中心に運動していた一九七〇年代前半、神奈川青い芝や全国青い芝はどのような運動をしていたのだろうか。

この時期、神奈川では、七二年に優生保護法改定反対運動[36]を開始する一方で、七三・七四年には県と横浜市の「福祉の街づくり」運動に積極的に参加するとともに、七五年には川崎市長に対し、CP者が社会性を身につけるための一時的な生活の場としての「青い芝の家」建設への土地提供を要望している[37]。CP者が街の中で生活する場としての小規模施設建設という考え方は神奈川も共有し、行政への要求運動を展開していたのである。

一方、磯部・寺田・横塚ら全国執行部は一九七三年、優生保護法改定反対に全国青い芝[38]として取り組むことを決定した。この時期の全国青い芝は、制度改革運動としての年金制度確立、障害等級制度改善と、差別告発運動としての優生保護法改定反対を三つの柱として運動し、七四年には保護法改定案を廃案に追い込むことに成功した。こうして、七〇年代前半の全国青い芝では東京と神奈川の役員が歩調を合わせ、制度改革運動と差別告発運動を同時に行なっていたのである。

しかし他方で、神奈川青い芝の差別告発運動に触発されて関西・東北などに若手活動家による急進的な地方組織が誕生するに従って、会内部の路線対立が激化した。そして一九七五年の全国代表者大会では、養護学校義務化阻止[39]を重点課題とする関西・東北・神奈川の会員からなる新執行部（会長・横塚晃一）が成立し、東京の磯部真教は役員選挙で落選した。この大会では、「われらは愛と正義を否定する」などから成る神奈川の行動綱領に、「われらは健全者文明を否定する」を加えて全国青い芝の行動綱領にする案が神奈川から出され、東京青い芝はこれに反対した。この綱領案が「健全者中心の社会のなかで地域の一員として共に生きていこうとする東京青い芝の立場とは相容れないもの」だったからだという[40]。

同時に、東京青い芝は、新執行部の活動方針案について「現状をただ単に破かいすればよいという方向」が目立ち「現状を改善していく具体的な筋道が明らかにされていない」とし[41]、障害児教育については「より多くの障害児が普通学校や保育所で学べるようにしてゆくために」養護学校義務化の問題点を明らかにすべきとしつつも、「全ての障害児を普通学校に入れろというのは非常に現実性に乏しい」と批判している[42]。既存の施設や養護学校のあり方を批判しながらも、それを全否定するのではなく具体的な改善の道筋を探るべきだというのが東京青い芝の主張であった。こうして一九七五年以降、全国青い芝が養護学校義務化阻止などの差別告発運動に突き進んでいく一方で、東京青い芝は差別問題とは距離を置き、独自の制度改革路線を堅持することになる。

三　ケア付住宅構想の確立と東京都八王子自立ホームの開設（一九七〇年代後半〜八〇年代）

（1）秋山和明のヨーロッパ体験旅行

一九七六年度の調査費獲得によって、七六年五月、障害者団体代表・学識経験者　東京都職員からなる「ケア付住宅検討会」（以下、検討会）が発足した。検討会の内容を分析する前に、この検討会の議論に多大な影響を与えることになる秋山和明のヨーロッパ体験旅行についてみておこう。

一九七一年、車いす使用者の石坂直行が三週間にわたりヨーロッパ一〇か国を旅行し、七三年に旅行記『ヨーロッパ車いすひとり旅』を出版した。同書から刺激を受けた東京青い芝・副会長の秋山和明は、CP者自身によるヨーロッパ体験旅行を計画し、東京青い芝の全面的援助や全国からのカンパなどの支援を受けて、七五年七月から妻とともにイギリスとスウェーデンなどに四か月間滞在した。

この間、見学・滞在した多くの施設や住居の中で特に秋山が注目したのが、ロンドンの「28ホステル」、スウェーデンの「フォーカス・アパート」などの介助付き身障者用住宅であった。たとえばイギリスの28ホステルは市街地にあり、定員は二〇人で、居室は「すべて個室で、ドアには鍵がかかり」、その他にバス・トイレ・共同キッチンなどの「共用部分」と、食堂、談話室やラウンジがあった。[43]「スタッフの勤務体制は一日二交替制」で、日本の施設では常識になっているスタッフの「夜勤」はなかった。また、ここには規則がなく、「住人自らが自分の生き方を考え、判断し、決定し、行動」しており、「スタッフは常に住人の意志に従わなければならない」とされていた。

これらの住宅は市街地や住宅地の中にあり、住宅設備・福祉機器などの物理的ケアと人的ケア（介助）を組み合わせることにより重度障害者の自立的生活を実現していた。秋山は、これらの住宅で障害者の自己決定と自治が尊重され、障害者が一個の独立した人格として認められていることに心を動かされたのである。

一九七五年一一月に秋山が帰国すると、会は、翌年一月より活発な報告活動を開始した。七六年一月二四日に日本社会事業大学講堂で開かれた「ヨーロッパ帰国報告集会」には、「障害者、福祉関係者、学生、労働者など約一四〇名の人達が参加」し、そこには東京都の民生局心身障害者福祉部主幹や山口正憲都議会議員の姿もあった。[44]福祉先進国での身障者用住宅の実践例は、会のケア付住宅建設運動の正しさを示す根拠になるとともに、会のケア付住宅構想の内容に大きな影響を与えることになる。

（2）「ケア付住宅検討会」での議論

秋山の帰国から約半年後に発足した検討会は、一九七八年二月まで一年半余りの間に準備会も含めて二〇回開催された。検討会の構成は、障害者委員一一人、学識経験者三人、東京都職員三人で、障害者委員一一人のうち五人が東京青い芝の代表（磯部真教、寺田純一・嘉子、秋山和明・ます子）であった。同会の代表は事前に会内で練り上げた意見書をたびたび検討会に提出し、常に検討会の議論をリードしていった。また、検討会の内容は寺田純一が逐一会報で報告し、多方面からの関心を集めた。

検討会で東京青い芝が提起したケア付住宅構想は、概ね次のようなものであった。

①ケア付住宅とは、親元や施設の中で「生活の主体者」になり得なかった、「脳性マヒ者を中心とする（略）介助、援助を必要とする障害者」が、「主体的な生活体験」の積み重ねを通して権利主体として成長していくための新しい形の「生活の場」である[45]。

②そのための条件として、ケア付住宅には、プライベート空間としての「個室」と「自主的な集団活動の場」としての「共用空間」（集会室、作業室など）が「どうしても必要」である[46]。

③従来の施設ケアが管理優先のものであったのに対し、ケア付住宅でのケアは「自らの判断と決定に基づいて行動し、その結果に対して責任を負うという自立」のためのケアである。障害者側は「自分でやれば出来ることを職員にたのむといった姿勢であってはならない」。このため、「今まで、他人の判断、周りの人たちへのおまかせで生きてきた多くの仲間たち」にとって、ケア付住宅での生活は「極めて厳しさを要求されるもの」になる。一方、職員側は「障害者から呼ばれた時にはじめてケアを行」ない、「職員の側から住人に何かを押しつけるようなことは（略）厳に慎まなければ」ならない[47]。

④「自立のためのケア」という観点から、「人手に頼る以前に（略）人手を借りずに自ら行えるような、機械設備を最大限に導入すること」が重要である。[48] ケア付住宅では夜勤を置かず「一日一六時間ケア」にするとともに、「職員の方が多いと障害者が職員に支配される」恐れがあるため、「職員の総数はそこに入居する障害者の総数を上まわらない」こととする。[49]

⑤ケア付住宅の構想は、美濃部革新都政の課題の一つである、「『どのような障害者でも社会の一員として受け入れてゆく開かれた社会の実現』に向けてのコミュニティ作り」の中に位置づけられる。そのため、都営住宅団地の中に建設することが望ましい。[50] また、地域住民を「短時間の労働力」として採用するなど、「障害者と地域住民との理解と交流を深める」工夫が重要である。[51]

この構想は、個室と共用空間を備えた建物、機械設備の積極的導入、職員の夜勤の廃止など、イギリスの身障者用住宅から多くを学んだものであった。しかし、イギリスの住宅の共用空間がバス・トイレ・共同キッチンなどであったのに対し、ケア付住宅では「自主的な集団活動の場」とされるなど、独自の要素も取り入れられた。その独自の要素とは、⑴入居対象者を「脳性マヒ者をはじめとする幼い時からの障害者」にしようとした点、⑵人手によるケア（介助）を必要最小限にすることで健常者による管理・支配をなくし、障害者の自立を促そうとした点、⑶障害者自身に自立のための厳しい努力を要求した点、⑷「自主的な集団活動」を重視した点だと考えられる。

東京青い芝が目指していたのは、従来の福祉施策から排除されてきたCP者をはじめとする「幼い時からの障害者」のためのケア付住宅であった。磯部真教は一九七六年一二月の検討会で、ケア付住宅の入居条件の一つを「幼い時から障害があること」とすることを提起し、これに対して「ケイ損などのような人達を排除することになるのではないか」との反論があった。[52] 翌月の検討会では鈴木信太郎検討会座長が、「都の公有財産」であるケア付住宅の「契約の相手を特定化すること」には問題があるため、入居条件は「誰でもが納得する客観的な判断基準」にしなければならないとした上で、「幼い時からの障害があるものに限定することは適切ではない」とした。これに対し東京青い芝の委員は、「万人が認める基準を作ろうとすると、万人が理解しにくい脳性マヒ者は切り捨てられる結果になりかねない」、「基準の中に、脳性マヒという言葉をなぜ入れてはいけないかと、あえて問いかけたい」と反論している(53)。

検討会では、「親きょうだいへの依存と隷属の生活によって社会的経験と人間形成の場を奪われ続けてきた幼い時からの障害者、とりわけ脳性マヒ者にとっての社会的自立の意味」と、「一定の社会的経験を積んだ上で障害を負った」頸髄損傷などの中途障害者らが考える自立の中身とが異なることが、繰り返し論じられた(54)。東京青い芝は、当時のCP者らが、親元で「自立意識のないままに成人してしまっていること」や、施設の中で「自立意識」や「主体性」をもてず「なんでも職員に頼んでしまうといった傾向」にあることを問題視し(55)、そのようなCP者らが、「自らの判断と決定に基づいて行動し、その結果に対して責任を負う」という自立の力を獲得する場として、ケア付住宅を構想したのである。そして、そのような自立のために必要だとされたのが、必要最小限の介助、障害者自身の努力、自主的な集団活動であった。

このような独自の考え方は、寺田・秋山・磯部が「自分達の施設体験や、地域社会での自立生活の体験を分析する作業を繰り返してまとめ上げた」ものだという(56)。たとえば、久留米園での体験は自主的な集団活動の重視に、府中闘争など等で生まれた健常者への不信や警戒心は必要最小限の介助という考え方に、自立生活をする上での苦労は障害者自身の努力の重視につながったと考えられる。

しかし、このような東京青い芝の自立理念の独自性は幼少期の経験や久留米園での体験に裏づけられたものであったため、世代や生活体験の異なる他の障害者からは理解されにくい場合もあり、のちに外部から批判される要因になる。そして、その兆候は検討会でも現れていた。検討会では、自宅に介助者が派遣されてくるシステムを提唱した、頸髄損傷者の中西正司（後にアメリカ型の自立生活運動のリーダーとなる）らと、ケア付住宅における「集団活動」

の重要性を主張する東京青い芝の委員らとの間で意見が対立した。

のちに中西はこの対立について、東京青い芝の「運動方針としては、運動を育成する場としてのケアホームという位置付けが強」く「運動重視派」と呼ばれていた、運動重視派の中には「権利確立のための拠点としての自立ホームだという人もいた」けれど、「われわれ、運動重視派じゃない生活派のほうは、それにはついていけないということになった」と述べている[57]。会報や公的な文書には書かれていないものの、東京青い芝が主張する「自主的な集団活動」の中には障害者運動が含まれていたのである。そこで、ケア付住宅を運動の拠点にしようとする東京青い芝などの「運動重視派」と、個人の生活を重視する中西らの「生活派」が対立し、最終的には中西らが運動を離脱することになった[58]。

一九七七年一二月にまとめられた検討会の最終報告では「東京青い芝の意見がほとんど全面的に取り入れられ」た[59]。ただし、ケア付住宅の入居対象者を「幼い時からの障害者」にしようとする案は採用されず、最終報告書には「肢体不自由であれば、種別は問わない」と明記された[60]。このことは、自立ホーム開設後に入居者の障害種別をめぐるトラブルの原因になる。

一方、検討会が開催されていた時期(一九七六・七七年)にも、会は、ケア付住宅建設などを求める都や都議会への働きかけを活発に行なっている。七六年六月に都議会に提出した「ケア付住宅及び療護施設建設に関する請願」は、一〇月に本会議で採択された。また七七年一〇月四日の都議会本会議の一般質問では、山口正憲議員が「障害者福祉に画期的といわれるケアつき《ママ》住宅建設を来年度予算に盛り込むべき」と迫ったのに対し、美濃部都知事が「できるだけ早く建設をいたしたい」と回答した[61]。こうしてケア付住宅の必要性が都や都議会に認知されていったのである。

(3) 一九七八・七九年度の予算要求行動

検討会が最終報告をまとめた一九七七年一二月以降、東京青い芝の重点課題は、所得保障の確立と障害等級制度の改善などに移っていき、ケア付住宅に関する会報の記事は激減する。そのため断片的にはなるが、会報を手がかりにその後の運動を追っていく。

円高不況などによる都財政の落込みで都職員の定期昇給一時ストップを余儀なくされる中、一九七八年度の予算獲得は厳しくなることが予想された。そこで七八年一月、会は、「ケア付住宅を必要とする、またこれにかかわろうとする人達」を結集して、個人参加の新組織である「ケア付住宅建設推進会議」（代表・秋山和明。以下、推進会議）を結成し[62]、推進会議と共同で対都交渉を行なった。

ところが、一月三〇日に出された第一次予算案では、民生局の要求額がほとんど全面的に削られた。そこで会は、推進会議とともに関係各局・各政党に対して復活要求行動を展開した。また田坂益夫副知事とも会見し、「対話から参加という路線を築き上げてきた美濃部知事の在任中に、ぜひともこの施策を実現させてほしい」と強く訴えるともに、「単に行政に要求をつきつけるだけでなく、出来あがったあとも自ら一定の責任を果たしてゆく覚悟があること」を表明した[63]。その結果、二月八日に出された最終案では、調査設計費三七〇万円と用地取得費四億円が復活した。復活要求の中で障害者側が強調したのは、この施策が、革新都政が推し進めてきた「都民の都政参加」の成果であることと、ケア付住宅開設後も障害者が運営に参加し責任を果たしていくという姿勢であった。

東京都のケア付住宅への評価は、一九七八年三月一五日の都議会予算特別委員会における美濃部都知事の発言でも確認できる。この日、都知事は、身障者への処遇には大別して「施設」「自宅」「ケアつき仕宅《ママ》」の三つがあるが、ケア付住宅が「最上の思いやり」であり、「できるだけ制度として定着させていきたい」、しかしその際、「最も大きい障害は、非常に金がかかる」ことだから「国家の相当大きい援助が必要であ」り、都としては「できるだけ国に要請をしていかなければならない」と考えている、と回答した[64]。ケア付住宅の重要性を評価した上で、この施策の制度化に向けて国の財政的援助を要請していくというのである。一方、四月一三・一六日には読売新聞がケア付住宅について大きく報道し、各方面からの反響を呼んだ。さらに、四月二八日にはケア付住宅検討会を改組した「ケア付住宅建設運営協議会」が発足し、ケア付住宅の建設や運営に関する協議が始まった。協議会には東京青い芝から四人（秋山・磯部・寺田・吉田敏彦）が参加した。(65)

次に会報にケア付住宅が登場するのは、一九七九年一月のことである。同年四月には都知事選を控えており、すでに美濃部都知事の不出馬が決まっていた。都の財政赤字への批判が激化する中、選挙後の都政がどのように変化するのか予断を許さない状況であった。

そこで、予算案が発表される一月一〇日、推進会議と東京青い芝の障害者五〇人が都庁に集まり、知事特別秘書および関係局長と交渉して建設工事費などの予算化を迫った。(66)この時、石坂新吾特別秘書は「二年間手がけてやってきたことで、これを実現しなければ美濃部都政の汚点になるという覚悟と考え方は各局みんな知っている。議会の方でも両手《ママ》をあげて了解している」と語った。都や都議会がケア付住宅を評価し、「都民の都政参加」の成果である建設計画をつぶしてはならないと考えていたことが確認できる。この日、都側は、実施設計費五九〇万円、建設運営協議会費八〇万円を骨格予算に計上するとともに、「新知事になってから六月の補正予算の段階までに」「工事費を計上するよう、最大限に努力する」と言明した。

なお、このようなケア付住宅予算要求と並行して、会は、一九七八年度に都と都議会に対して、CP者などの生活実態に配慮した住宅施策を求める交渉・請願活動を行ない、単身身障者用都営住宅の建設などを要求した。(67)これは、CP者が地域で生活するための多様な居住の場（小規模療護施設／ケア付住宅／CP者などに配慮した都営住宅）をつくり出す、という会の活動目標に即した行動であった。

（4）東京都八王子自立ホームの開設と運営

一九七九年の都知事選では革新統一候補が敗北して鈴木保守都政が成立し、一二年間続いた革新都政が終わった。この頃から、東京青い芝の主要テーマは所得保障確立などに集中し、ケア付住宅に関する記事はほとんど会報に掲載されなくなる。そのためここでは、主として東京都八王子自立ホームの『記念誌』などを使用しながらケア付住宅の開設と運営について分析していく。

一九七九年六月の鈴木都政による補正予算について会報に記載はないが、翌年八月には八王子市千人町で建設工事が始まり[68]、国際障害者年にあたる八一年の七月、都の独自施策として、都立民営のケア付住宅である東京都八王子自立ホームが開設された。都営住宅団地内での用地の確保が難しいことなどからホームは独立した建物になったが、国鉄（現ＪＲ）西八王子駅から徒歩一〇分という好立地にあった。建設運動を担ってきた障害者らにホームの実質的な運営が任され、磯部真教が所長に、その他数人の障害者が職員になった。ホームは、個室　〇室、夫婦部屋五室の二〇人定員で、推進会議の三澤了（頸髄損傷）・今岡秀蔵（ポリオ）が単身で、東京青い芝の寺田が家族とともに入居した。

開設当初のホームでは、「機械器具を積極的に活用することにより、人手による援助をできるだけ少なくし、障碍者自らがその独立心を培い、自由を獲得していくこと」が目指された[69]。一日の介助時間は一六時間で、夜間と日曜日には介助職員がいなかった。居室には電動ホイスト（ベッドから車いすやトイレに一人で乗り移るための装置）などの設備が設置され、職員がいない時間帯には、鍵のかかる居室の中でこのような福祉機器を利用しながら、食べる・眠る・排泄するなどの行為を一人で行なうことが前提とされた。ほとんどの入居者は生活保護を受給し、住居費、光熱費、食費などの支払いは各自が行なった。障害者自らが金銭管理をすることが自立の第一歩と考えられたからである。また入居者の多くは電動車いすを使い、自由に外出することができた。管理主義的な従来の施設とは異なる画期的な運営方法だったといえよう。

一方で、入居者にはホームの運営や障害者運動への参加が求められた。ホームには、所長・入居者・職員で構成される「全員会議」や、入居者に共通する問題を議論し行動する「入居者会議」があり、後者は運動団体でもあった。一九八〇年代に本格化する所得保障確立運動（障害基礎年金創設運動）などの制度改革運動では、東京青い芝、自立ホーム入居者会議、自立ホーム職員有志が重要な役割を果たした。ホームは、障害者運動の拠点としても機能したのである。

しかし、ホームの目的や理念、ケアのあり方をすべての入居者が受け入れたわけではなかった。開設一〇年後に発行された記念誌には、入居者たちの変化が次の様に書かれている。

第一次第二次入居で選ばれてきた幼い時からの全身性障碍者は、自立ホーム設立を実現するための運動に深く関わってきた人たちや、その目的意識をある程度理解できるメンバーで、自立ホームの当初の理念であった「必要最小限のケア」を、現在でも頑なに守っています。「自分でできることは、できるだけ自分でやりたい」という思いを、生きる支柱としている人たちでもあります。（略）（しかし一九八三年の――引用者注）第三次入居者以降は、障碍状況も重度化し、その目的意識や自立意欲も様変わりしてきました。（略）若い世代の居住者は（略）「自助努力」などというものはあまり好まず、人的ケアをより多く（略）他への依存をより拡大することによって、自らの精神の安定を保ちたいという意識が強いように思います。(70)

ホーム開設当初の入居者は、必要最小限のケア（介助）による自立の追求というホームの目的を理解し自立意識も高かったが、一九八三年以降は障害の重度化とともに、自らは努力せず介助に頼ろうとする若い世代が増えたというのである。八三年六月、東京青い芝と自立ホーム入居者会議は、同年の第三次入居者選考のあり方をめぐって都福祉局（旧・民生局）と交渉した。都が、個人の生活を優先し集団活動や運動に参加しない「中途障害者」を入居させてきたことに抗議し、第三次入居者選考のやり直しなどを要求したのである。(71)

必要最小限の介助、障害者自身の努力、集団活動と運動を重視するホームの運営方針は、中途障害者や次世代の障害者には、自由の束縛や生活への介入と受け止められたのではないだろうか。ホームには外部からも「ケア付き住宅といいながら、自立ホームも施設ではないか」、「入居者の生活に干渉しているのではないか」、「一日一六時間ケア、日曜日はケアなしでは、重度者切り捨てだ」などの批判が寄せられた。(72)

他方で、一九八〇年代半ば以降は、中西正司らが牽引するアメリカ型の自立生活運動が全国に普及すると同時に、年金・手当や在宅サービスが拡充されたことで、個々の障害者が有料介助を利用しながら地域で生活する可能性が広がった。自立ホームにおいても、八〇～九〇年代に一六人の入居者がホームを出て、地域での自立生活に移行した。(73)こうして自立意識の高い障害者が減少する一方で、入居者の高齢化と障害の重度化が進むホームでは、当初目指していたあり方を変更せざるを得なくなった。開設から三三年後の二〇一四年、ホームはその性格を変え、障害者自立支援法（現・障害者総合支援法）に基づく障害者支援施設（旧・身体障害者療護施設）として再出発することになった。

おわりに

最後に、一九七〇年代のケア付住宅建設運動をはじめとする東京青い芝の運動の特徴をまとめておこう。この運動には次のような特徴があった。

第一に、一九七〇年代の同会の運動は、六〇年代の青い芝で権利要求運動を主導してきた久留米園関係者による運動であった。久留米園での生活・運動体験を共有し、労働運動家である田中豊の影響を受けた彼らは、六〇年代の青い芝で生まれた運動課題を七〇年代の運動を通して実現しようとした。美濃部革新都政の下、課題の一つである小規模施設の建設を実現したのがケア付住宅建設運動だったのである。七〇年代の東京青い芝の運動は、六〇年代の権利要求運動の延長線上にある運動であった。

第二に、他の自立生活運動が自立生活の実現という個別課題に特化した、障害種別を超えた運動であったのに対し、CP者団体である同会の運動は、あくまでCP者やCP者をはじめとする「幼い時からの障害者」のための運動であった。幼い時からの障害者、とりわけCP者の多くは、職業自立中心の障害者施策から取り残されていたばかりでなく、親元や施設の中で社会的経験を積む機会を奪われてきたために、自立意識や主体性が身につかないまま成人してしまうという困難を抱えていたのである。同会のケア付住宅建設運動は、このような困難を抱える幼い時からの障害者が、親元や施設を出て地域で独立した生活を獲得するための新しい「生活の場」のあり方を、海外の事例や自らの幼少期からの経験に基づいて追求した運動であった。

「自分で判断し、行動し、その結果に対して責任を負う」ことを障害者の自立とする同会の自立観は、CP者をはじめとする「幼い時からの障害者」の主体性や精神的自立（自律）を重視する考え方であり、このような自立を獲得するためには、必要最小限の介助、障害者自身の努力、集団活動や障害者運動が不可欠だと考えられた。しかし、このような同会の自立理念は、久留米園関係者の幼少期からの経験や久留米園での体験に裏づけられたものであったため、世代や生活体験の異なる障害者たちからは支持されにくく、同時に、障害種の異なる他の障害者（中途障害者など）との利害対立の原因にもなった。

第三に、同会のケア付住宅建設運動は、行政との対話を通じて障害者施策の立案・決定・運用の全過程に参加する新しいタイプの重度障害者運動であった。行政を批判する急進的なＣＰ者運動が高揚した一九七〇年代に、「都民の都政参加」を重視する美濃部革新都政の下でこのような新しい運動が誕生したことが注目される。(74)

この運動は、日本で最初のケア付住宅建設を実現する一方で、都や国の施設政策にも一定の影響を与えた。同会の施設改革に関する考え方は、自立ホームと同時期に建設が進められた都立日野療護園などいくつかの施設のあり方にも反映され、これらの施設では居室の個室化や入所者の自立を育む運営が目指されたのである。また、この運動と自立ホームの実践は、一九八四年の身体障害者福祉法改定で「身体障害者福祉ホーム」（地域での自立を目指す身体障害者のための小規模施設）が制度化される誘因となった。さらに、同会はこの運動の経験を生かして、一九八〇年代には政府の政策形成過程に参加し、障害基礎年金創設への道を切り開くことになる。

一九七〇年代は、障害者を差別・抑圧する社会のあり方を問い直す急進的なＣＰ者運動が高揚するとともに、従来の障害者施策から取り残されてきた成人ＣＰ者の処遇問題が表面化した時期であった。そうした中、ＣＰ者自身の立場から現実的、具体的な制度改革を行政に働きかけた東京青い芝は、運動課題の一つであるケア付住宅建設を実現させた。ＣＰ者を中心とする重度身体障害者の制度改革運動は、八一年の国際障害者年を契機として八〇年代前半にさらに高揚する。しかし一方で、個人の生活を重視する次世代の障害者の運動離れが始まりつつあることを、開設後の自立ホームの姿は示唆していると思われる。八〇年代以降の運動の展開については今後の研究課題としたい。

注

（1）杉本章『障害者はどう生きてきたか　戦前・戦後障害者運動史〔増補改訂版〕』現代書館、二〇〇八年、一〇八頁。
（2）三ツ木任一編『続・自立生活への道―障害者福祉の新しい展開―』全国社会福祉協議会、一九八八年、二〇二頁。

（3）安積純子他著『生の技法―家と施設を出て暮らす障害者の社会学』藤原書店、一九九〇年、所収。
（4）若林克彦『軌跡　青い芝の会―ある脳性マヒ者運動のあゆみ』自費出版、一九八六年。
（5）立岩真也「分かれた道を引き返し進む」青木千帆子他著『往き還り繋ぐ　障害者運動 於&発 福島の五〇年』生活書院、二〇一九年、二七八・二七九頁。
（6）一九八八年までに全国で一二か所のケア付住宅が建設されたとみられている（『ケア付住宅』研究集会報告書・資料集（一九八八・三）」三ツ木編前掲書、四三〇・四三一頁に再録）。
（7）一九七〇年代初頭にアメリカで始まった障害者の自立生活運動が一九八〇年代に日本に導入され普及したもの。各地に設立された自立生活センターが有償介助者の派遣事業などを行なった。
（8）廣野俊輔「東京青い芝の会による自立生活運動の背景―活動の再評価にむけた手がかりとして―」大分大学大学院福祉社会科学研究科『福祉社会科学』第一二号、二〇二〇年、一五頁、および、同「自立生活運動の原点としての『青い芝の会』」障害学会二〇周年記念事業実行委員会編『障害学の展開―理論・経験・政治』明石書店、二〇二四年。
（9）一九六〇年代の青い芝の運動については、拙稿「高度経済成長期における脳性マヒ者運動の展開―日本脳性マヒ者協会『青い芝の会』をめぐって―」『歴史学研究』七七八号、歴史学研究会、二〇〇三年、を参照されたい。
（10）一九三八（昭和一三）年、神奈川県生まれ。就学免除により未就学。五七年、青い芝に入会。六〇年、国立身体障害者更生指導所に入所し田中豊と出会う。六一年、久留米園入所。同園で自治会活動や青い芝の活動を経験。六八年に単身で同園を出て自立生活を始める。七一年、結婚。七四年、長男誕生（寺田純一「私の履歴書」（未発表原稿））。
（11）寺田純一「豊先生と一つの時代」（未発表原稿）一九九七年頃、一頁。
（12）一九四〇（昭和一五）年、山口県生まれ。二年遅れで普通小学校に入学。高校進学は親の反対で断念。福岡県北九州市でマッサージの学校に通っていた頃、三池闘争を支援。一八歳で共産党員になる（のちに離党）。二一歳で東京に出てマッサージの仕事をする。この頃青い芝に入会。六二年から久留米園に出入りし障害者運動に参加（二〇〇八年一月、磯部真教氏より聞き取り）。
（13）『青い芝』七・八周年記念号、一九六五年四月、四―七頁。

(14)　一九三七（昭和一二）年、東京都生まれ。和明の障害のため両親が離婚。母親に背負われて三年間小学校に通う。五四年、国立身体障害者更生指導所に入所。六四年、二八歳で久留米園に入所。同園で自治会活動などを経験。六六年の結婚を機に同園を出て自立生活を始める（秋山和明「結婚と家庭生活」磯村英一他編『講座差別と人権　第五巻　心身障害者』雄山閣、一九八六年、一八一―一九五頁）。

(15)　なお、府中闘争と同時期に青い芝が関わった個別運動に、無免許運転で起訴された荒木義昭（ＣＰ）の裁判を支援する「荒木裁判闘争」がある。

(16)　『青い芝』七九号、一九七〇年八月、一頁、および、同別冊、一九七〇年（発行月不明）、七頁。

(17)　同八二号、一九七一年三月、七頁。

(18)　新田勲「障害者に生まれて幸福だったと自分を偽るな。本音で生きろ！」全国自立生活センター協議会編『自立生活運動と障害文化―当事者からの福祉論―』現代書館、二〇〇一年、二〇八・二〇九頁。

(19)　『青い芝』八九号、一九七三年二月、七頁。

(20)　府中闘争の二つの流れについては、日本社会臨床学会編『施設と街のはざまで―「共に生きる」ということの現在―』影書房、一九九六年を参照。

(21)　新田らは、障害者と介助者間の人間関係を重視する立場からあくまで障害者自身が介助者を探し確保するべきだとし、アメリカ型の自立生活運動が採用した事業所による介助者派遣というシステムを批判した。

(22)　一九七〇年代の青い芝の運動については、荒川章二・鈴木雅子「一九七〇年代告発型障害者運動の展開―日本脳性マヒ者協会『青い芝の会』をめぐって―」『静岡大学教育学部研究報告（人文・社会科学篇）』第四七号、一九九六年、を参照されたい。

(23)　以下、「運動方針」については、『青い芝』八九号、四―六頁。

(24)　『青い芝』東京支部報』一号、一九七三年（発行月不明）、四頁。

(25)　以下、「見解」については『青い芝』九一号、一九七三年八月、四・五頁。

(26)　『とうきょう青い芝』三号、一九七四年七月、八頁。

(27) 同四号、一九七四年一二月、一五頁。なお、同会報に掲載された要望書には七四年七月三一日の日付があるが、これが八月に提出された要望書であると判断した。
(28) 三ツ木編前掲書、二〇四頁。
(29) 以下、九月一七・一九日の交渉については、『とうきょう青い芝』四号、三―六頁。
(30) 若林前掲書、一三四頁。
(31) 『とうきょう青い芝』六号、一九七五年一二月、三頁。
(32) 以下、この交渉については、同前、一一・一二頁。
(33) 『東京都議会厚生文教委員会速記録』第三七号、一九七五年、七頁。
(34) 『とうきょう青い芝』七号、一九七六年二月、三頁。
(35) 『青い芝』九六号、一九七五年五月、一・二頁。
(36) 一九七二年五月、胎児に重度の精神・身体障害の可能性がある場合の中絶を認める「胎児条項」の新設を含む優生保護法改定案が国会に上程された。神奈川青い芝は同条項の削除を求めて、改定反対運動を展開した。
(37) 「青い芝の会」神奈川県連合会『あゆみ』二八号、一九七六年二月、二二頁。
(38) 障害等級とは障害の程度を示すもので、この等級に応じて障害者が受けられる公的サービスの内容が決定されるが、等級決定の基準が身体的損傷に置かれていたためＣＰ者は軽度に評価されがちであった。そこで青い芝は一九六〇年代から一貫して評価基準の改善を要求してきた。同様に、年金制度確立も一九六〇年代からの青い芝の運動課題であった。
(39) 一九七九年度に予定された養護学校義務化の是非をめぐり障害者団体間に路線対立が生まれた。全国青い芝は「分離教育は差別である」として阻止闘争を展開したものの、七九年四月には義務化が実施された。
(40) 二〇二四年六月、寺田純一氏から筆者への書簡。
(41) 『とうきょう青い芝』六号、一三頁。
(42) 『青い芝』九八号、一九七六年六月、四五・一九頁。

(43) 以下、28ホステルについては秋山和明『自立への道―イギリスの脳性マヒ者を訪ねて―』自費出版、一九八一年、一〇七―一一六頁。
(44) 『とうきょう青い芝』八号、一九七六年四月、一二頁。
(45) 同一二号、一九七六年八月、二・三頁。
(46) 同前。
(47) 同一九号、一九七七年三月、一〇・一一頁。
(48) 同前、七頁。
(49) 同二二号、一九七七年六月、七頁。
(50) 同一二号、四頁。
(51) 同一九号、一二頁。
(52) 同一七号、一九七七年一月、七頁。
(53) 同一八号、一九七七年二月、四・五頁。
(54) 同八四号、一九八三年六月、一頁。
(55) 同一九号、八頁。
(56) 若林前掲書、一四九頁。
(57) 中西正司『自立生活運動史　社会変革の戦略と戦術』現代書館、二〇一四年、一六三・一六四頁。
(58) なお、一九七四～七九年には東京青い芝の内部でも、個々の住宅での自立生活を目指す新田勲らと執行部の間に路線対立があった。しかし、ケア付住宅そのものが争点ではないため本稿では取り上げない。
(59) 『とうきょう青い芝』二七号、一九七八年一月、六頁。
(60) ケア付住宅検討会編『ケア付住宅設置構想について―ケア付住宅検討会最終報告―』一九七八年、八頁。
(61) 東京都議会会議録検索「昭和五二年第三回定例会（第一四号）本文　一九七七・一〇・〇四」。
(62) 『とうきょう青い芝』二八号、一九七八年二月、四・五頁。

(63) 同前、一頁、および、同三二号、一九七八年七月、八頁。
(64) 『東京都議会　予算特別委員会速記録』第四号、一九七八年三月一五日、五・六頁。
(65) 『とうきょう青い芝』四三号、一九七九年七月、一二頁。
(66) 以下、一月一〇日の交渉については、同三八号、一九七九年二月、二一一〇頁。
(67) 同四三号、一一・一二頁。
(68) ケア付住宅検討会編前掲書への添付資料。
(69) 『磨く・食べる・生きる'91―東京都八王子自立ホームの歩み―』東京都八王子自立ホーム、一九九一年、二四頁。以下、開設当初の自立ホームについては同書を参照。
(70) 同前、九七頁。
(71) 『とうきょう青い芝』八四号、一―六頁。
(72) 三ツ木編前掲書、二〇二・二〇三頁。
(73) 『依存から独立へ　磨く・食べる・生きる―共生　東京都八王子自立ホーム創立30周年記念誌』東京都八王子自立ホーム、二〇一一年、一三頁。
(74) 一九六〇年代の青い芝は、行政への陳情・交渉や議会への請願という形で制度要求運動を展開した。七〇年代以降の東京青い芝はそのような従来型の要求運動に加えて、各種協議会や検討会に障害者自身が参加して実質的な政策形成を担うという新しいタイプの障害者運動を展開した。この点に一九七〇～八〇年代の東京青い芝の運動の特徴がある。

Ⅳ　前田俊彦の三里塚闘争とドブロク造り
――『瓢鰻亭通信』の展開から――

小野田美都江

はじめに

（一）目的と背景[1]

本稿の目的は、前田俊彦が酒税法で禁止されているドブロクの自家醸造[2]を、公然と三里塚で敢行した過程を、前田が自らの思想を述べるために発行し続けたミニコミ『瓢鰻亭通信』（以後、『通信』[3]）によって明らかにすることである。

「ドブロク裁判」で知られる前田は、一九八一年末に酒税法で禁止されているドブロクの自家醸造に取り組み、国税庁長官に招待状を送付する等、挑発とも受け取られかねない段取りでドブロクの利き酒会を開催した。そして、一九八四年一月三一日に千葉地方検察庁に起訴された。罪名は、製造免許を受けないで酒類を製造したことによる酒税法違反である。ドブロクを醸し、酒宴が開催された場所は、三里塚闘争連帯労農合宿所（以下、労農合宿所）の近くに建設された前田の自宅「三里塚瓢鰻亭」で、当時、前田は「三里塚空港廃港宣言の会」の代表であった。

裁判は酒税法における自家用酒造禁止の違憲性について最高裁まで争われたが、最高裁は一九八九年一二月一四日に上告を棄却し、前田の有罪は確定した。しかし、前田がドブロクを造ってから起訴されるまでに二年余りの期間があり、前田自身「つくる過程でも所轄税務署に知らせてありましたが、国税局からの摘発をうけたのは、私の自宅で利き酒会をひらいた後のことでした」[4]、「摘発から起訴まで長い期間があったということは、ドブロクをつくったという事実より、ドブロクをつくるにいたった動機もしくはその思想性を問題視している」[5]と裁判の意見書に記している。

自家醸造酒を禁止する酒税法が、基本的人権としての幸福追求権および財産権を侵害するものとして憲法に違反するか否かの問題には、その後、多くの学説が合憲[6]、違憲[7]の対立した論を繰り広げ、現在に至っている。前田は思想性に改悛の余地がみられないとして起訴された[8]。前田が自分はさして飲めない酒を造った背景には、酒の自家醸造を禁止する酒税法の違憲性を訴えるだけではない、前田としての思いが内在しているのではないだろうか。新東京国際空港（現、成田空港）建設に対する激しい反対運動が繰り広げられている最中の三里塚で、敢えて酒税法で禁止されている酒の自家醸造に取り組んだ過程を跡付けておくことは、国家に対峙する三里塚闘争と共に歩んだ酒の自家造醸史としての一面を浮き彫りにすることになるのではないかと考える。

（二）『瓢鰻亭通信』とは

『通信』刊行の直接の動機は、「アメリカが太平洋で原子爆弾の爆発実験を再開したこと」[9]である。福岡に住んでいた前田[10]は、堀田善衛と朝日新聞記者の森恭三に宛てて時事問題を語る手紙を出した。この手紙に森恭三が「二人だけではなく、謄写版で印刷してめぼしい人に送ってみてはどうか」と提案し、前田に謄写版を贈った。一九六二年五月に創刊し、発行部数は五〇部だった。[11]『通信』の文体的な特徴は、瓢鰻亭に博徒、百姓、選挙ブローカー、大工、若者等が訪ねてきて、亭主と対話を重ねていくという、弁証法的なダイアログ形式で思想を展開していく点である。『通信』の刊行は現代知識人と庶民との思想的断絶、すなわち、現代知識人と庶民の地（じ）の声との相異、思想の二重構造という日本人の悲劇相を明らかにすることであった。[12]なお、『通信』には前田自身によって、第一期～第九期の発行期が付されている。

「瓢鰻亭」とはヒューマニティをもじったもので、また、つかまえどころがないことを表す瓢箪鯰という言葉から、もっとつかまえにくい鰻を当てたという。そして、ヒューマニティの何たるかを把握することは容易でないことから、「瓢鰻亭」となった。[13]丸山尚は前田の思想の貫徹とは、「三里塚の平和な家庭、平和な農村に対する国家権力の侵略と規定する前田の実践は、権力のクサビが打ちこまれる首ねっこにあって、身の痛さを農民と共有しつつ、『瓢鰻亭通信』を書きつづけること」[14]だと説明した。思想と実践が一体となって『通信』の執筆がなされていたことが、本稿の資料として『通信』を取り上げる第一の理由である。さらに、第二には哲学者で民衆運動家でもある花崎皋平が、「『瓢鰻亭通信』で前田が主眼としたのは、主として一九六〇年代後半から一九八〇年代前半にかけての日本と世界の政治的社会的状況を批判し、そのトータルな変革の志と原理を述べることである」[15]との見解を示していること、そして、第三には前田の思想を時系列に知ることができることである。

なお、前田は一九九三年四月一六日、自宅の火災によって命を落とした。最終期となった第九期一号は一九九〇年六月三〇日に発行されている。二号は前田が亡くなった後の一九九三年六月二四日に「終刊のごあいさつ」として次女の前田賤によって発行された。発行部数は二二〇〇部となっていた。[16]

（三）先行研究の検討

『通信』についての研究としては、第四期までを対象とした日高六郎の書評や[17]『通信』全巻を通読し、前田の思想を検討した花崎の論考を挙げることができる。[18]いずれも前田哲学の特徴や変遷を描いているが、ドブロク造りに向かった理由には触れていない。ただし、前田が人生の歩みの中でもち続けたであろう思想として、日高は「前田俊彦は歴史の必然性に便乗することよりも、それに逆らうことを選択したのです」[19]と評した。また、花崎は第一期一号に現れる「叙述」と「陳述」が以後の瓢鰻亭の全「思弁」を貫く方法概念であり、[20]「ひとつづきの推論式にみられる農業中心の社会が、瓢鰻亭のえがく社会像の骨格をなすことはまちがいない」[21]と論じた。

ドブロク造りの理由については、前田自身が『ドブロクをつくろう』[22]の序章や、「わが抵抗のドブロク」[23]で説明している。共通するのは、「○○をしなくてもよい」から「○○をすることができる」自由への解放、自分で生産する自由の獲得、自由なる人間としての主張、そして、その自由の獲得を目指す第一歩として酒を造るという点である。酒を造ることを選んだ理由は、酒の自家醸造は手軽な材料できわめて容易であること、また、量の多少は問わずどこの家庭でも愛用する酒の自家醸造を始めることは、それが口火となって醬油、豆腐等の自家製造の復活をもたらすに違いなく、そのためには生産者の自由確立はできる限り身近なところからであることが必要で、酒の自家醸造こそがまさにそれであると記している。[24]

福岡から三里塚に出てからドブロク造りに至った経緯を前田に質問したのが高木仁三郎である。対談は一九八六年頃に行われた。[25]前田は次のように説明した。

かつては武器を持って必要な物質は略奪してきていたのだが、いまは銭によって必要なものはとってくるという時代。いってみれば、新狩猟時代が現代だといえる。だから、この新狩猟文明をもう一度新しい農耕文化へと発展させる必要がある。それは自分に必要なものは自分でつくるという文化で、ドブロクをつくるということの底辺には、そういう発想があるわけですよ。(26)

高木は、「自分で必要なものは自分でつくる、では話が単純化してしまうのではないか」と疑問を呈した。(27)前田は「私はよく、米をつくるのではなく、田をつくるのだという。つまり、文化大革命ということは田をつくることなんだ。農民の文化を象徴するのが、ドブロクというわけじゃ」(28)と答えたが、高木は納得し難い様子で、「ドブロク革命論」を紐解き理解する必要があるという意味の発言をしている。(29)

以上から、前田自身は、ドブロク造りは自由への解放であり、その解放とは自分で生産する自由を獲得することであると説いていることがわかる。また、革命、あるいは、文化大革命の志については、「前田は中国文化大革命に、反権力、反管理、反官僚主義の徹底に大きな期待を抱いていた」と花崎が指摘している。(30)しかしながら、前田がなぜ三里塚で酒の自家醸造に取り組むことになったのかに着目した研究は管見の限り見当たらない。そもそも、高木が「ドブロク革命論を紐解く必要がある」と総括したように、なぜドブロクの自家醸造を三里塚で行わなければならなかったのか、という理由が見えてこないのである。

そこで、本稿では前田が発行してきた『通信』や前田が執筆してきた論考を主たる資料として、ドブロク造りに至る軌跡を浮き彫りにしていくことを試みる。特に、『通信』において酒類や飲酒シーンに関わる表現（盃をかわす、宴会等）が記載されている箇所に注目しつつ、『通信』に付与された「期」に沿って、第一期から第四期（一九七〇年まで）、第五期（一九七〇年代前半）、第六期（一九七〇年代後半）、第七期（一九八〇年代前半）と検討していく。

一　一九七〇年まで　根拠地から里の思想へ（『瓢鰻亭通信』第四期まで）

第一期から第四期までの『通信』では酒に関わる記述は少ないが、ドブロクを造ることが最初に語られたのは第三期八号である。前田が佐藤藤三郎の「わたしの農村探訪」[31]を読み、感涙して「尊敬する日本の知識人のみなさんへ」と、知識人に宛てて記した。「わたしの農村探訪」は自身が百姓である佐藤が日本全国の農村をルポしながら、日本の農業問題、農協問題をえぐり出していく内容である。前田は「それらの重要問題は、現代の政治によって解決されるみこみのあるものは一つもなく、明快な回答をあたえることのできるものは一人だっていない」と指摘し、根本的な問題は「日本の知識人と庶民大衆との論理的な断絶」[32]だと説いた。そして、農村問題の考え方の根本を前田は次のようにまとめた[33]。

一、歴史の必然性という観点から農業問題を考えてはならない

二、食糧問題の観点から農業問題を考えてはならない

三、農業を企業と考えてはならない

佐藤が茨城県の玉川農協を訪ねた際のことを、「ドブロクを作っていた時代に、税務署が取締りに来ると警鐘を鳴らして人を集めたというのだから、そこには歴史的なものがありはしないか、という推測が成り立つようにおもえるのである」と、百姓らしい百姓の姿を見出したと記してあり、前田は共感した。「百姓にとっての農業は、それ自体が『生活』でなければならぬのに、それが失われている。（中略）百姓がいかにして百姓であるかを百姓自身で決められる自由を与えることが真の農政」[34]だと前田は知識人に向けて書いた。

前田が三里塚を初めて訪れたのは一九七〇年秋頃である[35]。そして、『朝日ジャーナル』に連載中の「天国歴訪」の、

第九回「瓢鰻亭の天国歴訪九　たたかう三里塚の人民天国」(36)と第一〇回「瓢鰻亭の天国歴訪一〇完〝野ごころ〟の旅をおえて」(37)に三里塚の来訪報告を掲載した。前田は「天国歴訪」の第九回に、「わずか五年の三里塚空港反対同盟の闘争の歴史は、そのまま日本の解放運動数十年の歴史の縮図版であり、したがって三里塚の百姓たちがいまきめている覚悟は、同時に日本のすべての人民の覚悟でなければならぬのではないか」(38)と書いた。さらに、三里塚のたたかいは政治闘争ではなく、人間そのものの存立を問う闘争だ(39)と断言した。

最終回の第一〇回で、「私の天国歴訪は、本文は〝たたかう三里塚の人民天国〟であって、それまではすべて序文であったといえるかもしれない」(40)と前田は記している。三里塚の百姓にとって三里塚の地は、孫子末代にわたっての居住の地である。(41)前田は「本来の人間が平等であるといいうる根拠は、人はそれぞれに自分のことは自分で責任がもてる、ということであろう」(42)と説いた。三里塚は人間の自由と平等の原則を宣言できる里であり、それを「わたしは天国といいたい」(43)と結んだ。

さらに、一〇回分の連載(『朝日ジャーナル』一九七〇年一〇月二五日号～一二月二七日号)と同時期に執筆していた一連の「里の思想」を追加して、『根拠地の思想から里の思想へ　瓢鰻亭の天国歴訪』(44)が刊行された。そのあとがきに「『天国歴訪』を掲載してから一年半も経たない間に、私自身の内部できわめて重要な変化が起こった。『根拠地から里へ』という変化である」と記している。前田は、「三里塚の百姓たちは、『今日が豊かでもなく、明るくもなく、また平和でもなく暮れてよい、しかし明日は俺たちに安穏がなければならぬ』とたたかっている。彼らがもとめるのは『暮らし』ではなく『いのちき』(生活)(45)」である。一方、狩猟者は「今日さえ安穏に暮れればいい。明日のことはまた明日のことだ」と暮らす。「狩猟者の論理は今日の論理であるが、農耕者の論理は明日の論理だともいえる。今日の論理は合理的であるが、明日の論理は非合理的である。狩猟的資本主義文明は合理的であるが、農耕的中国文化大革命は非合理主義である」(46)と前田は対比した。狩猟的資本主義文明とは、必要なものは外に取りに行くという現代の資本主義的側面を指している。「狩猟者のたたかいは地の利によって〝根拠地〟をつくるけれども、農耕者は地の徳によって〝里〟をつくる」[47]ことに前田は気づき、革命の原点は根拠地ではなく里の思想でなければならないと前田の思想は変化したのだった。

前田は三里塚闘争については、百姓の側からは道理の闘いだと見ていたことがわかる。三里塚は人間そのものの存立を問う闘争であり、そこに自由と平等を宣言する里を見出していた。里にはドブロクも含めた食糧の自給自足の姿があった。

二　一九七〇年代前半　酒の自家醸造の呼びかけ（『瓢鰻亭通信』第五期）

（一）酒の自家醸造への呼びかけ

前節で書かれた前田の変化した時期を『通信』の発行期に当てはめてみると、第五期（一九七〇年代前半）が該当する。前田は行政代執行が開始された一九七一年二月二二日に、三里塚で空港反対同盟の第三地点の砦の中で、小学校低学年から八〇歳までの男女さまざまな百姓たち数十人と一日を過ごした。その時の印象は「百姓たちは、その一人一人が現代国家権力よりもはるかに巨大で強力な人間である」[48]というものであった。理不尽な権力に対して、万古不易の根源的な生産手段である土地を守るために抵抗することは、三里塚の百姓にとって道理にかなっていることであった。[49]

さらに、一九七一年九月一九日、前田は第二次行政代執行が行われている三里塚へ出向く。前田によれば、三里塚の百姓たちはかけがえのない〝里〟を奪われないために戦い、〝三里塚を戦場にするな〟と警告していた。しかし、第二次行政代執行によって、国はあくまでも三里塚を戦場に仕組み、ゲリラ戦の火蓋が切られてしまい、「三里塚の〝里〟に〝なさけ〟無用を宣告したのが機動隊警察であり、それがすなわち戦場化なのです。これに対して〝三里塚を戦場とするな〟というさけびは、〝里〟に人間の〝なさけ〟を復活せしめよということだともいえましょう[50]」と総括した。それは、百姓の暦の決まり方のように、「里の暦は確固不動のものではなく、暦日の変更は里の百姓の寄合いによってきめられます。そして、その寄合いは多数決というようなことでもなく、盃をかわしながらの話し合いできまってしまう[51]」という強制とは対極にあるものだった。

そして、第五期二七号（一九七四年一二月五日）と二八号（一九七五年二月一〇日）に、酒の自家醸造を推奨する内容が登場する。二七号では、二五号で書かれた「世の中に消費者なるものは存在しない。家庭の主婦は食物の材料として肉や野菜を買ってくる需要者である[52]」、「政府は人民の政策需要にはこたえなくて、政府の独断的政策を人民に消費させせようとする[53]」ということから、権力は人民を政策の消費者に導いているという理論を展開し、それは強制された錯覚であると論じた。そして、酒を事例として「総需要の拡大と、総消費の抑制[54]」の会話となる。内容は以下のようにまとめることができる。

酒を飲むには購入するしかなく、日本人は酒に関しては完全な消費者となっている。酒を自由に醸造しても良いことになれば、人民は家庭生活において消費者であることを否定し、生産者であることを復権することになる。生産者は資本家であるという謬見にとらわれず、人民の生産活動を旺盛にすることは、総需要の拡大につながり、総消費の抑制となる。これはインフレ阻止の道である。家庭での酒の自家造醸を始めれば、酒の総生産量は増大し、人民にとっての不況はないというべきである[55]。

二七号で行った酒の自家醸造の提案に対して、多くの反響があったことが二八号に報告されている。例えば、葡萄酒等を自家醸造し、それを持ち寄って自慢しあうクラブのようなものがすでにあること、生物の時間に生徒に酒の造り方を教えている教師がいること等の反応であった。[56] 二八号の対話をまとめると次のようになる。

〝何かをしなくていい〟自由から〝何かをすることができる〟自由への転換は、社会的に言えば〝分業〟から〝分担〟への転換である。権威も権力も〝分業〟の世界にのみ成立する。現代日本人にもっともふさわしく、またもっとも時宜を得たのは、〝酒の自家醸造をはじめよう〟という提唱である。〝酒をつくらなくてもいい〟自由は基本的な人権をふみにじるものであり、〝酒をつくることができる〟自由をうばいかえした時に真の価値観転換が始まる。酒の〝手造り〟運動をはじめよう。[57]

二八号では、「『何かをすることができる』自由の復活として、権力に抗して酒の手作り運動がはじまるとき、それは中国での土法による製鉄所建設運動[58]とおなじ意味を持ち、分業原則から分担原則への革命が始まるものとしるべしです[59]」と記している。前田が中国の文化大革命をどのように理解していたかについては、二九号の百姓との対話の中で、亭主が「いろんな点で、中国のことがよくわかっていない[60]」と述べている。しかし、花崎が「前田は中国文化大革命に大きな期待を抱いていた」と指摘していること[61]は先に記した通りである。そして、一九七五年四月に訪中の旅が実現する。

(二) 文化大革命時代の中国視察の旅

前田は一九七五年四月二二日から五月九日に日本中国友好協会からの招聘によって日本文化界友好訪華団（第二

次）に副団長（団長　安藤彦太郎、秘書長　吉川勇一）として参加した[62]。日本と中国との違いを前提としつつ、日本で直面している問題を踏まえて中国を見てみたいという趣旨で組織された一行で、北京、人寨、杭州、上海等を訪れた[63]。帰国後に前田は、朝日新聞に「中国で考えた農と工」を寄稿する[64]。「日本の農業政策はオーダーメードによって、百姓から田を作る自由を奪っている。そして、工業製品はレディーメードである。中国では農業生産がレディーメードで、工業生産がオーダーメードである」と指摘した。日本の農業政策がオーダーメードだというのは、例えば米の減反政策等が、田を良く知る百姓ではなく政府主導であることを指している。中国では百姓自身の判断によって作物が作られ、工業製品は最初から生産計画があるのではなく、需要者の要求に応えて生産計画が作られるという。

前田は「中国では自家用の酒もタバコも自分でつくる自由があるのだ。僕は中国にいったらそのことをたしかめてよう（ママ）とおもっていたが、期待はうらぎられなかった[65]」と生産者としての自由について記し、文化大革命とは生産者的人民の復権だと捉えていた[66]。前田は訪華団の行く先々の農村で、この村では酒を自由に醸造できるか、と尋ねたという[67]。

この頃の前田の関心は里の復活であり、人びとが元来もっている自分で造るものを自由に選ぶ権利を取り戻すことであった。何かをしなくてよい自由から、何かをすることができる自由への転換、そして、消費者ではなく需要者であることの自覚を取り戻すことは、分業から分担への革命であると捉えていた。酒の自家醸造は誰もが比較的容易に手が届く営みであり、酒を自由に造ることができないことは基本的人権に悖るものであることを万人に周知することが、万古不易の根源的な生産手段である土地を守るために対抗するよりふさわしい手法だと前田は考えていたのではないだろうか。

三　一九七〇年代後半　三里塚への移住、そして瓢鰻亭完成（『瓢鰻亭通信』第六期）

（一）三里塚空港廃港要求宣言の会代表に就任

中国訪問後、『通信』の刊行が滞っていた。その理由を前田は「昨年の中国訪問旅行は、私にとってきわめておおきな衝撃でありまして、その衝撃は日がたつにつれてますます深刻の度をふかめるばかりであります。そしてそのことが、通信の筆をとることで私を慎重にした唯一の理由」(68)だと記している。そして、一九七六年二月にロッキード事件が発覚した。事の重大さを感じた前田は五月に東京にやって来た。その思いは、ロッキード事件は第二の敗戦であり、第二次世界大戦の敗戦の日に犯した誤り(69)を正す時だというものであった。自民党はダメだが、社会党や共産党等の野党にも不信感があり、今こそ「道理の政治を復活させる」ということを提唱し、次のように書いた。

戦後、極端な経済的繁栄を唯一の目的として、道理をふみにじってでも経済大国を実現するといってこれまでやってきた。そういうことが今度の疑獄の根底にある。道理をもう一度復活させなければいけない。人間の自由と平等を実現する人間の解放が、基本的に道理の復活となる。（中略）
もう一つの課題は、本当の民主主義を回復することである。ロッキード事件を契機として人民の主権をどう確立するかを考えている。(70)

そして、人民が立法者となることについて、新潟県福島潟の米作りと九州のある農村の酒造りを例に挙げている。

福島潟では、国が干拓して工事が終了しても、減反政策のために百姓に土地を分配する約束を反故にしていた。この状況に対し、百姓たちは農業をする自由があるのだという原則をかかげて、一斉に田植えを開始したという。その行動を、三里塚の百姓たちが応援した。九州のある農村では、税務署が何を言おうと、百姓は自分が飲む酒を造る権利があると酒を造り始めた(71)。前田はこれらを立法的な闘いだとして、運動の成否が日本の将来の農民運動だけでなく、変革運動の一つの起点となると記した(72)。

前田が上京したのは『通信』第六期の初め（一九七六年）に該当する。前田は東京都豊島区のアパート「栄荘」に一室を借りて、九州と東京を行き来していた。三里塚や各地の住民運動の集会等で全国を飛び回って、そこには夜寝に帰るだけという生活ぶりであった(73)。前田は作家のいいだもも自宅を訪ね、「三里塚の翁になりたいがどんなもんじゃろうか」と相談し、いいだは〝三里塚空港廃港要求宣言の会（以後、宣言の会）〟の設立に向けて尽力することになる(74)。そして、一九七六年六月一四日に東京で宣言の会が発足し、その代表者に前田が指名された。事務所は東京都中野区の新日本文学会館内に設けられ、事務局長は鎌田慧が担うことになった。宣言の会の主旨は「従来の三里塚闘争を支援するという運動は、いわば第三者が三里塚のたたかう農民を応援するという運動であった。しかしこれからの運動は、たとえ外部にいる者でも三里塚闘争の当事者にならなければならない。すなわち日本の人民が自分の問題として三里塚の空港を廃港にみちびかねばならない(75)」というものであった。前田は「三里塚の地に住みつき、そこに骨を埋めたい」と言い、それが機縁となって一九七七年に労農合宿所が建設された(76)。

『通信』は第六期に入ってから三里塚に居を構えるまでも、第一号、第二号、そして、二回の号外が出ている。特に一九七六年九月一〇日付の号外「危機にのぞんで知識人にうったえる」において、前田は宣言の会の運動について次のように記した。

〝三里塚空港「廃港」要求宣言の会〟の設立も、人民立法によって犯罪航空行政の産物である三里塚空港を廃港にみちびこうという運動であります。そのほか企業内告発を容易にするための人民立法運動、選挙法を人民立法によって改善しようとする運動でもあります。（中略）したがって、人民立法の運動を広汎におしすすめ、統治ではなく自治をという政治思想を、今こそ定着させねばならぬときであります。[77]

さらに、第六期二号（一九七七年一月一〇日）「危機に際して学生諸君にうったえる」では、三里塚の百姓たちは権力者に、百姓の指図に従った農政を行えと主張して闘っており、百姓が農業をする自由を求める思想について、「〝百姓には農業をする自由がある〟という主張を普遍化し、具体的な人民綱領として獲得することが、脇役が単なるボランティヤーではなく、オーガナイザーとして自分自身の闘いをもつことだ[78]」と説いている。

（二）三里塚に定住へ

かくして前田は、その志を体現するために、六八歳という年齢にもかかわらず、一九七七年五月五日に福岡から千葉の三里塚に移り住んだ。「労働者人民に開かれた新たな実力闘争の原点の再建である。志においては湖南省農民講習所や松下村塾にけっしておとらない合宿所に[79]」と前田は労農合宿所の使命ともいえる志を記した。労農合宿所には開設後一カ月で三〇〇人以上の来訪者があり、その多数が初めて三里塚の地を踏んだ人びとであった[80]。来訪者たちは労農合宿所で農民と交流し、農耕作業を共にした。「全国から労働者交流団、現地視察団、援農団が訪れ、ひざをまじえて個別の問題の交流、厳しい普遍性を追究して議論は夜を徹して白熱化した。（中略）労農共闘の流れを大きくするため、第二・第三の三里塚を作り上げる道場こそ、労農合宿所にほかならない[81]」という様相であった。葛飾連帯する会・東部労組の仲間と労農合宿所を訪れた立野守は、次のようにその様子を記している。

先着の教職員組合の人がゴソッと囲む中で、まるで村長さんといったかっこうで前田俊彦さんがすわっていた。並んで反対同盟のおっかあ・おやじ・あんちゃんたちの郡司、石井、熱田、細川さんたち。交流会たけなわといったところだ(82)。

前田も「三里塚闘争が勝利したときに三里塚はどういうものになっているかを具体的にめきらかにする仕事であり、おおくの仲間たちがこの合宿所の運営に力を注いでくれています。（中略）階級的闘争を実践的に確立する場が形成されてきた(83)」と手ごたえを感じているようであった。

自分自身が三里塚闘争の当事者となるために、労農合宿所に永住覚悟で住み込んだ前田は、その最初の『通信』で百姓、教師、労働者との対話を繰り広げ、「農業の自由が奪われていることが農業の堕落である」とし、「何を生産し何を生産しないかを制限されているが、これこそが農業をする自由の剥奪であり、酒、煙草の生産は明治以来禁圧されているのでして、まずこれらの生産権を奪還しなければなりません。そのうえで、そのほかの一切の生産資材、エネルギーの自家生産自由の道をきりひらかねばなりません(84)」と論じた。

一方、労農合宿所で前田を交えて連日、日夜にわたる談論が繰り広げられることが、『通信』の大幅な遅延、休刊を余儀なくさせていた。労農合宿所の運営に関わる仲間の一部が、労農合宿所の近所に前田の庵を建設する計画を開始する(85)。吉川勇一、福富節男、渡辺勉が中心となって、三里塚瓢鰻亭の建設のための寄付を依頼する手紙「『三里塚の瓢鰻亭』を建てるために―前田俊彦氏を知る方がたへのアピール(86)」が知人や『通信』購読者に送られたのは一九七八年二月二五日であった。この依頼書には三人の発起人以外にも二六人の錚々たる同意者が名前を連ねた(87)。その後、三里塚瓢鰻亭建設基金として発足している。

なぜ、三里塚に前田の住まいが必要であるかについては、プレハブの労農合宿所が冬の夜は室温が零下五度から一〇度にまで下がることや砂塵が吹き込むこと等、住環境として七〇歳近い人が暮らすには厳しいという物理的事情があった。さらに、「前田が静かに瞑想にふけり、落ちついて『通信』のために稿の筆を進める適切な場」を確保することであった。(88)

(三) 三里塚瓢鰻亭の落成

三里塚闘争は新たな局面に入っていた。一九七七年一一月二六日、政府は田村元運輸相の署名により、新東京国際空港の完工と一九七八年三月三〇日に開港することを告示した。しかし、四日後に開港を控えた一九七八年三月二六日に開港阻止八日間戦争が開始され、反対派による成田空港管制塔占拠事件が起こった。政府は三月二八日に開港延期を決定し、出直し開港を五月二〇日とする閣議決定を四月四日に行った。(89)この段階で、政府は反対同盟との「対話」を吹聴し、ジャーナリズムも対話を強調するようになったと前田は記している。(90)そして、前田は対等の対話ができてこそ民主主義であると主張する。

対話はもともと対等互角の立場の人間の間で成立するものである。一方で政府・公団は反対同盟員切り崩しを強化し、無慈悲な弾圧を徹底的に行って反対同盟に弱音をはかせようというのである。かりに反対同盟が「対話」の席にすわったとして、そのとき政府は「国際空港をどこにつくればいいか」と「尋ねる」に違いないのである。「尋ね」に応えることができないかぎり反対運動は不毛であるといいきる。しかしながら、三里塚の反対同盟は、事態を一三年前にもどしたならば「対話」に応じるといっている。空港が反対同盟にとって「おらが空港」になったとき、それで民主的な「対話」がようやく始まるのである。

航空問題、エネルギー問題、食糧問題、資源問題、それらがいかに重大であろうとも、民主主義をどうするかという問題に優先させることを絶対にゆるしてはならない。三里塚闘争はそういう闘争である(91)。

三里塚瓢鰻亭の着工地は二転、三転した後、労農合宿所から歩いて五分程度の場所にある反対同盟幹部の熱田一の土地を借地して建設された(92)。九月一五日には反対同盟員と現地支援者が一〇〇人以上参加し、落成を祝ってくれたという(93)。九月一六日から転居が始まり、一〇月一五日には建設に協力した人びとを招待した。その招待状からは、「あに奮起せざらんやと、〝野心を排して志を養う〟、〝誓って三里塚の大地を解放する〟と二幅をかいて襖にはりました」と前田の決意と覚悟を読み取ることができる(94)。

三里塚は巨大な思想の釜が煮えたぎっているような状況だったと山口幸夫は次のように描写している。

日本国家のありように異議をとなえる新左翼の諸党派、農民運動、労働運動、各界各層の知識人・文化人、住民・市民運動、反公害・反開発運動、反差別運動、反基地運動、反原発運動に関わる人々がしだいに、沖縄からも全国津々浦々から集結するようになっていった。そういうなかで、「三里塚闘争連帯労農合宿所（「三里塚闘争に連帯する会」主宰）と晩年の前田俊彦さんが移り住んだ「瓢鰻亭」は反対運動のかなめの役割を果たしていた(95)。

瓢鰻亭を訪れて前田と語り合った人びとは、有名、無名あわせて無慮数百人にのぼり、前田はひっきりなしにやってくる人びとを全て歓待し、引き合わせ、議論を盛んにし、運動を広げる役割を担ったという(96)。その中に、経済学者の宇沢弘文もいた。山口は前田から以下のような言葉を聞いた。

このあいだ、宇沢弘文さんがやって来てのう。この世の中、どこを見ても真っ暗で明りが見えませんが、日が暮れてすこしお酒がはいると、うっすらと明りが見えますね、と言うておったよ。そのとおりじゃのう。(97)

数えきれない人びととの対話が繰り広げられる中から、前田の『通信』を象徴する「人はその志において自由であり、その魂において平等である」という、瓢鰻亭宣言ともいえるフレーズにつながっていく。(98)三里塚空港反対同盟の百姓たち全体の合言葉は〝土をまもる〟から〝土地をまもる〟に変わり、さらに〝大地をまもる〟に変わってきたという。〝土〟から〝土地〟への変化は、明らかに〝物〟から〝場〟の変化であるとされ、すなわち、「農地は〝物〟ではなく〝場〟である」として、次のように前田は説く。

支配と収奪と差別のあるところでは人びとは〝物〟に執着するけれども、その志において自由でありその魂において平等である本来の人間は支配と収奪と差別とのたたかいの〝場〟において解放される。(99)したがって、支配と収奪と差別とのたたかいを人民がもっとも激烈におこなっているところ、三里塚、ペトリ、(100)田中機械などで人民が勝利するときにあたらしい社会への大道がひらかれるのである。(101)

市民が立法に参加するための闘いが各地で行われており、それらの運動の成否が日本の将来の変革運動につながっていくと前田は語っている。前田は三里塚闘争の成否が日本の将来の変革運動の起点となると捉え、自らも人民が立法者となる闘いの原点を再建するために三里塚に居を構えたのだろう。明治以来、政府によって禁止されている酒の生産権を奪還することは、数々の運動と同列だと考えていることが窺える。何かをしなくていい自由から、何かをすることができる自由への転換の実現に、三里塚闘争に勝利した時の姿を重ね、対等な対話の場を得ることが前田の視点であったと思われる。

四　一九八〇年代前半　ドブロク造りの敢行へ（『瓢鰻亭通信』第七期）

（一）足りることをしる

第七期一号では亭主を訪ねてきた宮司との問答の末、「里の思想」を大きな枠組みにして、全ての議論をその枠内ですすめていくことを確認した。(102)宮司は「あなたは自分の思想にすこしでも忠実であろうとすることの実践として九州から三里塚に居をうつした。そうだとすれば、あなたが実践によって忠実であろうとする思想とは何であるか」(103)と亭主に尋ねている。亭主は「そもそも人間がものを生産するとはどういうことであるかについて、一貫してこの問題を視野からはずすことなく議論をすすめてきた」と答えた。そして「瓢鰻亭は、〝隠れ思想(104)〟のさまざまな姿、それはことばだけでなく風俗、習慣、制度など、底辺人民のなかにみいだせるそれらを手のとどくかぎりひろいあげて、〝日本人民の、または人間そのもののあるべき姿はここから追及されあきらかにされねばならぬのではないか〟という問題を提起する(105)」と説明した。

一九八一年四月三〇日に農山漁村文化協会（以下、農文協）から『ドブロクをつくろう』が刊行となった。そして、六月に『ドブロクをつくろう』の執筆者に対し、農文協は慰労会を開催した。宴のために醸した一斗のドブロクを飲みながら、前田を囲んでドブロクをめぐる話題は尽きず、参加者で飲み干したという。現場に居合わせた編集者の本谷英基は、「前田さんは自分では飲まないにもかかわらず、ドブロクを自醸するようになった。国税庁長官に招待状を送ってのドブロク利き酒会を催し、ドブロク裁判に関わっていくことになる(106)」と後日、記している。農文協における執筆慰労の宴は、前田が自らドブロクを醸す契機の一つとなった可能性がある。

また、『通信』第七期九号では訪ねてきた豆腐屋と「叙述に対する陳述」を説明し、「情感によらず理性によって〝何をおもうて三里塚闘争をいうか〟という発想から、僕が三里塚にきているのは道理をおもんずる理性にもとづいているつもりなんだ」[107]と論を進めている。そして、〝里〟を論ずる予備的思考として、「経済」という言葉の定義を語り合う。ここでは、春に訪れたパラオ人の生活から得た「足りることをしる」という言葉を軸に話を展開していく。パラオ訪問の体験談は朝日新聞に掲載されている[108][109]。パラオでは「人間の自由と平等と、そして、平和があったのである。そして、そのような社会は〝足りることをしる〟の文化によってささえられていることをしった」[110]という。「〝足りることをしる〟ということは、積極的には〝食えるけれども食わずに余す〟ということであり、〝貯えることのないところに文化はありえない〟ゆえに、その〝貯え〟は〝足らして余す〟ことによって可能である」と豆腐屋は語った[111]。亭主は「いま日本では、米が過剰に生産されているというが、実態は食糧としての米が〝足りて余っている〟のではなく、商品として生産されたコメが〝売れなくて余っている〟だけのことなのだ」と応じ、「三里塚では、コメにしろ蔬菜にしろ商品生産を拒否して食糧を生産しよう、という運動がある。すくなくともそれをめざして、ねばりづよく〝たたかう農業〟としてその運動をつづけているのだ」[112]と生産者が〝足らすこと〟が自由にできることを目指していると論じた。

(二) 欧州紀行からドブロクの自家醸造へ

前田は第七期九号の末尾で、次のようなフランスのラルザック地方の農民の言葉を紹介する。ラルザック地方は、一九七〇年代に、突然、政府によって広大な農地に軍事施設の拡張計画が決定され、農民による反対抗議運動が起こった地である[113]。

「ここは両親とその祖先が働いた場所であり、今もわたしたちは、かれらがわたしたちと一緒にいるのを感じる」という「かれらがわたしたちと一緒にいる」ということを心情的な表現とみなさず、きわめて具体的な真実であることが納得できれば、わたしたちは〝里〟の何であるかにおもいあたることができるとおもいます。[114]

そして、前田は一九八一年八月一六日から九月一七日まで、フランスのラルザック、ドイツのフランクフルト、ポーランドの旅に出る。ポーランドはワレサらが結成したポーランド自主管理労組「連帯」が勢力を増している時代である。前田はポーランドの農村を訪ね、「百姓たちは統一労働者党のイデオロギーによる団結を拒否していた。すなわち、国家の威令による縦の結束を拒否し、横の団結によってたたかって自らを守ってきた[115]」という姿を見出していた。そして、現在の日本において「人民無視の政治はかぞえきれないほどで、これにたいしてわれわれは異議申し立てや抗議のさけびをあげる段階をこえて、もはやこういう政府から統治されることを拒否するくらいの具体的な行動を、たとえちいさなことがらでもおこさねばならぬのではないか[116]」と統治拒否の行動を起こす時であると前田は強調した。

帰国後の一九八一年一〇月二五日発行の『読売新聞』に「ドブロク造りの勧め　すでに　五版[117]」という記事が載った。『ドブロクをつくろう』は農文協始まって以来のベストセラーとなっていた。この記事に前田の「自給できるものが禁止されているなんて法律以前の問題で、法廷でも争うつもり。その皮切りを私がやります。今、国税庁長官を招待して、私の手づくりの酒を飲んでもらおうと計画しているんです。酒の名前は三里塚誉がいいかな」という発言が掲載された。そして、一一月一八日に前田は三里塚瓢鰻亭でドブロクを仕込んだのであった。

ヨーロッパの帰国報告ともいえる『通信』第七期一〇号には、日本が直面している問題を次のように整理している。

第一に労働戦線統一の問題で、左翼的、右翼的統一ではなく、労働者を結束しようとするあらゆるくわだてに反対し、労働者の団結をはからねばならないことである。第二は、労働者は労働者であることからの解放を現実的な課題とすることである。それは、瓢鰻亭では、三里塚闘争が政府・空港公団に要求ではなく主張をたたきつけているたたかいである事実を掲げ、〝主張貫徹〟のたたかいをといっている。第三は政府から統治されることを拒否するくらいの具体的な行動を、たとえちいさなことがらでもおこさねばならぬのではないか、そして、三里塚の空港反対同盟の百姓たちのたたかいはそういう統治拒否のたたかいであることを、あらためて強調したい[118]。

かくして前田は、一二月に入ると自らが仕込んだドブロク「三里塚誉」の利き酒会の招待状を友人、知人のみならず、国税庁長官にも送付し、一二月二〇日に利き酒会を開催した。前田が触発されたのは、一九八一年に入ってから出かけたパラオやポーランドで得た体験が大きかったと考えられる。パラオでは生産者自身が「足らすこと」のできる自由を目の当たりにし、さらに、ポーランドでは政府からの統治を拒否し、横の団結を強めて農地を守る百姓たちに出会った。長引く三里塚闘争の中で、結束ではなく団結を、主張貫徹の闘いを、そして、統治拒否の行動を、と呼びかける傍らで、小さいが具体的な前田自身の闘いとして、ドブロク造りに向かったのではないだろうか。

(三) 後景に退くドブロク造りの意味

一九八一年末に自家醸造したドブロクの利き酒会が開催されて以降、前田は積極的にドブロクを醸しており、公然と飲む会に賛同する人びとが現れていた。例えば一九八二年五月一六日には、東京都新宿区の喫茶店「共学文庫」において前田を支援するグループ「三里塚誉を公然と飲む会」主催による利き酒会が行われ、前田も自醸のドブロクを持参して参加した[119]。世間の反響については穂坂久仁雄によれば、「ドブロクは、ますます全国区で優権・優堅の兆しである。『酒はこれでいいのか〝ドブロク〟を飲む会』のような助っ人グループが、都内だけでも二、三結成されているし、春の大学祭シーズンには幾つかの大学でドブロクコーナーが設置されるという[120]」という盛り上がり方であった。しかし、マスメディア等で取り上げられるドブロク自家醸造の話題は、次第に酒税法の違憲性を問う前田の国家への挑戦という方向でクローズアップされていく[121][122]。ここまでの『通信』の分析で見てきたように、酒造りの自由は人間の基本的権利である、という前田の主張は、政治や統治への問いであり、単に酒税法のあり方を問い質すものではなかった。

「権力による統治、権威にまつろわぬ民であることをしめす現実的な行動としての公然たるドブロクづくりであったはず[123]」が、一般受けはしたものの、信頼する友人たちの一部からは「公然とドブロクをつくったとき、多くの左派的活動家たちから『革命的でない』『遊び事はやめてもっと真剣に革命のことを考えて欲しい』、さらに、国税庁に摘発されたときに無抵抗であったことから『権力のまえに平伏した』と言われた[124]」と支持されない事態となった。前田は「政治と経綸」について持論を展開し、酒税法を例に挙げて「税制改革は政治としてではなく経綸として、すなわちいうべきではなく行うべき経綸としての運動にしなければならぬ[125]」と論じた。そして第七期一七号で「政治ではなく経綸を」という言い方を「政策でなく経綸による政治を」と変更し、「〝ドブロクつくりこそが〟本来的姿としての政治を復活する道である」と記した[126]。そして、「多数決民主政治における合法的な政治運動の欺瞞性こそ私どもはみることができるのです。つまり、統治者と被治者とのあいだの緊張関係に変化をもたらすための政治は、合法的には被治者の側からはできない仕組みになっているのが現実であります[127]」と主張した。政治運動の欺瞞性とは、文書活動、討論会、集会、署名運動、請願、陳情、抗議と進め、デモンストレーション、ハンガーストライキという実力行使に出たとしても、さまざまな形で差別され虐げられている人びとは、多数者利益の名で少数者におしとどめられるという、多数決民主政治のありようを指している。

酒税法違反で千葉地方検察庁から前田が起訴されたのは一九八四年一月三一日であり、五月七日から千葉地方裁判所でドブロク裁判第一回公判が開始されていた。『通信』第七期の最終号は号外（一九八四年七月一日）としてドブロク裁判の起訴状を転載して発行された。「改良主義としてのドブロクつくり」と題されたその号は、「私の公然たるドブロクつくりは〝万人にはドブロクをつくる権利がある〟と主張している。我々自身があらたまる意味で、自由なる人間としての権利を主張することにおいて妥協しない姿勢を確立する改良主義である」と論じた。そして「たとえ裁判がどういう結果になろうと、私はあくまでドブロクつくりをやめないつもりです[128]」と結んでいる。ただし、公判で争われたのはドブロク造りを規制する酒税法の違憲性であり、三里塚でドブロクを造ることに込められた意味は後景に退くことになる。

おわりに

日本では明治三二年より自家用酒の製造は非合法の密造酒の扱いとなった。藤原隆男は、「密造酒の問題は、国家にとっては財政上の要請を背景とした酒税の徴税政策にもとづく自家用酒の製造禁止取締の問題であったが、農民にとっては農村生活と農業生産の根底に定着していた飲食生活の慣習の変更を公権力によって強制されることを意味する農民・農村問題であった[129]」と記している。前田の根底にも農政の転換を図ることがあり、それを花崎は「農業中心の社会が『通信』のえがく社会像の骨格をなしている」と指摘していた。そして、酒の自家醸造を考える中で消費の問題として捉えるに従い、労働者も含めた生活者全体に対する国家の政策の問題であることが浮上してくる。本稿では三里塚でドブロクを造るまでを時系列に見ていくことで、前田の思考や行動の契機となった出来事が浮き彫りとなった。

一九七〇年まででは、「天国探訪」の取材で三里塚を訪れ、三里塚の百姓たちの覚悟に触れたことである。前田の思想は「根拠地から里へ」と変化した。この時期のドブロク造りに対する前田の認識は、かつては日常として当たり前であった自給自足への回帰に含まれていたと思われる。

一九七〇年代前半では、一九七一年に三里塚の行政代執行、第二次行政代執行に参加したことが契機となっている。さらに、一九七五年の中国訪問が前田の思いに拍車をかけた。なお、『通信』第五期一七号と二八号で酒の自家醸造を始めることを読者に呼びかけたが、この時点では、前田自身が酒の自家醸造に踏み出すことへの言及はない。あくまでも、政策を消費する消費者から需要者に転換せよという市民への呼びかけであった。

一九七〇年代後半では、ロッキード事件が明るみに出たことによって福岡から東京に出てきたことが一つの契機であった。前田は市民の手によって「道理の政治を復活させる」ことを提唱し、宣言の会の代表となり、労農合宿所に永住を決意した。これが二つ目の契機であろう。当時、反核、環境保護、部落解放等、市民が立法に参加するための闘いが全国で繰り広げられていた。前田は、それらの運動の成否が日本の将来の変革運動につながり、さらに、三里塚の成否が将来の運動の起点ともなりうると考えていた。そして前田は、明治以来、政府によって禁止されている酒の生産権を奪還することは、数々の社会運動と同列の運動だと考えるようになったことが窺える。また、この時期は『通信』に酒を飲みつつ対話を繰り広げている描写が多くある。宇沢弘文が「日が暮れてすこしお酒がはいると、うっすらと明りが見えますね」と語ったように、また、合宿所四周年記念の宴の後の写真に酒瓶があるように、[130]三里塚瓢鰻亭での人びととの交流に酒は日常のモノであったと思われる。

一九八〇年代前半においては、一九八一年春に訪れたパラオ、夏に訪れた欧州、特にポーランドでの体験を契機として挙げることができる。パラオで「足りることをしる」という思想に触れ、ポーランドでは人民無視の統治を拒否する百姓たちの横の団結を目の当たりにして帰国する。ヨーロッパの帰国報告ともいえる『通信』第七期一〇号では、労働者の団結、主張貫徹の闘い、そして、三里塚の空港反対同盟の百姓たちの闘いはそういう統治拒否の闘いであると強調し、「統治されることを拒否する具体的な行動を、たとえちいさなことがらでもおこさねばならぬ」と前田は書いた。

かくして前田は、自家醸造のドブロク「三里塚誉」を一九八一年一一月に仕込み、一二月に利き酒会を開催した。「ドブロク造りこそが本来的姿としての政治を復活する道である」との確信が前田にはあったのであろう。三里塚空港反対同盟の百姓たちの「何かをすることができる自由」の獲得の闘いは、今日の自分のためではなく、子孫の代までも見据えた「里」をつくり、維持するための闘いであった。

高木がドブロク造りの理由を前田に尋ねた時、前田は「自分ですることの自由の獲得」だと答えたが、高木は納得せずに「ドブロク革命論」を紐解く必要があると述べた。『通信』を読み進めると、前田は「酒をつくらなくてもいい」自由は基本的な人権を踏みにじるものであり、「酒をつくることができる」自由を奪還した時に真の価値観転換が始まると考えていたことがわかる。社会的に言えば権威や権力によって成立する「分業」から、全体を支配する統治的なものが不要な「分担」への転換こそ革命であり、それは、消費者ではなく需要者であることの自覚を人びとが取り戻すことでもあると論じている。そして、現代日本人にもっともふさわしく、またもっとも時宜を得たのは、「酒の自家醸造をはじめよう」という提唱であった。

前田は戦後政治が市民によって裁かれなかったゆえに変わらなかった地金の部分を見据えて、「統治されることを拒否する具体的な行動」として自らが動いたのではないだろうか。かつて普通にあった農村の酒造りが禁止されている現状を打開することが、まさに統治ではなく自治への道だと考えたのであろう。その実践の場として三里塚は最適であった。ドブロク造りを突破口として、市民が立法に参加する自治に社会を転換していくことが、海外視察によって一気に実現性を帯びたものとなったと思われる。ただし、前田は多数決民主政治における合法的な政治運動の欺瞞性を熟知していた。ゆえに、ドブロク造りが裁判に発展することによって人びとの注意を喚起し、酒の自家醸造の解禁、ついては、自分ですることの自由獲得に向けた世論を形成し、それを政策決定に反映させようというしたたかな試みであったとも考えられる。前田の営みは突然の事故によって絶たれてしまったが、前田のドブロク造りの思想と行動についてさらに追求し、現代に継承された「酒の自家醸造」に対する前田からの宿題として、今後も検討していきたい。

注

（1）本稿において、ドブロクを「つくる」ことに対する表記は、原則として「ドブロク造り」のように「造る」を用いる。ただし、引用においては引用元の表記に則っている。

（2）日本における酒の自家醸造は、自家醸造を認めていた自家用酒税法（明治二九年三月二八日法律第二九号）が廃止され（自家用酒税法廃止法律　明治三一年一二月二八日法律第二四号）、一八九九（明治三二）年一月一日以降、全面禁止となった（仙台税務監督局、『東北六県酒類密造矯正沿革誌』仙台税務監督局、一九二〇年、三〇頁）。日清、日露戦争によって軍事予算が大幅に増加したため、政府がその分を酒税に求めたことによる（野添憲治・真壁仁、「対談・どぶろくの復権を」野添憲治・真壁仁編著『どぶろくと抵抗』（たいまつ新書）たいまつ社、一九七六年、一四二―一四三頁）。

（3）全巻所蔵は個人蔵書による。立教大学共生社会研究センターにも一部所蔵がある。創刊号（一九六二年五月）から第二期一五号（一九六四年一月一〇日号）までを合冊して、『瓢鰻亭通信』（土筆社、一九六九年）、第三期一号（一九六六年八月三一日号）から第四期三一号（一九七〇年一一月一日号）までを合冊して『続　瓢鰻亭通信』（土筆社、一九七五年）が発行されている。

（4）前田俊彦、「私は酒税法の違憲性を強くとがめます（一九八四年七月一六日　弁論更新に際しての意見書）」前田俊彦編著『ええじゃないかドブロク　ドブロク裁判全記録』三一書房、一九八六年、一一三頁。

（5）同右書。

（6）例えば浦部法穂、「営業の自由と許可制」小嶋和司編『憲法の争点（新版）』有斐閣、一九八五年、一一七頁。石川健治、「営業の自由とその規制」大石眞・石川健治編『憲法の争点』（ジュリスト増刊）有斐閣、二〇〇八年、一四八―一五一頁。

（7）例えば小林孝輔、「酒税法と憲法」『戦後憲法政治の軌跡』勁草書房、一九九五年、一四一―一五三頁。三木義一、「どぶろく自家醸造禁止合憲論批判」『現代税法と人権』勁草書房、一九九二年、二八二―二九一頁。

（8）前掲、「私は酒税法の違憲性を強くとがめます」前田俊彦編著『ええじゃないかドブロク』、一一四頁。

（9）『瓢鰻亭通信』、第五期二六号、一九七四年一〇月五日、三頁。

（10）前田俊彦の系譜については、『百姓は米をつくらず田をつくる』（前田俊彦著、新木安利編、海鳥社、二〇〇三年）の巻末年表に詳しい。また、『瓢鰻亭通信』第二期一一号、一九六三年九月二五日（『瓢鰻亭通信』土筆社、一九六九年、一九八頁）には前田の職歴として、ブドウ酒醸造技術員、石炭ブローカー、司法保護団体や農業団体の職員、延永村の村長等、多様な職業が記されている。

前田は一九三二年に京都で治安維持法違反により逮捕され、懲役七年の実刑判決を受けている。そして保釈処分の後、流言蜚語の罪で再逮捕となったが、一九四一年釈放されて実家のある福岡県延永村に戻った。この時に、知人の紹介により福岡県農業会行橋農産品加工場に勤務した。次第に戦局が悪化し、加工場では酒石酸を取る目的でブドウ酒醸造が始まった。酒石酸から精製したロッシェル塩は、電波探知機（対潜水艦用の水中聴音機等）の製作に用いられた。前田はにわか仕込みの知識でブドウ酒醸造の主任技師となったのであった（『朝日新聞（朝日）』一九七二年三月二三日夕刊、七頁、前田俊彦「わが思索わが風土三　権力の座　善政と民主主義と」）。

（11）前田俊彦、「森恭三の死を悼む」前田俊彦著、新木安利編『百姓は米をつくらず田をつくる』海鳥社、二〇〇三年、二二四頁。

(12)『瓢鰻亭通信』、第二期一〇号、一九六三年八月一〇日（『瓢鰻亭通信』土筆社、一九六九年、一八九頁）。
(13)前田俊彦、「底流の声」前田俊彦著、新木安利編『百姓は米をつくらず田をつくる』海鳥社、二〇〇三年、四頁。
(14)丸山尚、「ヒューマニズムの実践『瓢鰻亭通信』」『ミニコミ戦後史 ジャーナリズムの原点をもとめて』三一書房、一九八五年、六三頁。
(15)花崎皋平、「瓢鰻亭 前田俊彦さんの思想」前田俊彦追悼録刊行会編『瓢鰻まんだら 追悼・前田俊彦』農山漁村文化協会、一九九四年、四二頁。
(16)『瓢鰻亭通信』、第九期号外、一九九三年六月二四日、一頁。
(17)日高六郎、「《書評》歴史の必然性と人間の自由 前田俊彦『瓢鰻亭通信』に寄せて」『思想』五五〇、一九七〇年、一三六―一四八頁。
(18)前掲、「瓢鰻亭 前田俊彦さんの思想」、三五―五〇頁。
(19)前掲、「《書評》歴史の必然性と人間の自由 前田俊彦『瓢鰻亭通信』に寄せて」、一四八頁。
(20)前掲、「瓢鰻亭 前田俊彦さんの思想」、四一頁。
(21)同右書、四三―四四頁。
(22)前田俊彦編、『ドブロクをつくろう』農山漁村文化協会、一九八一年、二〇頁。
(23)前田俊彦、「わが抵抗のドブロク」『思想の科学』第七次、第二三号、一九八二年、四〇頁。
(24)前掲、『ドブロクをつくろう』、二〇―二二頁。
(25)高木仁三郎・前田俊彦、「森と里の思想 前田俊彦との対論」高木仁三郎・花崎皋平・前田俊彦『あきらめから希望へ 高木仁三郎対論集』七つ森書館、二〇一一年、一七五―二三九頁（初出：前田俊彦・高木仁三郎、『森と里の思想 大地に根ざした文化へ』七つ森書館発行、れんが書房新社発売、一九八六年）。
(26)同右書、一九四頁。
(27)同右書、二〇〇頁。
(28)同右書、二〇一頁。

(29) 同右書、一七五—二三九頁。
(30) 前掲、「瓢鰻亭 前田俊彦さんの思想」、四四頁。
(31) 佐藤藤三郎、「わたしの農村探訪（ルポルタージュ）」『展望』第一〇一号、一九六七年、二六—六〇頁。
(32) 前田俊彦、「瓢鰻亭通信」第三期八号、一九六七年四月二五日（『瓢鰻亭通信』土筆社、一九六九年、六四頁）。
(33) 同右書、六四—六九頁。
(34) 同右書、六九—七〇頁。
(35) 『ひろば』第八二号、一九九三年、一六頁。
(36) 前田俊彦、「たたかう三里塚の人民天国」『朝日ジャーナル』第一二巻第五〇号、一九七〇年、七一—七八頁。
(37) 前田俊彦、「〝野ごころ〟の旅をおえて」『朝日ジャーナル』第一二巻第五一号、一九七〇年、七八—八二頁。
(38) 前掲、「たたかう三里塚の人民天国」、七五頁。
(39) 同右書、七七頁。
(40) 前掲、「〝野ごころ〟の旅をおえて」、八二頁。
(41) 同右書、七九頁。
(42) 同右書、八一頁。
(43) 同右書、八二頁。
(44) 前田俊彦、『根拠地の思想から里の思想へ　瓢鰻亭の天国歴訪』太平出版社、一九七一年。
(45) 同右書、二四八頁。
(46) 同右書、二四八—二四九頁。
(47) 同右書、二五〇頁。
(48) 前田俊彦、「何を滅ぼして空港をつくるのか　土のトリデで一日をすごして」『朝日ジャーナル』第一三巻第九号、一九七一年、一一一—一一二頁。
(49) 同右書、一一二—一一三頁。

(50)『瓢鰻亭通信』、第五期六号、一九七一年九月三〇日、四頁。
(51)『瓢鰻亭通信』、第五期九号、一九七二年三月一五日、四頁。
(52)『瓢鰻亭通信』、第五期二五号、一九七四年八月五日、二頁。
(53)『瓢鰻亭通信』、第五期二七号、一九七四年一二月五日、二頁。
(54)同右書、三頁。
(55)同右書、三―四頁。
(56)『瓢鰻亭通信』、第五期二八号、一九七五年二月一〇日、一頁。
(57)同右書、一、四頁。
(58)中華人民共和国の文化大革命は一九六六年に始まり、一九七六年に終結した。日中国交正常化は、一九七八年八月一二日、「日中平和友好条約」の署名がなされ、一〇月二三日に発効した。
(59)前掲、『瓢鰻亭通信』第五期二八号、四頁。
(60)『瓢鰻亭通信』第五期二九号、一九七五年三月二〇日、三頁。
(61)前掲、「瓢鰻亭　前田俊彦さんの思想」、四四頁。
(62)他の参加者は、国分一太郎、日高六郎、六角恒広、福富節男、いいだもも、中岡哲郎、佐藤勝巳、日比逸郎、真継伸彦、小島麗逸、新崎盛暉、渡辺忠彦。
(63)安藤彦太郎、『現代史への挑戦　中国の思想と科学技術』時事通信社、一九七六年、三一九頁。
(64)『朝日新聞』一九七五年六月五日夕刊、三頁、「中国で考えた農と工　日本と逆思考に感銘」。
(65)『瓢鰻亭通信』第五期三〇号、一九七五年八月五日、一頁。
(66)『瓢鰻亭通信』第六期号外、一九七六年一月二〇日、七頁。
(67)安藤彦太郎、「中国旅行の思い出」前田俊彦追悼録刊行会編『瓢鰻まんだら　追悼・前田俊彦』農山漁村文化協会、一九九四年、一〇〇頁。
(68)前掲、『瓢鰻亭通信』第六期号外、八頁。

(69) 前田が敗戦の日の誤りと考えていたのは次の三点である。一、戦争犯罪人を人民の手で裁くことができなかったこと、二、戦争はアメリカに敗けたのではなく、アジアの人民に対して敗けたことを認識していないこと、三、軍国主義から民主主義になったが、これは配給された民主主義であること。前田は「我々の手で真の意味での主権在民を実現する必要がある」と考えていた（前田俊彦、「道理の政治を復活させよう」『国民文化』第二〇二号、一九七六年、七頁）。
(70) 同右書、六―八頁。
(71) 同右書、七―八頁。
(72) 同右書、八頁。
(73) 石坂蔵之介、「前田さんのアパートぐらし」前田俊彦追悼録刊行会編『瓢鰻まんだら　追悼・前田俊彦』農山漁村文化協会、一九九四年、一〇五頁。
(74) いいだもも、「山羊の話とワラジの話」前田俊彦追悼録刊行会編『瓢鰻まんだら　追悼・前田俊彦』農山漁村文化協会、一九九四年、六三―六四頁。
(75) 『瓢鰻亭通信』、第六期二号（実際は三号）、一九七八年一月一〇日、八頁。
(76) 白川真澄、「三里塚に惚れこんで」『ひろば』第八二号、一九九三年、一〇頁。
(77) 『瓢鰻亭通信』、第六期号外、一九七六年九月一〇日、二―三頁。
(78) 『瓢鰻亭通信』、第六期二号、一九七七年一月一〇日、四頁。
(79) 前田俊彦、「来たれ三里塚へ！」『労働情報』第四号、一九七七年、一一頁。
(80) 同右書、一二頁。
(81) 加瀬勉、「労働者階級の決起を呼びかける」『労働情報』第四号、一九七七年、一二頁。
(82) 立野守、「三里塚援農記」『労働情報』第四号、一九七七年、一三頁。
(83) 前掲、『瓢鰻亭通信』第六期二号（実際は三号）、八頁。
(84) 同右書。
(85) 同右書。

(86)『瓢鰻亭通信』挟み込み資料（立教大学共生社会研究センターより入手）。
(87)石崎昭哲、宇井純、上坂喜美、大島渚、小田実、加瀬勉、川本輝夫、菊池昌典、久野収、佐多稲子、高木仁三郎、高橋悠治、西岡智、鶴見俊輔、戸村一作、西村卓司、野間宏、花崎皋平、羽仁五郎、針生一郎、樋口篤三、日高六郎、松下竜一、宮崎省吾、渡辺一衛、渡辺四郎。
(88)前掲、『瓢鰻亭通信』挟み込み資料。
(89)技術と人間編集部編、「成田空港関係年表」『反成田空港論』技術と人間、一九七九年、三二六頁。
(90)『瓢鰻亭通信』、第六期三号（実際は第四号）、一九七八年五月一〇日、四頁。
(91)同右書。
(92)当初の計画では、北沢洋子の父君の横浜にある離れ座敷を解体して、三里塚まで運び、建て直すという段取りであった（一九七八年二月二五日『アピール』より）。しかし、事情は不明であるが、実際に建設された三里塚瓢鰻亭は「移築しようとしたんだけれども、移築するということでカンパはしたけれど、とても無理で、移築したものではないものが建ち上がった」との前田の次女、前田賤の後日談がある（『ドブロク祭通信』第二号、二〇〇一年、八頁）。
(93)『瓢鰻亭通信』、第六期六号（実際は第七号）、一九七八年一一月一〇日、六頁。
(94)同右書、八頁。
(95)山口幸夫、「難題解決の実践にとり組んだ宇沢弘文さん」『現代思想』第四三巻第四号（二月臨時増刊号総特集　宇沢弘文―人間のための経済）、二〇一五年、一〇四頁。
(96)同右書、一〇五頁。
(97)同右書、一〇五頁。
(98)『瓢鰻亭通信』第六期五号（実際は第六号）、一九七八年八月一〇日、一頁。
(99)ペトリカメラ株式会社。一九七七年一〇月倒産。組合が経営者に代わって工場を自主管理し、生産に立ち上がった（佐藤幸雄・川辺明久・五十嵐京子、「なぜ自主生産なのか―全金ペトリカメラ支部の歴史と闘争態勢」『月刊労働問題』第二五二号、一九七八年、三〇―四三頁）。

(100) 株式会社田中機械製作所。一九七八年九月一三日、大阪地裁に自己破産を申し立てたが、破産法に基づく企業整理に労働組合が抵抗し、一〇年にわたり自主管理が行われた(平井陽一、「田中機械における労使関係―倒産・工場占拠・自主生産にいたる経緯」『明大商学論叢』第九七巻第一号、二〇一四年、一―一三頁)。

(101) 前掲、『瓢鰻亭通信』第六期五号(実際は第六号)、六頁。

(102) 『瓢鰻亭通信』第七期一号、一九八〇年一月一〇日、四頁。

(103) 右同書、三頁。

(104) 『瓢鰻亭通信』第六期五号(実際は第六号)のタイトルが「隠れ思想」であり、瓢鰻亭宣言とも言われる「人はその志において自由であり、その魂において平等である」が語られた。「人はその魂において平等である」がゆえに、その平等性に保証されて「隠れ思想」として現れる志には普遍性がある(三頁)、と説いた。そして、『瓢鰻亭通信』第六期六号(実際は第七号)「場の思想」では、「その日その日をいかにいきていくかと四苦八苦しているひとたちが、おもいつめてかたる言葉のおくにまぎれもなくある〝隠れ思想〟をほりおこす」(一頁)ことの必然性を記している。

(105) 前掲『瓢鰻亭通信』第七期一号、四頁。

(106) 本谷英基、「『ドブロクをつくろう』の前田さん」、前田俊彦追悼録刊行会編『瓢鰻まんだら　追悼・前田俊彦』農山漁村文化協会、一九九四年、一一九頁。

(107) 『瓢鰻亭通信』、第七期九号、一九八一年七月二〇日、二頁。

(108) 『朝日新聞』一九八一年四月一六日夕刊、五頁、前田俊彦「パラオ人民の文化〈上〉豊かな山の幸、海の幸　文化産む〝貯え〟どこに?」

(109) 『朝日新聞』一九八一年四月一七日夕刊、五頁、前田俊彦「パラオ人民の文化〈下〉乱獲の欲望拒む社会　自然に従い豊かさを守る」

(110) 同右書。

(111) 前掲、『瓢鰻亭通信』第七期九号、四頁。

(112) 同右書、五頁。

(113)中嶋茂雄、「軍事基地拡張と住民運動―南フランスのラルザック問題」『都市問題』第七九巻第四号、一九八八年、八九―一〇五頁。
(114)前掲、『瓢鰻亭通信』第七期九号、七頁。
(115)『瓢鰻亭通信』第七期一〇号、一九八一年一一月二〇日、四―五頁。
(116)同右書、八頁。
(117)『読売新聞』一九八一年一〇月二五日朝刊、二二頁、「ドブロク造りの勧め すでに〝五版〟」。
(118)同右書。
(119)『読売新聞』一九八二年五月一七日朝刊、二二頁、「〝酒をつくる権利〟再挑戦！ 利き酒会」。
(120)穂坂久仁雄、「国税庁と前田俊彦 ドブロク造りが連帯を『醸成』するか」『現代の眼』第二三巻第七号、一九八二年、九五頁。
(121)『読売新聞』一九八四年二月一日朝刊、二二頁、「ドブロク密造 前田さん起訴」。
(122)『朝日新聞』一九八六年三月二七日朝刊、二三頁、「ドブロク造り有罪なお闘志」等、記事多数。
(123)『瓢鰻亭通信』第七期一一号、一九八二年二月一日、一頁。
(124)『瓢鰻亭通信』第七期一七号、一九八四年五月一〇日、三頁。
(125)『瓢鰻亭通信』第七期一六号、一九八三年八月五日、二―三頁。
(126)前掲、『瓢鰻亭通信』第七期一七号、三頁。
(127)同右書、四頁。
(128)『瓢鰻亭通信』第七期号外、一九八四年七月一日、一頁。
(129)藤原隆男、「自家用酒の製造禁止過程について―密造酒問題の歴史的背景」岩手史学会編『岩手の歴史と風土：岩手史学研究八〇号記念特集』熊谷印刷出版部、一九九七年、四二〇頁。
(130)『瓢鰻亭通信』第七期八号、一九八一年六月二〇日、七頁。

Ⅴ　一九七〇～八〇年代の沖縄戦体験記録運動と「記録者」たちの位置

――著作権論争の再検討を中心に――

須田　佳実

はじめに

一九七〇～八〇年代は、「復帰」後の政治的・社会的状況のなかで、沖縄戦の記憶が「民衆知」として生成・共有されていく時代であった。本稿の目的は、この時代に展開した沖縄戦体験記録運動（以下、記録運動）を、その担い手である沖縄戦の「記録者」たち（以下、「　」省略）という存在から、一次史料に基づいて再検討することである。当該期の沖縄は、革新県政から保守県政に移行するなか、政府主導の開発政策によって日本社会との制度的一体化が進んだ。これに対して、金武湾闘争に代表される反開発運動や、演習阻止闘争などの反戦反基地闘争が、具体的な生活や生産の場を拠点として続けられた。

記録運動とは、これらの社会運動とおなじ時期に進んだ、自治体史編纂事業における戦争体験記録篇や教科書検定批判の運動を通じて、沖縄戦を民衆の視点から捉え直そうとした営為の総称である（1）。聞き書きという方法を軸にしたこの運動は、体験者たちと記録者たちの共同作業を通じて、共通の沖縄戦認識を形成し深めていく。七〇年代後半以降、沖縄戦の調査・研究という形で全県的に展開した反戦平和運動の一つであり、同時代の諸運動の思想的基盤となる沖縄戦像を提供する役割を果たした。例えば、反戦平和思想を象徴する「命どぅ宝」という言葉は記録運動を通じて「再発見」(2)された「復帰」後沖縄の「民衆知」である。

ところが、記録運動は同時代の他の社会運動に比して、これまで実証研究の対象とされてこなかった。特定の地域や組織を拠点とせず、主として自治体史編纂という公的事業を通じて広がったため、一つの運動としての把握が史料群的にも難しい。また、運動の中心的な担い手である研究者自身によって発表されてきた活動の総括が明晰な分、あえて分析する対象とはなりにくかった面もあるだろう。

これに対して例外的かつ先駆的な視点を有するのが屋嘉比収の研究である。(3)屋嘉比は、七〇〜八〇年代の一連の自治体史編纂から、沖縄戦の調査・記録に関する「マスター・ナラティブ」と言える方法や分析視点が生み出されたことを、沖縄戦研究の深化として評価する。他方で、「戦後歴史学の手法や価値観」に依拠して証言の客観性を重視するあまり、体験者と記録者の関係性や、体験者の表情や語る言葉、声（沖縄口）そのものは、編集過程で省かれてきた。こうした記録方法の限界を指摘した上で、屋嘉比は一九九〇年代以降、映像作品や戦跡など、多様な表現を通じて限界が克服されていく発展的な見取り図を示した。

屋嘉比論文は、自治体史編纂の方法を軸に、沖縄戦研究の展開を系譜的に描きだしているが、記録運動を主題として省みると、いくつかの不十分な点が指摘できる。

第一に、右の把握は社会運動としての記録運動の広がりのなかで考察したものではない。屋嘉比は先述した「命どぅ宝」という言葉が「再発見」される運動過程を解明するなど、時代状況と沖縄戦研究の関連性は認識している。しかし、右の沖縄戦研究史の展開と運動過程、そしてそれらを制約し、方向づける政治・社会状況とを統一的に把握する必要性は依然残っている。

第二に、「戦後歴史学」という学知の性格に重点を置いているため、それを実際に取り入れ、記録運動を担った主体の存在が見えてこない。記録運動は体験者を能動的に語る主体（証言者）として社会に登場させただけでなく、証言を聞き取り、叙述として定着させる記録者たちを必要とした。では、記録者という存在は、「復帰」前後のいかなる状況において登場したのか。そして、その記録の方法に、時代や状況はいかなる制約として刻印されているのか。

そうした論点を史料に即して再構成することで、記録運動を一つの社会運動史として記述する土台を築くだけでなく、記録者が依拠した／制約を受けた認識枠組みを具体的に問い返すことができるだろう。以上の課題に応えるため、本稿では記録者たちに着目することで、記録運動の歴史的位置づけを明確にすると同時に、記録運動が追求した「記録する」という行為に付随する問題についても検証する。

具体的には、第一節で記録運動の展開を、一九六〇代後半から八〇年代にわたって三つの契機に即して整理する。その際、従来別個に論じられてきた研究史と運動史を、時代状況と連動した一連の動きとして再構成する。さらに、当該期の記録の方法が抱えた問題を検討するために、第二・三節では八〇年代前半に展開したある論争――『沖縄県史第9巻　沖縄戦記録1』（琉球政府、一九七一年、以下『県史9巻』）をめぐる記録者間の著作権論争（以下、著作権論争）に着目する。

『県史9巻』は聞き書きによる記録の嚆矢として知られる。この論争は、『県史9巻』の取材・執筆者である宮城聰が、中山良彦編『人間でなくなる日――沖縄戦住民証言集』（集英社、一九八〇年）に、証言を「無断」で引用・編集されたことをきっかけに、中山が採用した記録の方法を批判し、最終的に著作権を争う裁判へと発展した。この論争については、今日に至るまで、地域史編纂や平和運動の関係者によっても言及されることは稀である。しかし、その内実を裁判史料にまで踏み込み再検証すると、この論争が、記録運動の主体と方法を問い資す要素を内包していたことが浮かび上がる。そこで第二節では、この論争の過程を実証的に明らかにし、第三節では、論争が潜在的に問いかけた問題を掘り起こす。それにより、論争を制約した議論枠組や見失われた議論の可能性もふくめて捉え返せるだろう。

以上の分析にあたって、一次史料としては論争当事者の宮城聰文書（沖縄県公文書館所蔵）、中山良彦関係史料（翁長良明氏所蔵）のほか、記録運動を主導した「沖縄戦を考える会」の史料を用いる。これに地元紙（『沖縄タイムス』・『琉球新報』）に掲載された当時の関係記事や関係者が同時代に発表した論考・報告などを組み合わせて検討する。

第一節　沖縄戦体験記録運動の展開と記録・叙述方法の転回と背景

（一）ベトナム戦争と自衛隊配備――日本軍と住民の関係を問う

本節では、一九六〇～八〇年代における記録運動の展開を、一方の政治・社会状況との関連と、他方の沖縄戦体験の記録方針・叙述方法の転回とに留意しつつ、三つの契機に即して整理する。

沖縄戦の体験記の出版は、一九四七年に始まるが、当初は本土出身兵が著した「戦記もの」だった。軍人の視点から書かれた戦記とは一線を画した、住民や学徒隊の体験記録の出版が始まるのは、五〇年代に入ってからである。なかでも、「住民の動き」を地元紙の記者が記録した『鉄の暴風――現地人による沖縄戦記』（沖縄タイムス社編、朝日新聞社、一九五〇年）は、記録の姿勢と取材方法において画期的だった(4)。ところが、同書が示した、日本軍による住民への「スパイ」嫌疑や壕追い出し、住民虐殺、「集団自決」といった、軍民混在の戦場における両者の緊張関係は、米軍占領下では長らく等閑視された。当時、住民の地上戦体験は、日本政府や日本社会から「救済」や「補償」を引き出すために、「軍民一体の沖縄戦」という認識枠組みのなかで、「祖国のため」の尊い犠牲として語られねばならなかったからである。(5)

こうした従来の認識枠組みが転回する契機となったのが、一九六五年三月以降のベトナム戦争の激化であった。在沖米軍基地がベトナムへの前線基地としてフル稼働するなかで、沖縄戦の戦場が想起され始め、また、人びとの間には「加害者意識」が芽生え始めていた。そうした状況に対峙して、新たな表現方法を提示したのが七一年六月に刊行された『県史9巻』であった。(6)

一九六三年に始まる沖縄県史編纂事業は、全二三巻のうち三巻分を沖縄戦篇に充て、一九七一～七四年にかけて、沖縄戦通史編一巻（『県史8巻』）、沖縄戦記録篇二巻（『県史9巻』、『県史10巻』）を刊行した。当初は通史編を軸に構想していたが、ベトナム戦争を背景に「住民側の記録を主」とする方針へ舵をきった。具体的には六六年一月の会議で、地域ごとに体験者を集めて「地域座談会」を開催し、その場のやりとりを聞き書きで記録する方法が提案された。六七年一〇月から沖縄県史編纂審議会委員で作家の宮城聰を中心に取材が始まる。(7)

ただしこの時点では、体験記録の「主観性」や「文学性」を克服し、「客観的」な記録にする目標は共有されていたものの、それは「戦後歴史学」が目指す「科学性」とは異なっていた。(8) 六〇年代までの沖縄戦の体験記録をめぐる問題点を「戦後歴史学」の視点から捉え返し、編集方針に反映させたのは、沖縄史料編集所（一九六七年一〇月発足）の所員を中心とした、一九七四年刊行の『県史10巻』の取材・執筆者たちであった。

そのうちの一人、大城将保（筆名・嶋津与志）は、六〇年代以前の沖縄戦記録の問題点について、以下の五点を指摘している。(9) ①「軍隊中心、戦闘中心の記述が主流」で「一般住民の被災の内実が欠落」もしくは「軽視」されている。②「沖縄戦の犠牲を殉国の美談として描く傾向が顕著」で「戦争美化の色彩が濃厚」である。③「事実誤認が多」く、「科学的、実証的な調査と考証が弱い」。④内容に地域的偏りがあり、「全体像が十分に把握されていない」。⑤「文献資料が活用されず、体験的記録のみに終わっている」。これらの指摘は、軍人・兵士の戦記はもとより、五〇年代に刊行された住民の体験記録にも当てはまったが、さらに、それらの克服を目指したはずの『県史9巻』についても、特に右の③〜⑤については厳しい目が向けられていた。

一九七〇年前後、今後の自衛隊配備が現実の日程に上ると、沖縄戦における日本軍の実態を「告発」する潮流が生まれた。しかし、七二年の「復帰」後には、体験者の間に再び口をつぐむ傾向が現れた。そこで『県史10巻』の編集にあたっては、住民の戦場体験を被害と加害の構造のなかで解明することを目指し、戦争責任を追及するという問題意識を徹底させたことで、記録方針・叙述方法が変化する。彼らは聞き書き＝口述史料と文献史料との照合・分析を通じて、「語り手の言葉を大幅に整序」し、「虚偽・事実の判定役として体験者と向き合う」なかで、記録者としての役割を自覚していった[10]。

『県史10巻』の刊行以降、同書の取材・執筆者である安仁屋政昭（一九三四年生）、大城将保（一九三九年生）、石原昌家（一九四一年生）らが、後続する県内市町村史の編纂に調査者や指導者として加わることで、その記録方針・叙述方法は引き継がれていく。また、「復帰」以降、他都道府県から沖縄を訪れる研究者や教員が増加すると、「戦跡めぐりのコース」が編み出された。戦跡での追体験と調査研究は相互に影響を与え合い、平和教育の場として見出されていく[11]。

（二）旧沖縄県立平和祈念資料館の初期展示問題——沖縄戦の全体像の提示

七〇年代、沖縄戦研究は自治体史編纂を通じて深められるが、その意義と成果を広く示すきっかけとなったのが、一九七五年六月一一日、沖縄県・南部の糸満市摩文仁に開館した旧沖縄県立平和祈念資料館（以下、旧資料館）の初期展示問題であった。同資料館は当初、沖縄国際海洋博覧会の開催に合わせて県主導で建設され、管理・運営を県援護課と、霊域整備や顕彰事業などを行う沖縄県慰霊奉賛会（一九五九年発足）が担った。その結果、展示内容は、住民の戦場体験を捨象した「軍隊中心の展示」として批判される[12]。

初期展示の問題性を真っ先に指摘したのは、前述の安仁屋政昭、石原昌家、大城将保や、久手堅憲俊（一九三一年生、那覇市職員）、真栄里泰山（一九四四年生、那覇市職員）など、当時、各市町村史の編纂において沖縄戦記録篇の編集を指導する立場にあった大学教員や自治体職員らであった。さらに、この時点で海洋博の沖縄館の監修を務めていた中山良彦[13]が展示専門家として加わり、「沖縄戦を考える会」（この時点では準備会。以下、「考える会」）が結成され、七五年六月二一日には安仁屋が会長として記者会見を開いた[14]。「考える会」が県議会に提出した「意見書」（一九七五年六月二〇日付）は、展示「全体の演出の観点・方法」が「旧日本軍を祈念し顕彰する性格」となっており、これまでの研究成果や専門的知見に欠け、「保存、記録、分類なども非科学的」だと抗議の意志を表し、運営体制の抜本的見直しを求めた。背景には、「軍国主義復活の逆流」や「戦争体験の空洞化が意図的にすす」むなか、「資料館はまさに靖国神社の沖縄版」で「県民感情と反戦平和の理念に対立する」という危機感が共有されていた。

八月三〇日には、日本科学者協議会沖縄支部（代表・田港朝昭）が同趣旨の意見書を提出し、「教育団体や平和団体などもアピールを出して県当局に改善要請」が行われた。九月四日、同支部は沖縄県生活福祉部長を訪れて直接要請を行い、九日に県当局と学識経験者らが協議の場を持つことが報じられた[15]。

世論からの後押しと協議の結果、一九七六年一一月、県は展示変更に着手する[16]。展示演出委員会が発足し（総合プロデューサー・中山良彦、委員・安次富長昭、田港朝昭、安仁屋政昭、久手堅憲俊、真栄里泰山、高良倉吉、石原昌家、大城将保）、住民の視点に立つ展示への転回を目指した。そのために発案されたのが、住民の証言記録を「証言の本」として整理し、展示する方法だった。当時刊行されていた体験記録（『県史9巻』『県史10巻』、『那覇市史資料篇第2巻　戦時記録』一九七四年、石原昌家『虐殺の島』晩聲社、一九七八年）に加えて、委員たちが現地調査で直接記録した証言から、展示する証言の選定が始まった。

この過程で委員たちは、証言の「難点」に気づく。一つは、モノ資料ではなく文字を展示することの難しさであり、いま一つは、証言は「主観的で個別具体的」で「客観性に乏し」く、ただ並べただけでは「沖縄戦の全体像」を把握できないという点だった。後者を克服するために、「証言記録の全体を各要素に分解し、展示ストーリーに沿って再配列し、ある特定の事象を数点ないし十数点の証言グループで立体的に浮び上がらせる」方法が考案された。「証言の内容が濃縮され文章が精錬され、個々の事象が客観性をおびて」きたという。当時、新聞の取材に対して、ある委員は「これこそ住民の観点で語る沖縄戦だ」と納得したと語った。(17)

一九七八年一〇月、旧資料館は展示を刷新して再開し、当時の沖縄戦研究の到達点を提示した。最後の第三展示室「証言の部屋」には、六二名・七八点の証言からなる三二冊の「証言の本」が置かれた。解説パネルには「行政記録・外交記録・軍事記録等との照合をえてふるいにかけた事実を厳選して、再構成した資料です。したがって、証言者自身の善意の錯誤（忘却・誤認・無責任な伝聞等）を排除し、信憑性のある証言にしたてあげています」と書かれた。(18)その後、旧資料館は県内外から来館者数を増やし、平和学習の場となる。(19)後述する著作権論争の発端となった『人間でなくなる日』も、「証言の本」と同様の編集方法を用いて作られていた。

この間、一九七七年五月一五日には「考える会」が、「沖縄戦に関する科学的系統的総合的な調査研究を目的とする県内唯一の団体」として「沖縄戦に関する調査研究を平和科学研究の水準まで高め」る目標を掲げて正式に発足した。設立趣意書では、沖縄戦の「真相と本質」が未解明の状態において「誤った戦争伝説が流布」して「〝戦跡の靖国化〟」が進み、また「〝基地沖縄〟の重圧と恐怖」のなかで、沖縄戦の「体験を理論化」し「平和運動に生か」すことが「全県民的課題」だと訴えた。同時に出された「沖縄戦の調査記録運動についてのアピール」では、沖縄戦の調査・研究を「一大県民運動」とするために、「県内各地において地域住民の積極的な参加によって調査、記録の運動が推進」されるように「県および市町村当局、関係諸団体」に参加を呼びかけた。(20)

これに呼応するように、一九七八年には沖縄県地域史協議会が発足した。当時すでに、三〇以上の自治体（市町村・部落）で地域史編纂が進行・計画されていた。「地域史づくり」を「科学的で主体的な歴史認識と地域認識を地域の人々とともに育てる」実践と捉え、協議会は「発展向上をめざす共同の討論と交流の場」となることを目指した。(21)

（三）一九八二年教科書検定問題――客観性・実証性・全体性の追求

記録運動は、一九八二年に起きた教科書検定問題によって新たな局面を迎える。

同年六月二六日、文部省の教科書検定で高校日本史の教科書から沖縄戦における住民虐殺をめぐる「記述削除」がなされたことが全国紙の報道で明らかになると、沖縄では地元新聞が報道キャンペーンを展開し、事態の深刻さが教職関係者をはじめとして沖縄県全域で受け止められていく。最終的に、文部省は県内の反発や批判を無視できず、記述の復活を認めることになる。(22)

当時の世界的な新冷戦の高まりや国内の保革対立を受け、保守県政下の沖縄では米軍用地の強制使用手続きが容認された。(23)そのような情勢において、日本軍による住民虐殺の事実がなかったことにされてしまうという危機感は、県民の間にあらためて沖縄戦体験を語り出す気運を醸成した。(24)

それを受けて『沖縄タイムス』は証言連載企画「百万人の語り部」（一九八四年一月一日～八五年一二月三〇日、全二七一回）を始めた。その最終回に、記者の牧港篤三は「今語らなければその機会を永遠に失うというおそれもあって、ポツリポツリと重い口を開いて、他人に語る。そういう気持ちの転換」が起きたと語る。(25)大城将保は、教科書検定問題以降の「沖縄戦ブーム」は「みずからの体験を客観化し思想化していく心の作業」[26]だったと述べる。人びとの意識が変化するなかで、軍隊の論理とは異なる、戦場における住民の行動様式や価値観を表す言葉として、「命どぅ宝」が「再発見」された[27]。

こうしたなかで、翌八三年には、米国立公文書館などから沖縄戦関係の映像記録を買い取り、再編集して上映する「子どもたちにフィルムを通して沖縄戦を伝える会」（通称・一フィート運動の会）が結成されるなど、文字記録以外への関心が高まり、記録運動の裾野が広がっていく。

自治体史の編纂では、検定意見で住民の証言の信憑性が疑問視され、史料的価値が貶められたことに対処するため、新たな調査方法が提起された。『浦添市史第5巻　戦争体験記録』（一九八四年）が取り入れた「悉皆調査」が画期となり、自治体史編纂は「実証的科学的な分析」、「軍隊ではなく民衆の視点」、「証言の比較検証による事実性と客観性の追求」[28]という三つの視点を確立するに至る。「悉皆調査」は、調査票に基づいて地域の古老に聞き取りをし、集落全戸の戦災状況を明らかにする方法だった[29]。これにより、個々の証言を地域全体の戦災状況に位置づけられるようになったが、個々の調査者の知識不足などによって、結果の精度には「濃淡」が生じた。方法上の課題は、後続の自治体史編纂を通じて改善されていった[30]。

このような取り組みを経て、調査には戦後生まれの自治体史の担当職員や大学生、さらには体験者自らが関わるようになり、記録運動は沖縄戦体験を世代間で継承する役割を果たすようになった。それは、世代や経験を異にする多様な人びとが記録者になることを意味した。当然、記録に必要な技術や知識の前提に差が生じるため、記録の水準を維持するには、記録の方法自体の一定の標準化が必要となった。そしてそれにより証言の記録としての価値が高められていく。

こうした経過をふまえる時、一九八九年に開館したひめゆり平和祈念資料館の展示は、当該期の記録運動の到達点と位置づけられるだろう。旧資料館とおなじく中山良彦が総合プロデューサーを務め、今度は元ひめゆり学徒たちが自身の体験の記録者となって「証言の本」を作った。体験者として資料館づくりに関わった本村つるは「証言の本」作りについて、「いわゆるエキスというんですかね、その人が体験したところだけを取って、短い文にしてわかりやすいようにしました」。証言を「時系列」、「場所別」に「切り取って並べたりして、資料を作って行きました」と振り返る。[31]「証言の本」作りからは、沖縄戦研究者たちが考案した方法によって、体験者たちが記録者的性格を持つ様になるのみならず、語り方を体得していく過程も浮かび上がる。

（四）記録運動の特徴と留意点

「復帰」後の沖縄で、反戦平和運動の一つとして展開した記録運動は、体験を証言記録として定着させたことで、同時代の諸運動の基底にある沖縄戦体験をめぐる思想的基盤を提供した。

六〇年代後半、生活と戦場が再び繋がる危機のなかで、住民の戦場体験の記録化は始まった。七〇年代以降、自治体史の叙述や県立資料館という公的な「場」を通じて、民衆視点の沖縄戦像は定着していく。記録運動は同時期の空襲体験記録運動とも軌を一にしており、全国的な革新自治体の時代に展開したことも特徴であった。[32]旧資料館の初期展示の登場を許しながらも、ただちに展示変更に着手できた点に、そのような時代の性格が表れている。七〇年代後半以降、特に、一九七七年の三三回忌（ウワイスーコー）を一つの境に、沖縄戦の調査・研究は自治体史編纂を足場として沖縄各地で展開していく。

一九八二年の教科書検定問題では、「軍隊は住民を守らない」という現実を端的に表す住民虐殺の記述が削除されたことに対抗する形で証言の蓄積が一層進んでいく。[33]成田龍一は、同時代の戦争体験を記録する全国的な取り組みは、運動と研究の要素を兼ね備えていたと指摘する。沖縄では、証言の「信憑性」を梃子にした権力の介入に対する、異議申し立ての正当性を確かなものとするために、「戦後歴史学」的な調査方法が一層強く求められていく側面があるだろう。

また、募集した手記を編集する空襲体験記録運動とは異なり[34]、記録運動は、聞き書きによる証言を中心にしたため、語りの、どこを採り、どのように活かすかという問題を提起した。この問題こそが、手記の編者とは異なる「記録者」という運動の担い手を必要とした。聞き書きという方法をめぐっては、当初、個々の政治的立場や専門性の違いなどを背景に、賛否両論が繰り広げられたが、体験者の言葉を聞き取るという経験を重ね、その意義が確認されていく[35]。

さらに、七〇年代後半以降、運動が広がり、戦後世代が調査に関わる意義が継承の観点からも重視されると、記録者間の差異は変質していく。専門的な訓練を経ずともさまざまな人びとが記録者になりうるための工夫として、調査・記録方法が標準化される必要があった。しかしそのためにこそ、聞き取りの目的が、歴史的事実の解明という一点に限定され、聞き取られる言葉や、記録される体験は固定化されていく。次節で検討する著作権論争は、このような記録方法の制度化を背景に起きた。

第二節　宮城・中山著作権論争（一九八〇〜八五年）

（一）『沖縄タイムス』紙上での論争

著作権論争は二つの場で展開した。地元紙『沖縄タイムス』での論争（一九八〇年一〇月〜一一月）と、法廷に至る一連の訴訟である（一九八〇年一一月〜八五年八月）。本節では時系列にそって経緯を述べ、当初提起された論点が「著作権」の存否のみに切り詰められていく過程を明らかにする。

一九八〇年一〇月、『沖縄タイムス』に『県史9巻』の取材・執筆者である宮城聰の論考「中山良彦氏の県史九巻誹謗への反論」が三回にわたって掲載された。紙面では、宮城の「反論」のあと、中山からの応答が連載され、さらに太田良博[36]（作家、元・地元紙記者）が「第三者」の立場で長文の論評（全六回）を寄せ、最後に『県史9巻』のもう一人の取材・執筆者である星雅彦[37]（作家）が寄稿（全二回）している。ここでは宮城・中山と、著作権という論点を持ち出した太田の主張を概観する。

宮城は一九六三年から沖縄県史編纂審議会委員を嘱託され、六七年から約三年八か月にわたって『県史9巻』の取材と執筆に取り組んだ。宮城自身、作家人生において「最も情熱を注いだ仕事」であったと回顧している[38]。そうである以上、彼の「反論」の第一の目的は、『人間でなくなる日』の「まえがき」で中山が下した『県史9巻』に対する「酷評」を取り除くことだった。「まえがき」は、編集過程で気付いたという「証言そのもの」の「問題点」を三つ指摘している。

> まず第一に、証言の一つ一つが長くてくどい。内容も大同小異の感が深い。沖縄戦前夜にはじまって捕虜体験までを一人びとりが延々と述べているのでそうなるわけだが、量の膨大さも加わって、相当の意志と努力なしでは、読破する気になれない代物である。／第二に、各証言者の視野が偏狭である。生死の境を辛うじてくぐりぬけた体験談だから、全体像への目配りに弱くなるのは無理からぬことだが、とにかく個人的、主観的で客観状況はつかみ難い。／第三に、同じ理由から、前後関係が錯綜したり、事実誤認も少なくない。／一口でいえば、沖縄戦に関する重要データではあるが、そのままでは「情報」とし難いのである。〔／は改行を示す。傍線は引用者による。以下同〕

これに対して宮城は、中山が指摘した「問題点」は「言いたい放題の非難」だと反論した。「われわれは、中山良彦氏のために県史9巻をつくったのでない」、「自分で取材して、自分が満足するような文章化をして、それを使うようにして貰いたい」と述べた。特に、宮城以外にも「多くの人間の大変な苦労」からできた『県史9巻』を、「読破する気になれない代物」（傍線部）と評した点に憤慨した（「反論」上）。宮城は「せめて県民の皆様へだけでも実情を伝えるため、県史編纂事業に尽力した人びとの名をあげ、地域座談会には「いくら区長さんが足を運んでもほとんどの方があの戦争を思い出したくはありませんとのことで、集ってもらえ」なかったと当時の苦労を明かした（「反論」中）。

第二の論点は、『人間でなくなる日』の編集方法である「証言の分解」という方法についてであった。中山は「まえがき」において、列挙した「証言」の「問題点」を克服するために旧資料館の初期展示と同様の方法で「沖縄戦全体像を演出」したと述べた。

先ず証言の分解だ。時期、場所、戦況の進展度や緊迫度などで約三十の分類項目をつくり、この項目に基づいて約二百名の証言（県史・沖縄戦記録2および那覇市史などからも加えた）をバラバラに分断した。次に分断した数百の証言断片を分類項目のテーマ毎にグルーピングし、それを時系列で並べて一本の〝沖縄戦物語〟にして読んでみる。最終的に取捨選択を重ね、整理し、推敲する。

しかしこの方法は、宮城にとっては「多くの人びとの作品を、糊（のり）と鋏（はさみ）の作業で切り刻んでこま切れ分断し、彼の思い付きの項目に配分」（「反論」中）したものに過ぎなかった。むしろ指摘された「問題点」こそ「県史9巻の編集趣旨の成功を物語」っており、「原文の味のある表現」を「低俗表現に改悪」して「全く無味乾燥でわけのわからないもの」にしたのは中山の方だった（「反論」下）。宮城の「反論」は、中山が証言の再編集を正当化するために、体験者の「証言」を「問題」化した点に集中していた。

宮城の反応は、中山には予期せぬことであった。約一〇日後、中山は応答を発表せざるを得なくなった。一つ目の「酷評」については、『県史9巻』は「今まで読んできた戦争体験記録集」のなかで「最も傑出した一つ」であると弁明した。従来の戦記物が「住民の問題」を「ないがしろ」にするなか、「住民犠牲の実相にスポットをしぼり」、「住民の生きざま死にざま」を「ぼう大な資料を収集し提示」した、「世界人類の貴重な財産」だと賛辞した。その叙述は「話者の感情の起伏まで直に伝わ」り「顔の表情も見えてくるよう」だと述べた（「真意」上）。

このように平身低頭となり、最後には宮城ら執筆者に承諾を取りつける「基本的な手続き」を忘れたことについて、「これ以上の非礼はなかった」と詫びた。それにもかかわらず、第二の論点である編集方法については、自説をあらためて対置した。『人間でなくなる日』の目的は、「生の〈住民証言〉」によって「沖縄戦の全体像を〈住民の視点〉から描き出す」ことにあり、そのために「原資料」となる証言を「のりとはさみ」を用いるようにして、「ひとつのストーリーを演出」したのだと述べた（「真意」下）。また宮城から証言の二次引用を批判されたことについては、「考える会」の一員として参加した現地調査での苦労を述べて反論した（「真意」中）。

両者のずれは、次に論争に加わる太田良博が、著作権を争点の前面に押し出したことでさらに広がっていく。太田が指摘したのは、「資料の運用」についての「問題性」であった。『人間でなくなる日』は『県史9巻』からの引用が「主要部分」を占めるため、「著作権者とみられる証言者や執筆者の了解を事前に得ていたかどうかが問題」で、「他人の文書を無断で改ざんするのはルール（著作権法）に反する」と述べた（「著作権違法か」一）。太田の全六回にわたる論評には、手続き以前の問題として、「心の表現である証言」を「物」に作り替える中山の発想法への批判や（「著作権違法か」三）、証言は「手を加えれば加えるほど証言者の真意」とかけ離れていく（「著作権違反か」四）といった論点が含まれていたが、掘り下げられることはなかった。

(二) 法廷論争への発展と経過

続く法廷論争は、次の三つの段階を経て、一九八〇年一一月から八五年八月まで続いた[39]。

第一段階　一九八〇年一一月~八一年一二月
第二段階　一九八二年八月~八三年一月
第三段階　一九八三年八月~八五年八月

前節で概観した記録運動全体の展開との並行関係をあらかじめ確認しておけば、第一段階と第二段階の間に教科書検定問題が明らかになり、第三段階の途中で家永三郎による新たな教科書訴訟(第三次訴訟)が起こされている。そのような状況が、この記録者間の論争に影響を与えている点にも注意して検討してみたい。

第一段階は宮城・星による中山の刑事告訴から不起訴処分までである。まず宮城・星が、中山に「催告書」(一九八〇年一一月一二日付)を送り、『人間でなくなる日』が『県史9巻』の「著作権ならびに著作人格権を侵害」していることを理由に、「絶版」、「再発行」の取り止め、「回収」を要求した。これに対して中山は一一月一四日に「回答書」を送ったとされる。現在、その書類の内容は確認できないが、宮城・星側の要求を拒否したものと考えられる。

そこで一九八一年一月二六日、今度は宮城・星が、中山を「著作権違法」で刑事告訴する。中山は、同年一〇月一七日付で那覇地検から呼び出しを受け、一〇月二四日に上申書を送付し、宮城・星の訴えは不当と主張した。その理由として、『県史9巻』は「沖縄県教育委員会県史史料編集所が企画・立案し、証言者の証言を収録して編集・著作したもの」で「著作権は、証言者と沖縄県」にあるとした。続けて「素材」を「再構成」するにあたり沖縄史料編集所による「行政指導」を受けて「両氏には著作権は無いとの前提の下に、県教育委員会と証言者の同意(許可)をとりつけ」たことを明かした。一九八一年一二月三一日、那覇地検は宮城・星の訴えを不起訴処分とする。

法廷論争が第二段階に進む間に、前述の教科書検定問題が明るみに出た(40)（一九八二年六月）。七月五日には地元紙で『県史9巻』は「研究書ではない」とする検定意見の内容が報じられた。宮城はすぐに地元紙に寄稿している。「自国の兵隊と一緒になって米軍と戦った沖縄県同胞を殺害した記録」が「削除」されたことは「残念」だと述べ、「南部の沖縄戦の実情」については『県史9巻』が「もっとも確かな記録」だと自負した(41)。「もっとも確かな記録」に基づく記述が「削除」されたことに対して県民世論が一斉に批判し、教科書記述の復活を求めた当時の状況が、宮城をさらなる行動へと後押ししたと考えられる。

第二段階は、宮城・星が中山に二度目の催告書（八月二一日付）を送付することで始まり、中山との「和解案」作成に至るまでである。二度目の催告書では、①『人間でなくなる日』を再販しないこと、②今後著作権違反をしないこと、③「詫文」を『沖縄タイムス』『琉球新報』両紙に掲載すること、④損害賠償（（1）弁護士手数料（2）慰謝料（3）印税等相当額損害金）の支払いという四つの条件を提示し、これらを八二年九月〇日までに行えば「全ての問題が解決」するが、「損害賠償などを求める民事訴訟の準備中」だとも明かした。

さらに同年一二月、宮城・星は連名で、中山宛に「著作権問題に関する書簡」を送り、両者に著作権がある旨をあらためて主張したが、文面からは二度目の催告書以降、事態が進展していないことへの焦りがにじんでいる。最終的に一九八三年一月七日、両者の弁護士間で「和解」をめぐる諸文書（「和解契約書につき説明」「和解契約書（案）」「和解に至る経緯（案）」）が交わされた。諸文書は、中山側の弁護士（新里恵二）が作成し、宮城・星側の弁護士宛に送付された。「和解契約書（案）」は次のようであった（「乙」は中山、「甲」は宮城・星を指す）。

一、乙は、乙の著書「人間でなくなる日」を本和解成立後は増刷・発行しない（第三刷限りとする）。

二、甲らは右一、と引換えに乙に対する著作権侵害を理由とする損害賠償請求をしない。
三、甲らと乙は、本和解成立後遅滞なく、共同記者会見をなし、別紙「和解にいたる経緯」に基づき、記者に説明するとともに取材に応ずる。右記者会見には、双方の代理人（弁護士）が同席する。

この案は、「和解契約書につき説明」という文書によれば、著作権をめぐる「双方の基本的立場は留保した上で、相互に譲歩することができる部分を譲り合う」形で起案された。中山側は「和解に至る経緯（案）」においても、中山が宮城・星に「事前の了解を得」ることに「法的義務」はないが、「道義上の義務」はあり、「エチケットに反」していたとの説明に留まった。むしろ中山側は、「民事訴訟を提起するというのであれば、不本意ながら、受けて立たざるを得ない」と記して宮城・星を牽制している。

「和解契約書（案）」に対する宮城・星の反応は不明だが、この後、今度は宮城が一人で原告となり、中山に著作権確認請求の新たな訴訟を起こし、事態は第三段階に入る。

宮城は「著作権と著作者人格権を故意、または過失によって侵害」されたとして「①県史9巻の戦争体験記録について著作権などを有することの確認」、「②被告編集による証言集の発行差し止め」、「③二百三十万円の損害賠償の支払い」、「④謝罪広告の掲載」を要求した。(42) 宮城は、訴状で「請求の趣旨」として、自身の著作者性について次のように書いて訴えた。

人々が戦火の中をくぐり、捕虜におののき、戦後の苦難に堪えるその時の行動や状況、思考、情感更にはそれらの語感に含まれた言外の背景や微妙に綾なす心情を正確に捕らえるべく可能な限り話者の体験を正確に描写表現することに全力を傾倒し、これを適切に当時の周囲の状況を後世の人々が理解できるように最大限配慮しながら

文章化した。／従って、県史九巻に収録された各体験談は、原告らの明らかな寄与行為があり、いわゆる創作にかかる

対して中山は、「原告は証言者の思想・感情等を著作物として出す時の補助役割や機能を果たしたに過ぎず、著作権は証言者と県にある」と従来の持論を繰り返した[43]。

本訴訟は八五年八月に「和解」に至る。その内容は、①被告が『県史9巻』の証言を引用する際に「あらかじめ原告の了解をえなかったこと」、②「著作物の引用方法に不適切な点があった」、③『人間でなくなる日』の「まえがき」において『県史9巻』の文章を「不当に非難する印象を与える記述をしたこと」に「遺憾の意を表する」というものだった。加えて、『人間でなくなる日』の絶版、和解金（五〇万）の支払いなどが組み込まれた[44]。ただし宮城に著作権があるかどうかはついに明言されなかった。中山の弁護士である新里は、この結果について、著作権の有無という争点は「棚上げ」にして、「双方が裁判所のあっせんと互譲により和解したもので、実質的に被告側が全面的に折れた形になったものではない」と述べた[45]。

『沖縄タイムス』は同訴訟について「県内で初の著作権をめぐる裁判として注目されていた」とまとめ、『琉球新報』は「他人の著作物を引用する際はそれなりの手続きが必要なことが確認された」ことが「教訓」だとした[46]。当初、地元紙の紙面上での論争が提起しかけた論点は、もはや地元紙からも等閑視され、民事上の権利や手続きの問題として位置づけられていたことが分かる。

（二）論争の狙いと議論枠組みの限界

著作権論争は、『県史9巻』の「酷評」に対する宮城の憤りから始まった。ただし宮城の当初の「反論」は、自身

の著作権を訴える内容ではなかった点に注意が必要である。むしろ『県史9巻』が宮城一人の仕事ではなく、琉球政府職員や何よりも体験者との共同作業であったことを強調した。

そもそも宮城は、編纂時点では自身が著作権者だとは考えていなかった。『県史9巻』の著作権が問題化するのはこの時が初めてではない。一九七一年八月、『県史9巻』の証言を転載した、名嘉正八郎・谷川健一編『沖縄の証言 庶民が語る戦争体験』上・下（中央公論社〈中公新書〉、一九七一年）をめぐっても同様の問題が起きていた。この時は、体験者と執筆者からは許可を得ていたが、琉球政府と沖縄史料編集所からは得ていなかったことが沖縄史料編集所の所員から指摘された。この時宮城は「私たちは単に座談会の話を文章化しただけで著作権者ではない」、著作権は「口述された方がた」にあると発言していた(47)。

このことからも、宮城が自己の著作権を主張したのは、記録者の責任として、証言をしてくれた体験者の尊厳を「誹謗」から守ることが本来の趣旨であったと考えられる。ところが、中山の応答は『県史9巻』を高く評価したものの、自身の「演出」という方法については、その意図と意義を再説するに留まった。そのため、双方の議論はかみ合わず、最終的には「著作権」の存否という形で論争は法廷に持ち込まれた。法廷で宮城は、訴えの正当性を主張するために自身がいかに証言の生成に関与したかを説明することになる。それ自体は、自身が体験者の言葉をいかに引き出し、また受け止めて叙述したのかという、記録者になる過程を説明するものであった。しかし、権利の有無を争う場では、宮城は自身の編集行為を披瀝するばかりで、体験者との関係性をめぐる論点は後景に退き、展開される機会を失っていく。では、実際の論争の過程で何が明らかにされ、何が未発の論点として残されたのだろうか。

第三節　著作権論争の再検討――意義と未発の論点

（一）宮城聰の編集行為

著作権論争の意義の一つは、その過程で、証言記録に対する両者の編集過程の一端が明らかになったことである。八三年に起こした著作権確認請求訴訟で、宮城は「取材した素材を整理し、自分の頭の中で思想・感情を構成して創作するのが著作物。方言で語られた証言を共通語に訳するなど作業は五か年かかった」と述べたという(48)。この陳述は、宮城も、中山と同じく、体験者の言葉を「整理」する編集者であることを言い当てていた。中山の体験者との向き合い方への批判から始まった論争は、宮城自身の向き合い方を照らし出すことになった。本節では、宮城が著作権論争の過程で作成したと推定される史料を参照し、編集者としての宮城の姿に迫りたい。

そのうちの一つ、「表現への寄与」と題する史料では、中城村和宇慶・伊集の地域座談会に参加した新垣ヒデさんを例に、自身の「寄与」行為を一〇箇所にわたって説明している(49)。「表現の寄与」を便宜的に分類すると、①沖縄口の尊重、②宮城が質問したことで明らかになった体験、③傷跡の描写、④体験者の性格をふまえた叙述、⑤宮城が心を込めた叙述、という五つに分けられる。

まず、①沖縄口の尊重の解説について見る。叙述における課題の一つは、沖縄口をどのように「共通語」に訳すかであり、宮城はその翻訳行為を法廷に向けて解説することで自身の著作者性を訴えた。新垣ヒデさんは、『県史9巻』で宮城が初めて「方言を共通語に訳した」証言者だった。その言葉遣いは「なかなかユニーク」なため、「共通語で的確な言葉が容易には見出し難」く、「直訳」できない箇所は「意訳」したという(50)。

一、イクサヌサチバイ（県史9巻三五九頁上段一行目）

この言葉を取り上げたのは、解説にある他にも戦争嫌悪の情が内心にあって、口をついて、その言葉を発する才気を感じ、特異の取材が得られるのではないか、という考えと、このような言葉をおろそかにして、無思慮で切り捨てるのは、間違っていると感じたからであった。

対応する『県史9巻』の記述には、以下のように宮城による注記が（　）内に施されている。

それから二、三日過した時に、石部隊がですね、「こっちから逃げて行け、逃げないなら、スパイとして捕えるが、すぐ今逃げろ」というわけですね。それで、いくさのサチバイ（先陣の意、この場合、自嘲的、皮肉の感じがある）になって逃げました。(51)

③傷跡については、「註」を使って描写した。『県史9巻』では、胸・腕・頭部の傷跡について場所や形を書き込んだり（「手の疵あとは、右腕の前肩のすぐ下、腕の付け根のところで、肩の下腕の付け根共に突き出ているが、それがえぐり取ったようにへこんで、そこのところが変形している」）、「破片」が入った経路を推測することもあった（「破片が右横から来て、骨の上をすべって肉をもぎ取っていったのが幸いして、生命を奪われなかったのだと見た」）。(52)

④体験者の性格を考慮し、あえて残した「表現」については次のように説明する。

一、「もういくさのことは二度と話をしたくありません」三四六頁　上段の中央才気、決断力、大肝なこの人の言葉として相応しくない発言と思ったが、それが戦場を連れ歩いた、二人の幼児に対する愛情の無意識の心情と推察したので、この取材の深い意義を察知して、書き漏らさないことにした。

この発言は、毎日命がけで食糧を確保する状況に追い込まれるなか、共に避難していた六歳と一六歳の「子供に勇気をつけられて、休んではまた歩き出」すという場面を語る時に聞かれた言葉であった。

直撃は一坪に二つずつは落ちましたよ。パンパン、パンパンして、早打ちの大鼓をたたいているようで、またパラパラ、パラパラして、それが絶えませんよあなた、もういくさのことは二度と話をしたくありません。(53)

このように、宮城は『県史9巻』で体験者の証言を叙述するにあたって、証言のうちに「註」や「（　）」を用いて、体験者の語る様子や沖縄口の意味、戦争でおった傷跡、さらには宮城自身が抱いた印象まで書き込んだ。法廷では新垣ヒデさんの証言に即して「表現の寄与」行為として主張したが、実際にはこれ以上にさまざまな編集を加えて、『県史9巻』の叙述を完成させている。

例えば、日本軍から四月上旬に壕からの退避命令が出たという発言と米軍の行動記録とを比較し、宮城自身の考察を証言の途中に差し挟む（「友軍の言葉は、米軍の進撃の実情とはずいぶん食い違っている〔中略〕軍が必要以上住民を追い出すためではなかったか」(54)）。また、同席者の発言を書き込み、体験者同士の記憶違いを明らかにするなど、地域座談会という体験者同士の声が重なり合う場を再現した（「同席の大城藤六さんが〔中略―壕で「自決」した家族の人数について〕子供でも六人くらいいたんじゃないかと訊いた〔中略〕金城さんは、いいえそんなに大勢はいない、自決したのは十四名ですねといった」(55)）。ある体験者が、避難した壕の近くを流れる「前川ガラガラ」の「水」が

「恐かった」と発言すれば、実際に現地を調べ、地形から発言の意味を推察している（「このあたりは、見たことのない特異な状態である。水は全くなかったが、川床が深く、両岸は岩で、天井だけあいた琉球石灰岩をつき貫いている地下の横壕みたいな格好である」）。[56]

地域座談会で体験を聞き取っていた当時、宮城は体験者の姿について、「戦争犠牲肉親は　去っていない　いつでも眼前にいる」、「戦争中　死ぬ人を見」た人は「現在において死人を前にいる感じで話している」などと走り書きしたメモを残している。[57]話された内容だけでなく、宮城が直に触れ得た、戦場を思い出す際の体験者の心情まで記録に留めたいとの思いが、こうした「註」記に反映されている。

もちろん、こうした叙述は、何を省くかという選択と表裏一体だった。例えば、紙幅の都合で掲載されない地域座談会の記録[58]や、他の証言と内容が重複するため割愛された部分もあった。[59]また、宮城ら聞き手は、時に話を中断して質問をはさみ、日時や場所・家族構成・怪我の箇所など、体験者にとっては自明であるために話されない、もしくは言葉にできないような事柄を確かめた。しかし質問は基本的に省略され、応答は証言に自然に組み込まれた。そのため、質問をめぐる体験者たちの様子（無反応や聞き返し）が叙述されることはなかった。[60]かかる意味において、宮城は体験者が話したことを意識的に取捨選択して、「証言」としての叙述を完成させている。

宮城は、体験者が身体的に保持する体験を、言葉として引き出し、「註」を自在に活かして、再現するよう努めた。さらに体験の再現だけでなく、当時を思い出して語る場面そのものを、その場にいない第三者に伝えることで、記録者の責任を全うしようとした。特徴的な一連の「註」記は、『県史9巻』という証言記録が、体験者と宮城が地域座談会の場で向き合うことで生まれた固有の関係性から紡がれた記録であることの証左となっている。そのような編集方法の結晶である『県史9巻』が、中山から「誹謗」されたことは、宮城からすれば、地域座談会を通じて向き合った体験者との関係性の否定、ひいては体験者の尊厳の否定と感じられたであろう。

（二）中山良彦の編集行為

次に、『人間でなくなる日』に表れた中山の編集行為を、本書に再録された証言から探ってみたい。具体的には、『県史9巻』から採られた安里要江さんの証言に即して見ていく。

安里要江さん（旧中城村・沖縄戦時二五歳）は、『県史9巻』の地域座談会で初めて自身の戦争体験を公にしたことを契機として、一九七七年以降、語り手としての活動を始める体験者である[61]。地域座談会で安里さんの体験を直接聞いた宮城は、「安里要江さんのお話は長かった」が「紙幅を惜しまず、お話そのままを記録した」。「言葉にも前後錯誤したり、「ですね」が多かったり、事件も前後したり二重映しになったりする」印象を抱いたが、それ以上に「言葉の抑揚、実感溢れる感情を示して心を打つ」ものがあった。それを「記録で現わせないのは残念」だと、自身の再現能力の不充分さを嘆くほど、安里さんの証言に高い価値を見出している[62]。

『県史9巻』に掲載された安里さんの証言は、家族構成の説明に始まり、一九四四年の一〇・一〇空襲の体験から四五年八月の収容所での体験にまで話が及ぶ二二頁にもわたる長文だったが、『人間でなくなる日』では、四五年五月下旬から六月末までの体験だけが、五つの章にわたり計六箇所抜粋された（①第三章「馬肉は一斤八十銭」／②第五章「お祭りみたいに避難民が」／③第六章「お金はあの時まで通用したよ」／④第十章「おとなしくなる注射しようね」／⑤第十章「わたしたちはその体験をしたんだから」／⑥第十二章「満腹したら卒倒した」）。

『人間でなくなる日』は全一四章構成で、一九四五年三月末から六月末までの日米両軍の戦闘経過にそって、沖縄島・南部の戦場を中心とした全七四名分の証言が収録された。その編集方法は、大きく二つに分けられる。一つは、場所や時期に即して証言の一部を抜粋し、時間の順序を入れ替えながら、複数人の証言と組み合わせて配置するという方法である。これは、個別具体的な住民の証言を組み合わせることで、沖縄戦の全体像を構造的に浮かび上がらせるためであった。

例えば、①第三章「馬肉は一斤八十銭」は、五月下旬の屋宜原での体験だが、それ以前の経緯は削除されているため、安里さんが、この時この場所にいた理由は分からなくなっている[63]。また、体験の順序も本の構成にそって一部入れ替えられた。抜粋された体験はそれぞれ、①は五月下旬、②・⑤は六月初旬、③・④は六月中旬頃、⑥は六月二一日に米軍の「捕虜」になった場面の証言である。

二つ目は、原文である証言の「整理」である。ここでは、②の第五章に引用された部分を比較してみる。この箇所は、安里さんが家族とともに、国吉からさらに南部に避難する道中で父親とはぐれてしまう場面である。『県史9巻』と『人間でなくなる日』のテクストを比較すると、後者からは、口述特有の接続詞（「それで」、「でも」、「じゃこの」、「そうしたら」、「そして」）や、語尾（「ですね」）が削除されている。また、安里さんが自らの行動を説明づける、国吉で一晩すごした理由（「土地がわからないから」）や、翌朝、避難の時の身格好など細部の情報は、丸ごと削除されている。

さらに、⑤第十章に引用された箇所では、『県史9巻』に鍵括弧で書き込まれた、子どもが亡くなる場面を語る安里さんの様子を綴る宮城の視点（「全身が悲痛の感に飽和しているらしく、いきをのみつつ言葉がつまり、泣きながらの話が、当時を思い描いている様子であった[64]」）が省略されている。

このように中山は、体験者個々の文脈や話し方の特徴・個性、記録者である宮城の視点を明示した註記などをあえて省くことで、証言の質を均一にした。これらの編集が、読者の便宜を図る以上に、証言の史料的価値を高め、民衆の視点から沖縄戦の全体像に迫るために、当時必要と考えられたことは、第一節で前述した八〇年代前半の状況に対抗する言説として表れた記録運動の性格から明らかだろう。中山は「考える会」のメンバーとの共同によって「戦後歴史学」的作法を身につけ、それを展示方法に応用し、住民の証言を公的な展示空間に定着させることで、記録者としての役割を自覚していった[65]。

（三）体験者から記録者たちへの問いかけ

著作権論争は、結果として記録者たちの編集行為を明らかにしたが、問題が著作権の所在に切り詰められたことで、未発のままにされた論点があった。それは、体験者の話し方や仕草などに表れる、身体に刻まれた体験者にとっての事実を、記録に残すのか／残せるのか、という記録者側の主体的な介在そのものを対象とする論点であった。記録者が編集の主体となって、証言の記録化に介在していることは、論争当時、すでに証言者の側からも問いかけられていたことだった。この点を『人間でなくなる日』への転載を拒否した証言者の存在を手がかりに考えてみたい[66]。

中山自身が繰り返し述べたように、既刊本から、しかも独自の編集によって転載するためには、証言者本人から直接に承諾を取りつける必要があった。その際に作られた「証言者名簿」には、転載依頼を出した八二名のうち、承諾が四四名、交渉中が五名、不明が二八名と書かれている[67]。体験者からの返信葉書で確認できる三五名分のうち、ほとんどが「承諾」と返答している[68]。戦争が二度と起きないように使ってほしいとの要望や、自身の証言の部分的な誤植の訂正を求める者もいた。

ところが少数ながら、転載を拒否した証言者が八名いた。理由を書いていない三通を除き、出版の意義が不明瞭であること、体調不良、多忙のそれぞれを理由に断る返信が各一通あるが、編集方法に対して異議を言明した返信が二通ある。その文面は次のとおりである。

A　貴殿御依頼の沖縄県史・市史編纂に当って話した通りに収録されたい／難解の点（言葉など）とあるが私には理解出来ませんのである程度整理とのことは残念ながらおことわりします

B　御返書の原稿は〔コピー〕拙の体験談の一部にとゞまり憤憾《ママ》に存じます〔中略〕喜屋武まで二十二日間が記載されないでは全般の体験記がなり立たないことになります〔中略〕御協力申上げる訳に参りません

自身の言葉が「整理」されることや、体験が部分的に切り取られることへの拒否は、「証言の問題点」を克服するために、証言を加工することで客観性・事実性・全体性を追求してきた当時の記録方法に対する違和感の表明と言えよう。二通の返信葉書は、こうした記録方針の根底にある、記録者たちの証言への接近態度そのものを問うていた。しかし、論争の実際の展開では、手段と目的が転倒し、著作者性を訴えることが目的化したため、こうした体験者の声が可視化されることはなかった。

　また宮城の証言をめぐる認識も変化していった。宮城は一九七一年当時、『県史9巻』では体験者の「方言をまじえた話は、表現も力強く、きわめてはっきりしている」と評価し、最初の地域座談会が終わると「直後からこの仕事のただならないことを感じ取った」と意義を確信していた(69)。しかし、論争の最中に記したと思われる「著作権」に関する解釈を綴ったノートには、「元来思想感情の表現力のない人々〔※体験者のこと―引用者註〕が殆どで原告は単なる現象によって読者に思想感情を伝えるべく心理を追及したのである」という一文が書かれている(70)。この記述は、裁判という場の力学によって、論争の初発の問題関心が後景に退いたことを示唆する。

　だが当初の論点は、別の場所で再び提起されようとしていた。論争が進行する一九八四年、『県史10巻』の取材・執筆者の一人であった山田義時は、『県史9巻』の証言の録音テープを、宮城の許可を得て「思わぬいきさつ」から翻刻することになった。それは、宮城が法廷闘争で「表現の寄与」を解説した新垣ヒデさんの証言であった。山田は、「記録であるから事実がはっきりさえすればよい」と考えていたが、「方言の持つ、独特の言い回し「そこの、土の匂いのする暖かいもの」」が「私の筆力では表れて来ない」。「それはあたかも、人情の機微に手の届かないもののよう」だとし、「表記の方法を真剣に考えてみたい」と記した(71)。山田の言葉は、話者独自の言葉選びや声色に表れる感情や感覚といった、体験者が身体的に憶えている体験を、完全に再現することはできないという、記録（者）の限界を指し示している(72)。

旧資料館の初期展示の問題性をいち早く訴えた安仁屋政昭は、聞き取り調査をするなかで、「善意の錯誤（忘却・誤認・脱漏・無責任な伝聞など）」や「強調の虚偽」、「自己弁護」のための事実の「歪曲」、「潤色」、「隠蔽」、「自己流」の「過小評価」に気づき、また、プライバシーや地域社会の人間関係、記録者への「不信感」を背景に公表を控える人や、「証言拒否」をする人に出会った。記録者たちは「細心の注意を払」って、体験者たちと「協力共同して理論と手法を鍛えてきた」と述べる(73)。

宮城が論争を通じて問いかけたのは、体験者との「協力共同」から、歴史的事実のみを記録にしようとする限定的な関係性の構築の仕方であった。証言として「整理」する以前の、体験者にとっての事実をどのように受け止めらるか。論争の当初、潜在的にせよ宮城が発したこの問いは、彼が『県史9巻』を通じて抱いた、いわば記録運動の「始まり」から内包されていた問いである。それは個々の記録者の内面では意識されても、七〇～八〇年代に記録運動が展開する過程で運動全体の課題として共有されることはなかった(74)。

おわりに

一九七〇～八〇年代、沖縄戦の体験が現在と切り離された「過去」として「風化」し、公的に「忘却」されていく危機に対峙するなかで、記録運動の担い手として、沖縄戦の記録者たちが登場する。八〇年代前半、記録者たちが多層化するなかで、証言の史料的水準を高めるために、調査・記録方法の標準化が進められた。その最中に起きた著作権論争は、著作権の所在を争う以上の展開を示せなかったが、潜在的には、体験者の身体的記憶を聞き取ろうとしない記録の方法を問うていた。宮城が論争の当初、「誹謗」に対する怒りのなかで無意識につかまえていたこの問いは、宮城自身が論争の過程で振り捨ててしまったものの、「戦後歴史学」的な価値観に基づく記録運動の方法が再検討に付されている現在、顧みるに値するだろう。

では七〇年代初頭の記録者・宮城聰について、あらためてどのように位置づけられるだろうか。注目すべきことに、二〇一〇年代以降、宮城の『県史9巻』に関する編集行為が初めて脚光を浴び、高く評価されるようになっている。背景には、オーラル・ヒストリー研究において、聞き手（書き手）の主観性そのものが検討対象とされる状況がある。(75) 宮城が残した関連史料は、オーラル・ヒストリー・アーカイブズの先駆的事例としてアーカイブズ研究の観点から注目されると同時に、そのような認識論的次元でも関心を集めている。(76) 実際に史料を分析した小林多寿子は、宮城の聞き方と叙述を比較して、体験者の「オーラリティ」の表現方法について分析している。(77) また大門正克は、歴史のなかの聞き書きの「〈現場〉」を系譜的に検討し、『県史9巻』の叙述に宮城の試行錯誤の痕跡を見出し、「話す、聞く、叙述する」ことをめぐる諸論点を内包した文献として位置づけている。(78) 鹿野政直による、「戦後歴史学」的作法を体現した『県史10巻』との対比から『県史9巻』の叙述を高く評価する議論も、このような傾向と軌を一にするものだろう。(79)

宮城に対するこれらの高い評価は、従来の記録運動における宮城の位置づけとは真逆とも言える。しかし、宮城という個性的な一人の方法に着目するばかりでは、記録者という担い手が集団的に登場した運動の歴史的意義が、今度は後景に退いてしまわないだろうか。

冒頭で掲げた問いに戻ろう。六〇年代後半以降、軍事化する社会や政治的対立を背景に、沖縄戦の記憶を矮小化する政治権力に抗し、歴史への主体性を取り戻すなかで沖縄戦認識は転回を遂げた。軍隊の行動論理によってではなく、住民の体験を記録するための新しい認識枠組みを作り出すために、聞き書きという方法が採用された。運動の主体である記録者たちは、異なる背景を持ちながらも、同時代の状況を共有するなかで聞き取りという共通経験を重ね、記録者としての当事者性を育んでいった。

体験者から直接話を聞き、記録（表現）する者としての役目をどのように全うすることができるか。この問いに対する記録者たちの応答は、時代状況との相関によって変化していった。六〇年代後半、住民の沖縄戦体験を記録することが初めて求められた時、宮城はまず、体験者にとっての事実を聞き取ることを目指した。話せない、話慣れない人びとの言葉を引き出すことに、記録者の力量が問われた。他方、七〇〜八〇年代の沖縄戦記録をめぐる課題は、蓄積され始めた証言を、沖縄戦の全体像に位置づけ、客観的な沖縄戦像を再構成することにあった。それは、地域社会で体験を語ることの困難さや、証言の信憑性が政治問題化したことで必要とされた。このような状況のなかで、宮城の方法は克服すべき対象として位置づけられていった。

著作権論争ののち、九〇年代に入ると「戦後歴史学」的価値観とは異なる発想で証言の記録化が進み、沖縄戦の語りや継承の仕方は多様化していく。しかし、論争を通じて明らかになった、『人間でなくなる日』への転載を拒否した体験者たちの声は、問いを投げかけ続けている。記録者たちは、歴史的事実の全体性と体験者の身体的記憶の齟齬に直面して、試行錯誤を重ねることで記録を残してきた。記録者たちが体験者と向き合う場面を、方法論的議論ではなく、歴史研究の対象として再評価することから、対象への接近態度を学び直す。そのような歴史的な視点を持つことが、歴史の全体性と個々の身体的記憶の両者をにらんだ歴史表現の可能性を模索するために必要になるのではないだろうか。

【附記】本研究は、第三九回（二〇二三年度）（公財）村田学術振興財団研究助成「沖縄戦をめぐる聞き書きの現場――

〈聴く〉ことの同時代史叙述」の助成を受けています。

注

（1）石原昌家「沖縄戦体験記録運動の展開と継承」（『沖縄文化研究』一二号、法政大学沖縄文化研究所、一九八六年三月）。

（2）屋嘉比収「歴史を眼差す位置――「命どぅ宝」という言葉の発見」（上村忠男編『沖縄の記憶／日本の歴史』未來社、二〇〇二年）。

（3）屋嘉比収「戦後世代が沖縄戦の当事者となる試み――沖縄戦地域史研究の変遷、「集団自決」、「強制的集団自殺」」（同編『沖縄・問いを立てる4　友軍とガマ――沖縄戦の記憶』社会評論社、二〇〇八年）三一―三二頁。

（4）仲程昌徳『沖縄の戦記』（朝日新聞社〈朝日選書〉、一九八二年）一一頁、嶋津与志『沖縄戦を考える』（ひるぎ社〈おきなわ文庫〉、一九八三年）一一六頁。

（5）鳥山淳「沖縄戦をめぐる聞き書きの登場」（倉沢愛子ほか編『岩波講座　アジア・太平洋戦争6　日常生活の中の総力戦』岩波書店、二〇〇六年）三八四頁。

（6）同前、三九〇―三九一頁。

（7）宮城聰（みやぎ・そう）、一八九二―一九九一年、沖縄県国頭村出身。一九二〇―五〇年代を東京で過ごし、五〇年代末に帰郷。昭和初期の沖縄文学を代表する作家として東京で活動した。詳しくは、仲程昌徳『宮城聰――『改造』記者から作家へ』（ボーダーインク、二〇一四年）を参照。

（8）拙稿「戦後沖縄における「記録者」たちの誕生――沖縄戦体験記録運動のはじまり」（『同時代史研究』一四号、二〇二一年）三三頁。

（9）前掲、嶋『沖縄戦を考える』一一八頁。

（10）前掲、鳥山「沖縄戦をめぐる聞き書きの登場」三九八―四〇一頁。鳥山論文は、『県史9巻』と『県史10巻』の編集方法の相違とその要因を分析した先駆的研究である。
(11)　前掲、石原「沖縄戦体験記録運動の展開と継承」二六四―二六五頁。
(12)　沖縄戦を考える会編・発行『沖縄戦を見つめて――日米両軍のはざまに生きる』(一九八三年) 二三六―二四〇頁。以下断りのない限り同じ。
(13)　中山良彦 (なかやま・よしひこ)、一九二六～二〇一六年、沖縄県那覇市出身。一九四四年に沖縄守備隊に配属され台湾で終戦を迎える。旧資料館の展示刷新後は「平和活動のプロデューサー」としての地位を確立する。
(14)　「〝戦争賛美の展示〟沖縄戦を考える会が抗議」(『沖縄タイムス』一九七五年六月二二日朝刊) 一一面。
(15)　「「県立平和祈念資料館」の展示／〝設立理念に反する〟日本科学者会議沖縄支部　県の姿勢を批判」『沖縄タイムス』(一九七五年九月五日夕刊) 三面。
(16)　大城将保「次代への遺産　沖縄県立平和祈念資料館」(『日本の科学者』一四巻三号、一九七九年三月) 九―一一頁。以下、断りの無い限り同じ。
(17)　「日の目をみる住民資料14証言の展示」(『沖縄タイムス』一九七八年一一月二二日朝刊) 五面。
(18)　沖縄県立平和祈念資料館編・発行『展示案内ブックレット』一九九〇年 (沖縄県立図書館所蔵)。
(19)　中山良彦「満五年を迎える沖縄戦展示」(『沖縄県立平和祈念資料館　資料館だより』　号、一九八三年二月) 四頁 (那覇市歴史博物館所蔵)。
(20)　「沖縄戦を考える会設立総会関係資料」(真栄里泰山氏所蔵)。
(21)　沖縄県地域協議会編・発行『沖縄県地域史協議会ニュース』一号、一九八七年一　月。
(22)　前掲、屋嘉比「歴史を眼差す位置」一五一―一五二頁。
(23)　新崎盛暉『沖縄現代史　新版』(岩波書店〈岩波新書〉、二〇〇五年) 七六―八三頁。
(24)　前掲、屋嘉比「戦後世代が沖縄戦の当事者となる試み」四三頁。
(25)　牧港篤三「おわりに」(『沖縄タイムス』一九八五年一二月三〇日朝刊) 一四面。牧港は前掲『鉄の暴風』の取材・執筆者の一人である。

(26) 大城将保「「沖縄戦」の現在」(『青い海』一四二号、青い海出版社、一九八五年六月)三七頁。
(27) 前掲、屋嘉比「歴史を眼差す位置」一五七頁。
(28) 前掲、屋嘉比「戦後世代が沖縄戦の当事者となる試み」二八頁。
(29) 沖縄国際大学社会学部の教員・石原昌家氏が自身のゼミ生に参加を呼びかけて実施した「沖縄戦戦災実態調査」の一環で「浦添方式」とも呼ばれた。集落ごとの戦争被害を把握するため、屋号・戸主の特定、家族構成、戦死・戦没者数、戦死時期、戦死場所、軍人・軍属と一般住民の区別、家屋の種類、家畜の有無、日本軍の家屋利用状況などを調べる方法であった(石原昌家「私の戦争体験調査と大学生との係わり――自家広告的石原ゼミナールの活動をとおして」、『沖縄国際大学社会文化研究』七巻一号、沖縄国際大学社会文化学会、二〇〇四年三月)。
(30) 前掲、屋嘉比「戦後世代が沖縄戦の当事者となる試み」二八―三〇頁。
(31) 本村つる・普天間朝佳(聞き手・岡本啓徳、仲田晃子、我部聖)「〈インタビュー〉次世代へつなぐ試み――ひめゆり平和祈念資料館リニューアル・オープン」(『けーし風』四三号、新沖縄フォーラム刊行会議、二〇〇四年六月)三六頁。
(32) 前掲、石原「沖縄戦体験記録運動の展開と継承」二四二―二四四頁。
(33) 成田龍一『「戦争経験」の戦後史――語られた体験/証言/記憶』(岩波書店、二〇一〇年)一八八頁。
(34) 『東京大空襲・戦災誌』編集委員会『東京大空襲・戦災誌　第一巻　都民の空襲体験記録集3月10日篇』(東京空襲を記録する会、一九七三年)の編集方法について、山本唯人編『空襲体験記の原稿を読み、継承する――東京空襲を記録する会・東京空襲体験記録原稿コレクションのデジタル化とその読解』(戦災誌研究会、二〇二一年)が検討している。この戦災誌には、少数ではあるが聞き書きによる記録が含まれている。手記と聞き書きの原稿に対する編集行為を比較し、前者は一律的であるのに対して、後者は聞き手によって編集の度合いに幅があることを指摘する。
(35) 詳細は前掲、拙稿「戦後沖縄における「記録者」たちの誕生」四一頁を参照されたい。
(36) 太田良博(おおた・りょうはく)、一九一八～二〇〇二年、沖縄県那覇市出身。ジャワから復員後、沖縄タイムス社で記者活動。その間、前掲『鉄の暴風』の取材・執筆を、牧港篤三とともに担当した。詩・小説・歴史など、多方面の著作を遺した。

(37)『沖縄タイムス』に掲載された記事は次のとおりである。宮城聰「中山良彦氏の県史九巻誹謗への反論」上・中・下（一九八〇年一〇月四・七・八日）、中山良彦「『人間でなくなる日』の真意――宮城聰氏の「反論」をよんで」上・中・下（一九八〇年一〇月一七・一八・一九日）、太田良博「中山良彦氏（『人間で亡くなる日』著者）は著作権違反か」一・二・三・四・五・六（一九八〇年一〇月二八・二九・三〇・三一日、一一月一・四日）、星雅彦「「反論」と「真意」のはざま――中山氏の著作権問題に触れて」上・下（一九八〇年一一月五・六日）。以下、それぞれを「反論」、「真意」、「著作権違法か」と略し、本文中に出典を示す。

(38)宮城聰「沖縄戦の体験と自衛隊配備」（『沖縄経験』二号、「沖縄経験」刊行会、一九七一年一一月）三三頁。

(39)本節の著作権裁判の展開過程については、断りのない限り、すべて「中山良彦関係史料」（翁長良明氏所蔵）に依拠する。

(40)「右傾化する教科書」（『沖縄タイムス』一九八二年七月五日、前掲「特集　沖縄戦と教科書検定」一四二頁に再掲）。

(41)宮城聰「良きも悪しきも伝えるべし――教科書と沖縄戦」（『沖縄タイムス』一九八二年七月八日夕刊）三面。

(42)「著作権の有無で争い　県史の戦争体験証言引用――口頭弁論はじまる」（『沖縄タイムス』一九八三年一〇月一一日夕刊）五面。

(43)「県史引用で著作権訴訟　第一回弁論　被告、編集者の主張否定」（『琉球新報』一九八三年一〇月一一日夕刊）五面。

(44)「教訓残した「県史著作権訴訟」」（『琉球新報』一九八五年三月二七日夕刊）四面。

(45)「争点棚上げで和解／沖縄県史の著作権訴訟」（『沖縄タイムス』一九八五年三月七日朝刊）一七面。

(46)「戦争体験記録の著作権訴訟／被告側譲歩し和解」（『沖縄タイムス』一九八五年二月六日朝刊）一七面。前掲「教訓残した「県史著作権訴訟」」。

(47)「波紋呼ぶ県史「沖縄戦記録」／問われる出版倫理／史料編集所員が問題化」（『沖縄タイムス』一九七一年八月一四日）六面。宮城聰「中公新書と著作権問題（上）」（『沖縄タイムス』一九七一年九月一五日朝刊）五面。

(48)前掲「教訓残した「県史著作権訴訟」」。

(49)「「沖縄県史 第9巻 各論編8 沖縄戦記録1」に関する資料」(沖縄県公文書館所蔵宮城聰文書、資料コード0000094123)。以下、「表現の寄与」についての叙述は同一史料に依拠する。本史料の正確な作成時期は不明だが、一九八三年の著作権者確認請求訴訟の際に中山側の弁護士が作成した「準備書面一」で、起訴請求書の文言を引用しながら「本件体験記録の著作権は、話者新垣ヒデ他四〇名にあ」り、「本件体験記録の記述が創造的・個性的であるのは、原告が作家だからであって、創造的な「寄与行為」をしたからではな」いと宮城に反駁していることから、同訴訟に対応する史料だと考えられる。

(50) 琉球政府編集・刊行『沖縄県史 第9巻 各論編8 沖縄戦記録1』(一九七一年)三六九―三七〇頁。

(51) 同前、三五八―三五九頁。

(52) 同前、三六二―三六三頁。

(53) 同前、三六四頁。

(54) 同前、一八〇頁。

(55) 同前、一〇二五頁。

(56) 同前、五三〇―五三一頁。

(57)「沖縄戦関係調査ノート」(沖縄県公文書館所蔵宮城聰文書、資料コード0000094137)。

(58)『県史9巻』の巻末には「録音したが紙幅の都合で文章化できなかった方々の氏名」として、収録されなかった地域座談会(四六回)と参加者氏名(二五一名)の一覧が掲載されている(一〇五七―一〇六〇頁)。しかし参加人数が不明だった地域座談会や、収録された地域座談会のなかでも発言が採録されなかった体験者の氏名は含まれていない。

(59) 特に、米軍の「捕虜」になって以降の話が割愛された。例えば宜野座シゲさん(旧高嶺村・与座)の証言は「註、宜野座さん方は捕虜になって、知念に行かれたようで、その後の与座部落の人たちは、伊敷千代さんの記録と同じく名城、国吉、の生活を経て与座へ戻るのだから、以下は割愛した」(八五七頁)という注記で終わっている。

(60)『県史9巻』の地域座談会の場を記録した音声テープとテクストを比較すると、聞き手からの質問や同席者の声は省略されていることが分かる。音声史料を用いた聞き取りの場の再検討については、拙稿「聞き書きの現場への接近――

「声」と振る舞いを手掛かりに」（『歴史評論』八九二号、二〇二四年八月）参照。

(61) 安里要江・大城将保『沖縄戦・ある母の記録』（高文研、一九九五年）一八〇—一八一頁。

(62) 前掲、『沖縄県史9巻』一五九—一六〇頁。

(63) 安里さんは、一九四四年九月当時、夫の実家がある那覇から出産のため北中城村喜舎場の実家に戻っていた。十・十空襲の後、那覇には戻らず大里村屋宜原で過ごしていると、一九四五年三月末に米軍が沖縄島に上陸し地上戦に巻き込まれていく。三月二五日に屋宜原から喜舎場に向けて出発し、四月一日から約一か月かけて再び屋宜原に戻り五月末まで滞在し、六月一日に沖縄島の最南部への避難が始まる。前掲、安里・大城『沖縄戦・ある母の記録』を参照。

(64) 前掲、『沖縄県史9巻』一八八頁。

(65) 他方、戦争責任の追及といった「戦後歴史学」的価値観の受け止め方には、中山をはじめとする記録運動の中核に位置する記録者たちの間でも濃淡があったと思われる。

(66) 以下では、前掲の「中山良彦関係史料」中にある、同書への掲載可否を伝える体験者からの返信葉書（複写）に依拠する。

(67) 具体的な依頼作業は、発行元である集英社の編集担当者が担った。

(68) 実際の返信葉書は三七通が確認できる。うち二通は、元の証言集の刊行元である沖縄史料編集所と那覇市史編纂室から体験者の承諾を取るようにという返事である。

(69) 宮城聰「解題」（前掲『沖縄県史第9巻』）五頁。前掲、宮城「沖縄戦の体験と自衛隊配備」三二—三三頁。

(70) 「メモ・日記帳1978年11月」（沖縄県公文書館所蔵宮城聰文書、資料コード0000094029）。

(71) 新垣ヒデ（話者）、宮城聰（収集）、山田義時（翻字）「方言で語りつぐ沖縄戦体験」（『せあとらみ』創刊号、一九八四年一二月）四七頁。『せあとらみ』は、主に琉球文化や琉球史を専門とする、外間政幸（一九二〇年生）、名嘉正八郎（一九三二年生、『県史9巻』編纂時の沖縄史料編集所長）、辺土名朝有（一九四二年生）、山田義時（一九三五年生、那覇市史編纂室）による同人誌。

(72) 『県史10巻』では、体験者の証言は基本的に標準語で書かれた。重複や誤りは直され、時系列順に整理された証言のなかに、限定的に沖縄口の発言が残されている。元の語りにおける沖縄口の割合は不明だが、ところどころに、日常生活の言葉（地名、食物、民具など）や、戦時中の発言や感情を示す言葉が片仮名で表記され、続く括弧のなかに意味が記されている。

(73) 安仁屋政昭「沖縄戦を記録する」（歴史学研究会編『事実の検証とオーラル・ヒストリー――澤地久枝の仕事をめぐって』青木書店、一九八八年）六〇―六三頁。

(74) 例えば大城将保（筆名・嶋津与志）は、沖縄戦の調査を始めた頃のエピソードとして、客観的な記録のために体験者の話を「疑う」ことへの逡巡を記している（嶋津与志「梯梧の花」『民主文学』一四二号、日本民主主義文学同盟、一九七三年七月）。

(75) 人見佐知子「オーラル・ヒストリーと歴史学／歴史家」（歴史学研究会編『現代歴史学の成果と課題第4次―3　歴史実践の現在』績文堂出版、二〇一七年）。

(76) 沖縄県公文書館が『県史9巻』の地域座談会を録音した音声テープを二〇〇九年から公開利用に供している。久部良和子「沖縄戦証言記録の公開について――オーラルヒストリー活用の試み」（『沖縄県公文書館研究紀要』一三号、二〇一一年）、拙稿「オーラル・ヒストリー・アーカイブズ構築を考える――『沖縄県史9巻沖縄戦記録1』関連資料群をめぐって」（『国文学研究資料館紀要　アーカイブズ研究篇』一六号、二〇二〇年三月）参照。

(77) 小林多寿子「オーラルヒストリーと戦争体験の〈歴史化〉――『沖縄県史』第9巻と宮城聰文書」（野上元・小林多寿子編著『歴史と向きあう社会学――資料・表象・経験』ミネルヴァ書房、二〇一五年）三三〇頁。

(78) 大門正克『語る歴史、聞く歴史――オーラル・ヒストリーの現場から』（岩波書店〈岩波新書〉、二〇一七年）八六・八九―九〇頁。

(79) 鹿野政直「沖縄戦という体験と記憶――『沖縄戦記録』1を通して」（『アジア・文化・歴史』四号、アジア・文化・歴史研究会、二〇一六年一二月）、のち、同『沖縄の戦後思想を考える』（岩波現代文庫版、二〇一八年）に所収。

Ⅵ　「大阪」を跡付ける歴史実践
——一九八三年「大阪築城四〇〇年まつり」に抗する社会運動の経験から——

山口　祐香

はじめに

二〇二五年大阪・関西国際博覧会（万博）の開幕まであと一年を切った。万博や五輪をはじめとする大型国際イベントは、都市にもたらす様々な負の側面が指摘されながらも、国際親善・国際的地位の向上・経済振興などの効果をもたらすとして、今なお大きな注目を浴びている。言うまでもなく、日本で最初の万博は一九七〇年に大阪で開催された。一九六四年の東京五輪に続き、アジアで初めての開催となった大阪万博は、「人類の進歩と調和」をテーマに掲げ、戦後日本の高度経済成長と科学技術の発展がもたらす明るい未来への展望を人々に強烈に印象付けた。また、万博の準備に伴い、大阪市内では地下鉄や道路の整備など都市開発も急速に進められた。二〇二五年の大阪・関西万博公式ホームページでも、「高度経済成長をシンボライズする一大イベント」として先の七〇年万博に言及し、二〇二〇年東京五輪・パラ五輪を経た大阪や関西、そして日本の成長を持続させる起爆剤として位置付けている。(1)

一方、万博で幕が明けた一九七〇年代の後半以降、高度経済成長の終わりと、東京への一極集中が加速するなかで、大都市としての大阪は低迷に悩んできた。ただし、手をこまねいて終わった訳ではない。後述するように、一九八〇年代から九〇年代にかけて大阪の政財界を中心に、グローバル化社会の到来を見据えた国際空港の整備や都市の大規模開発、脱工業・知識資本主義に基づいた学術研究・文化の振興を目指す「世界都市戦略」が打ち出されてきた。(2)

だが、このように東京に並び超える「世界都市」としての大阪が模索されてきたなかで、都市の「周縁」に置かれた人々は果たしてその試みをどのように眺めてきたのだろうか。西日本の経済の中心地であった大阪は、近代以降「東洋のマンチェスター」と呼ばれる工業都市として目覚ましく発展した。昭和初期には人口・面積・工業生産額のいずれもが日本一となった「大大阪時代」を迎え、国内各地や植民地から多くの人々が労働力として流入した。その結果、大阪市の都心には、在日朝鮮人に加え、被差別部落出身者、沖縄出身者、日雇い労働者など、同じく都市の発展を底辺で支えながらも社会の周縁に位置付けられてきた人々が多く居住するコミュニティが複数存在し、相互に有機的なネットワークを築きながら、公権力に対抗的なアイデンティティを形成してきた。(3)現代に至る大阪の都市形成にとって、こうした人々の存在が無くてはならないものであったことは明らかである。一九八〇年代以降の経済の低調を背景に、都市の活性化や国際化をめぐる議論のなかで、行政や知識人たちによる様々な「大阪論」が繰り出された。だが、「商人の町」や「大大阪」のフレーズに象徴されるような、近世や近代の文化的独自性に由来する都市のアイデンティティは盛んに言及された一方で、エスニック・マイノリティをはじめ、大阪が内包してきた多様な人々の存在は捨象されてきた。(4)

そこで本稿は、「世界都市」を模索し始めた一九八〇年代の大阪において、都市のアイデンティティをめぐり展開した「下からの運動」に光を当てる。具体的には、一九八二年に産学官共同で設立された「大阪二一世紀協会」と、協会主催の大型イベントであった八三年の「大阪築城四〇〇年まつり」(四〇〇年まつり)に対し、在日朝鮮人住民をはじめ様々な人々による反対運動が行われた事例を取り上げる。更に、数多くのアクターが交錯した運動の実態を把握する補助線として、当時大阪で多様な運動体間のネットワークを築いていた「社会主義理論政策センター」と、同センター内で在日朝鮮人会員が主宰していた「朝鮮問題研究会」の存在に着目し、それらの関係者が主体となって四〇〇年まつりにおける日朝関係史の記述への異議申し立てを展開した過程を跡付けていく。

同じような大型イベントに対抗する大阪の市民運動の事例として、たとえば、万博を控えた一九六九年に大阪城公園で開催された「反戦のための万国博（ハンパク）」が挙げられよう。ベトナム反戦運動や七〇年安保闘争に沸くなか、南大阪の「ベトナムに平和を！ 市民連合」（べ平連）の発案で、市民による反戦・カウンターカルチャーの祭典として行われたハンパクについては、近年当事者の証言収集や史料の整理が行われ、その実態解明に向けた調査研究が進められている(5)。一方で、その後の一九八〇年代、再び大阪で企図された大型イベントである四〇〇年まつりに対する市民の異議申し立てについては、当事者による断片的な証言が残されているのみで、体系的な史料の収集や歴史的な意義付けが今まで行われてこなかった。本稿は、四〇〇年まつりの主催者である大阪二一世紀協会の設立背景や企画意図と、反対運動を展開した市民たちの言説の両方に目配りしながら、同時代に展開した多様な問いについて整理していく。すなわち、ポスト高度経済成長期において「大阪とは何か」をめぐる様々な声の存在と、市民の歴史実践をすくい上げることが本稿の主眼である。

まず第一章では、戦前から戦後の大阪における社会運動を概観しつつ、一九七〇年代末以降新たな運動の方向性を模索する拠点として設立された「社会主義理論政策センター」の概要と位置付けについて、そして同センターにおける「朝鮮問題研究会」の活動について整理する。第二章では、一九七〇年代末から八〇年代にかけての大阪の都市戦略に視点を移し、大阪二一世紀協会の発足と四〇〇年まつりの意図について明らかにする。そして第三章では、四〇〇年まつり内における歴史表象への反対運動として、朝鮮問題研究会のメンバーを中心に取り組まれた「ちょっと待て！　大阪築城四〇〇年まつりにモノ申す会」（モノ申す会）の実践について詳述する。

一　「転換点」での模索――「社会主義理論政策センター」の一九八〇年代

（1）戦前～戦後の大阪の革新運動

日本有数の工業都市となった一九二〇年代以降、大阪は労働運動や無産政党運動の中心地となり、戦後も一貫して革新勢力が一定の存在感を維持してきた。黒川伊織（二〇二一）の整理によれば、戦前大阪の革新勢力は、戦前の労働運動・無産政党が蓄積してきた経験や人脈を背景にしながら、冷戦下の一九五〇年代には、日本労働総同盟（総同盟）以来の穏健な社会民主主義を志向する社会党右派、日本労働組合評議会（総評）の地方組織である総評大阪地方評議会（総評大阪地評）を基盤に、階級闘争を志向し平和運動などを主導した社会党左派、そして共産党の三勢力が並立していた。[6]

だが、一九五〇年代後半から七〇年代前半にかけての高度経済成長は、工業生産の拡大や都市への人口集中は、深刻な公害や住宅の不足、福祉問題などを生み、大阪の革新勢力に構造変化をもたらした。たとえば、「一億総中流」に象徴される人々の豊かな生活の実現や、世界的なベトナム反戦運動や学生運動などの高まりは、自立した個人を志向する「市民意識」を醸成し、全国的な市民運動の拡大を呼び起こしていた。[7]大阪では、一九六三年に社会党・共産党の支援を得た保守中道連合の中馬馨市政（二期目以降は共産党を除く社会党・自民党・公明党・民社党からの支持）や、七一年に社会党・共産党の支援を得た黒田了一の革新府政（二期目は共産党のみの推薦）などが相次いで登場した。

また、一九六〇年には、ソ連を絶対視する教条主義的なマルクス主義への懐疑から、憲法と議会制度を通じた社会主義への平和的移行を目指すイタリア共産党の路線が日本に紹介された。このいわゆる「構造改革論」は、日本の共産党や左派社会党の中央では少数派であった一方、関西の革新勢力に強い影響を及ぼし、かつての「五〇年分裂」における国際派幹部を中心とした大阪の共産党員や社会党左派の一部が構造改革派を形成して相互討議を進めると共に、従来の「資本」対「労働」の革命モデルを超えた自治体レベルでの政策変更を目指す「自治体改革論」が提起され、その一環として設置された大阪市政調査会は市政に強い影響を持つこととなった(8)。

しかし、高度経済成長下の大都市が抱える諸問題が顕在化するなかで、社会党をはじめ、労働組合の組織的支持に依存した旧来型の革新勢力は対応に苦慮した。更に、一九七三年のオイルショックに端を発した高度経済成長の終焉や、学生運動の減退、長引く中ソ対立、「プラハの春」やアフガニスタンに対するソ連の軍事行動などは、人々の中流意識の「保守化」と社会主義への懐疑につながり、革新自治体も相次いで頓挫していく。こうした状況下で、たとえば、イタリアをはじめとする南ヨーロッパの共産党は、ソ連をモデルとするマルクス主義からの離脱と議会制民主主義に基づく革命を目指す「ユーロ・コミュニズム」を一九七三年に提唱するなど、難局への対応が試みられた。日本でも、マルクス・エンゲルス研究の新たな切り口を模索すべく、中岡哲郎（神戸市外国語大学）・重田晃一（関西大学）・沖浦和光（桃山学院大学）など、構造改革派の関西の研究者らも数多く加わった研究が進められ、一九七二～七四年に『マルクス・コメンタール』（現代の理論社）全五巻が刊行された(9)。

（2）センターの設立経緯と概要

このような時代状況を背景に、関西における社会主義運動および労働運動に関する理論研究や活動家間の交流拠点として、一九七七年五月二八日に社会主義理論政策センターが誕生した。代表幹事に山崎春成（大阪市立大学）と馬場新一（全電通近畿地本委員長）、事務局長に荒木傳（日本社会党元府本部書記長）、事務局次長に小寺山康雄（統一社会主義同盟（統社同）元議長）、中岡哲郎・沖浦和光・大森誠人（自治労大阪）ら一七名の常任幹事が選出されるなど、構造改革派の流れを汲む社会党の人的ネットワークを基盤にしていた。また、社会主義理論政策センターの事務局は、総評大阪地評や社会党大阪府連のあったＰＬＰ会館（大阪市北区天神橋）から徒歩一〇分弱の場所に置かれた。荒木らが「呼びかけ人」となった「設立趣意書」のうち、以下の引用文には発足当初の社会主義理論政策センターの問題意識が明示されている。

いま、日本の労働組合運動は、大きな転換の過程にある。高度成長段階の春闘で、「より大きな分配」を獲得してきた労働組合運動も、減速経済化とともに、資本と政府のガイドゾーンを突破できないだけでなく、合理化攻撃や雇用不安そのものに有効に対抗しているとはいえない現況にある。しかもなお重要なことは、資源・エネルギー問題や環境・公害問題の次元における新たな危機の到来である。〔中略〕日本資本主義はこのような構造的危機局面に立っており、旧来のような資源多消費・輸出主導型経済システムは完全にゆき詰まっている。〔中略〕

たしかに、社会主義運動それ自体世界的にみても、理念と実態の両面において混迷と停滞のうちにある。既存の社会主義国はその内部に多くの問題点をかかえていることは周知のところであるし、各国の社会主義運動もまた、わずかの例外をのぞいては活力あふれる前身のうちにあるとはいえない。日本の社会主義運動も、さまざまな矛盾と混迷の中で、新しい歴史の未来像を提出しえていないのが現状である(10)。

このように、世界的な社会主義運動の「混迷と停滞」を指摘した上で、続く内容では社会主義運動と労働運動の結合のなかで生み出されてきた新たな路線としてヨーロッパにおける「ユーロ・コミュニズム」の動きに触れ、現代日本における社会主義運動の「路線と政策の上の真の主体形成」に向けて、「閉鎖的なセクト集団によって達成されるのではなく、ひろく労働運動、市民運動の課題に積極的に接近しつつ、その期待にこたえる開かれた姿勢」が不可欠であるとして、センター設立の意義を強調している(11)。

このような問題意識の下、発足した社会主義理論政策センターには、関西の研究者や労働組合幹部、職場活動家約一二〇〇名の会員が参加したが、とりわけ在日朝鮮人の熱心な会員が多かった(12)。また、機関誌『社会主義と労働運動』を毎月刊行し、定例研究会や基礎講座、労働組合や地域への講師派遣、夏季合宿なども企画した。更に、会員間の学習や交流を目的にした有志の研究会（労働問題・教育・在日朝鮮人運動・経済など）が運営された。

（3）「朝鮮問題研究会」と辛基秀

ここで、本稿の関心にひきつけるべく、同時代の日本の社会運動と「朝鮮問題」の関わりについて触れておきたい。日本の敗戦によって三五年間におよぶ朝鮮に対する植民地支配は終わったが、冷戦下の影響を強く受けながら佐藤栄作内閣と朴正熙政権の間で会談が進められ、一九六五年に「日韓基本条約」締結による国交正常化が実現した。しかし、条約締結にあたっては、韓国の軍事独裁、独占資本の進出、帝国主義の再来といった観点を批判し、日本の革新勢力や韓国民衆による激しい反対運動が繰り広げられた。更に、このとき発効した「日本国に居住する大韓民国国民の法的地位及び待遇に関する日本国と大韓民国との協定」（法的地位協定）に伴い成立した「出入国管理法案」について、在日外国人の政治活動の制限も含んでいたため、日本政府による差別的な排除政策であるとして在日朝鮮人や在日華僑らが激しく抗議した。一九六九年から七一年まで「出入国管理法案」反対闘争は展開したが、そのなかでマイノリティをめぐる諸問題や植民地責任の認識に無関心であった日本の革新運動における「内なる差別」への批判が提起された。その後、日本の知識人や宗教家、学生、市民グループなどを中心に、軍事独裁政権下で民主化運動を続ける韓国の民衆への連帯を掲げながら、日本のあり方を問おうとする越境的な「日韓連帯運動」が活発に行われていった[13]。

他方、国内の在日朝鮮人コミュニティにおいても、冷戦下の南北分断を背景に、大韓民国民団（民団）や在日本朝鮮人総連合会（総連）に分かれたイデオロギー対立は続きながらも、進学や就職、結婚などの転機に差しかかる戦後生まれの若い世代が台頭しつつあった。特に、一九六八年の「金嬉老事件」や七〇年の「日立就職差別事件」は日本社会における在日朝鮮人差別の現実を直接告発する大きな契機となり、日本で生まれ育つ市民として日本人と同等の権利や民族差別の撤廃を求める市民運動が活発化した。

また、日本最大の在日朝鮮人集住地域であった大阪では、部落解放運動とも並走しながら、日韓条約締結を前後して公立学校における在日朝鮮人の子供たちへの支援運動や民族学級開講などが盛んになっていた。一九六五年には大阪市教育委員会から研究委託を受ける形で「大阪市外国人子弟教育問題研究協議会」（市外協、後に「大阪市外国人教育研究協議会」に改称）が発足した。だが、一九七一年に大阪市中学校長会が発表した『研究部のあゆみ』のなかで、「しんどいのは朝鮮人の子、部落の子が多いから」といった差別的な表現が用いられたとして、「日本の学校に在籍する朝鮮人児童・生徒の教育を考える会」（考える会）といった教師たちの運動体から批判の声が沸き起こった[14]。それから、一九七二年に大阪市外国人子弟教育問題研究協議会の方向性を一新させ、七四年には市教委の学校教育指針に「民族的自覚と誇りをたかめる」ための本名使用の指導などを盛り込ませるなど、考える会は大阪市における在日朝鮮人の子供たちへの教育方針を主導した[15]。

この考える会の中心メンバーの一人が、当時鶴見橋中学校教諭であった市川正昭である。市川は、一九六九年統社同を離脱した小寺山が「構造改革派の戦闘的再生」を掲げ大森らと共に統一労働者同盟（統労同）を結成した際のメンバーの一人でもあった。小寺山は統労同の活動について、市川らによる教育実践や、市民と労働者の協働による反公害運動を展開する大阪市職下水道支部の実践など、新たな領域への広がりがあったとして、「仲間のこうした営為をもっと広い場に広げ」、「学者の人たちとのつながりをどうすれば回復できるか」という議論のなかで社会主義理論政策センターの構想が練り上げられていったと回想している(16)。

一九八〇年に、社会主義理論政策センター内の定例研究会の一つとして朝鮮問題研究会が発足した。幹事は在日朝鮮人二世の映像作家である辛基秀と市川が務めたが、実質的な会運営は辛が担っていたという(17)。一九三一年に民族運動家の父と女工だった母の間に生まれ京都で育った辛は、神戸大学経済学部に進学後に自治会委員長も務め、全日本学生自治会連合(全学連)の国際派と共闘し、反レッド・パージ運動や朝鮮戦争反対運動に従事した(18)。その後、総連傘下の在日本朝鮮文学芸術家同盟大阪支部で映像制作などを行っていたが、一九七〇年前後には総連を脱退し、「映像文化協会」(堺市)を設立して日本の近現代史のなかで埋もれた在日朝鮮人史や日朝関係史に関する映像制作活動に精力的に取り組んでいた。特に、一九七九年に発表したドキュメンタリー映画『江戸時代の朝鮮通信使』は全国の学校や市民団体を中心に上映運動も行われ、辛の代表作の一つともなった。社会主義理論政策センターへの参加は、この映画の発表時期に重なると思われる。辛はかつて神戸大学の学生運動家としてもよく知られ、全学連設立メンバーの一人である沖浦や、同じく神戸大学で後に六〇年安保闘争を率いた小寺山をはじめ、センター執行部ともつながりが深かった。

朝鮮問題研究会の目的は、日本の社会主義運動および労働運動における在日朝鮮人の功績の再照明であった。戦前から日本国内には多くの朝鮮人が移住や徴用の形で流入しており、彼らは日本の労働運動や共産主義運動の大きな一角を担ってきた。だが、在日朝鮮人差別運動体内部の無関心や無理解という問題は、かつて学生運動に従事し、共産党に入党し日本人学生運動家たちと共闘してきた際に辛自身が直面した問題でもあった(19)。研究会の問題意識を表明しているものとして、『社会主義と労働運動』の記事から以下のような引用を取り上げておく。

戦前戦後を通じて、日本の社会主義・労働運動にとって朝鮮問題は重大な試金石であるといわれてきました。すなわち、日本の労働者階級・人民の国際主義が本物であるか、偽物であるかは朝鮮問題にいかに関わるかによって判断されるのであります。〔中略〕朝鮮（韓国）問題とは、けっして同情救済や、無内容な〝ざんげ〟のレベルで超えられません。ともに、解放にむけて闘うアジアの労働者階級にとっては、「内なる帝国主義」を撃つ闘いであります。(20)

長い間、日本の市民運動・労働運動が在日朝鮮人の運動を無視、または軽視する傾向が一般的にあった。これが日本の労働運動のアキレス腱であり、同化を強制する日本国家の政策の実現に手を貸す結果となった。戦前の日本の社会主義・労働運動の歴史においても、在日朝鮮人の血みどろの闘いに言及されない欠陥があったが、これは、在日朝鮮人に対する偏見・差別を助長する結果になりはしないか、という指摘もある。(21)

そこで、朝鮮問題研究会では、歴史家の朴慶植(22)や梁永厚らも加わって在日朝鮮人活動家への聞き取り調査が行われ、毎回一〇名前後が集まる定例研究会で報告された。また、一九七九年の朴正熙大統領暗殺後、軍事クーデターで政権を掌握した全斗煥は、翌年五月一七日に韓国全土に戒厳令を敷き、民主派政治家の金大中らを逮捕したが、これに抗した民主化勢力の街頭デモに対して戒厳軍は武力制圧を行った。このいわゆる「光州事件」は衝撃を持って日本にも報じられた。それを前後して、『社会主義と労働運動』上でも、「朴射殺をめぐる韓国の政治情勢」（一九八〇年一月、第三三号）や企画特集「韓国・日韓問題」（一九八〇年八月、第三八号）などが掲載されるなど、関心の高さが伺える。これを受け、朝鮮問題研究会の主催で、「金大中さんらを〝殺させない〟民衆の叫びコンサート」（一九八〇年）、「日本と朝鮮の戦前・戦後三六年を考える夕べ」（一九八一年）などを大阪市内で催した。辛の発案で実施されたこれらの取り組みでは、あえて典型的な政治集会の形を避けた文化運動の一環として、音楽演奏やコント、芝居、版画家・富山妙子の光州事件をモチーフにしたスライドショーなど盛りだくさんのプログラムが行われた。これらは、交友関係の広い辛が率先して公演者集めを担い、異例の数百名近い参加者が集まる盛況を見せた(23)。

第二章 「関西復権」への隘路――「大阪二一世紀協会」と「大阪築城四〇〇年まつり」

(1)「地盤沈下」への危機感と「大阪二一世紀協会」

度重なる空襲で焼け野原となった大阪の市街地は、行政や財界の主導で重化学工業への転換を通じた戦後復興が図られたが、高度経済成長期には他府県への工場の移動や人口の郊外化といった課題に直面した。更に、一九七〇年代から八〇年代にかけ、グローバル化や情報化の波が押し寄せるなかで、大企業の本社機能などの東京一極集中化が一層進み、関西経済界の関係者の間では、政治・経済・文化の拠点が東京に移ったことによる「大阪の地盤沈下」が問題視されていた。特に、製造業が集中的に立地していた大阪は、深刻な人口流出とあわせ、工場の国内・海外移転に伴う産業の空洞化は打撃となった。こうした状況下で、ニューヨークやロンドン、東京など、グローバル経済の結節点として高い成長を遂げる大都市間の競争に着目した「世界都市論」が一九九〇年代前半にかけて盛り上がりを見せ、臨海地域を中心とする大阪の都市開発方針に強い影響をもたらした(24)。

そうした「世界都市」実現につながる構想の一環として設立されたのが財団法人「大阪二一世紀協会」である。まず、一九八一年四月八日に、大阪府知事、大阪市長、大阪商工会議所会頭、関西経済連合会会長、日本万国博覧会記念協会会長の五者会談による基本的な合意が行われ、その翌年には「大阪二一世紀計画・基本理念」の発表と共に、松下幸之助を会長とする「大阪二一世紀協会」が設立された。協会副会長は五者会談の代表が就任し、企画委員会の座長に梅棹忠夫（国立民族学博物館館長）、佐治敬三（大阪商工会議所副会頭・サントリー社長）、副座長に上田篤（大阪大学工学部教授）、作家の小松左京と堺屋太一、山田稔（ダイキン工業社長）が就任するなど、関西を代表する経済人・文化人が数多く名を連ねた。更に翌年、大坂二一世紀協会は、一九八三年から二〇〇一年までの長期間にわたり、大阪を含む近畿一円の都市開発に向けた政策提言や行事を盛り込んだ「大阪二一世紀計画」を発表した[25]。企画委員会では「世界と日本の豊かな未来に貢献しようとする大大阪づくり」に向けたグランドデザインを策定し、「関西国際空港の早期実現」「住民、行政、産業界協力事業の提唱」「都市景観の向上」「人材育成の提唱」「公共政策の一体的推進」の五つの基軸とそれぞれに関わる重点事業の提言を打ち出した。

（2）大阪二一世紀協会における「大阪」と文化

この大阪二一世紀協会の方針において特徴的なのは、「文化」と「経済」の連動を通じた都市の発展や空間づくりを強調している点である。たとえば、副座長の佐治は、宮本又次（大阪大学）・浦辺鎮太郎（建築家）・竹中錬一（竹中工務店会長）との対談で、文化に裏打ちされたデザインなどの新たな付加価値が大衆に求められているという時代認識を示した上で、機能や実用性を重要視し、伝統芸術や文化の保全・振興に関心を寄せてこなかった現代の「大阪の文化水準の低」さを挙げ、「これ（文化）をもち上げんことには経済もあかんやろう」「文化性と国際性の豊かな都市づくりを考えないかん。そのためにも、まず、もうちょっと品のある、文化の香り高い、『住みよいええ街にしていかんといかん』というのが『大阪二一世紀計画』の基本的な考え方なんです」と述べた[26]。また、大阪二一世紀協会専務理事の加藤良雄は、協会を「文化と経済を結びつける組織」と位置付け、情報化社会の到来を見越した関西地域の知識集約型産業の振興や、西日本各地の優れた文化を国際的に発展するハブとして、関西国際空港が「歴史的に大

阪の港が果たしてきた文化的経済的役割」を果たすことを展望として述べている。(27)

そのなかで、大都市としての大阪の特徴や潜在力を裏付ける歴史に関する言説が頻繁に用いられた。少し長い引用になるが、一九八二年に出された「大阪二一世紀計画・基本理念」の一部は次の通りである。

歴史の中の大阪は、豊かな自然条件に恵まれ、政治、経済、文化のあらゆる方面にわたって多彩な経験を持つ日本の代表的な都市であった。古代日本の成立した畿内のうち、摂津、河内、和泉三地域をあわせ、海に面した上町台地の上には幾度も首都がおかれたことがあった。この地域は、畿内の大河川の流れをあつめる淀川が瀬戸内海とつらなる接点として、住民のたくましい生活をはぐくみ、その政治的・経済的重要性は、時代がくだるにつれますます大きくなってきた。中世から近世にかけて、まず堺が、次いで大阪が、最初の市民都市として、畿内と全国・海外との幅広い交流の拠点となり、ここに当時にあっては世界有数の一大港湾都市が誕生した。豊臣秀吉の大阪築城は、近世 都市成立の象徴であり、日本の歴史にとって画期的なできごとであった。この時期の大阪は、商人・市民の進取の気性に支えられ、また大陸、東南アジア、遠くはヨーロッパとの交渉に基づく国際性に恵まれて、江戸や京都にもまさる豊かな文化を開花させた。江戸に政権が移った後も、大阪は日本の中心都市のひとつとして、最高度の経済的繁栄と文化水準を維持した。歌舞伎、文楽あるいは西鶴の文学に代表されるような芸術から、やがて懐徳堂や適塾に実を結ぶ市民的な学問が、この地を中心にして深い根を下ろしたのであった。

天下の台所としての経済力は、この地に単に物質的な富をもたらしただけでなく、開放的な気風や旺盛な企業家精神を育て、やがて近代の大都市となる豊かな地盤を培ったのであった。近代の大阪は、産業、経済の先駆的役割を担い、日本各地から参集する人材に勤労と創造的活動の機会を提供しながら、進取の伝統に立って先端的な交通機関、郊外住宅、ターミナルデパートなど現代市民文化の原型をつくりあげてきた(28)。

これらの表現は、古代の難波宮に始まり、港湾貿易を基軸にした近世大阪の「天下の台所」としての発展や、近代の「大大阪時代」のイメージを彷彿とさせ、現代における国際交流・国際空港の誘致・産業育成、教育文化の振興などを通じた「世界都市」の未来像を意義付ける根拠として論じられていると言える。

(3)「大阪築城四〇〇年まつり」と豊臣秀吉

この大阪二一世紀計画の幕開けイベントとして企画されたのが、豊臣秀吉による一五八三年の大阪城築城から四〇〇年目を記念する四〇〇年祭り(一九八三年一〇月一日〜一一月三〇日)である。一九八一年六月三〇日の第一回企画委員会議に際し、「大阪の地盤浮揚なり活力を取り戻すため行う」(岸昌・大阪府知事)、「関西の企業は自己責任の原則が徹底しているが、(中略)『四〇〇年まつり』を契機に広く大阪の繁栄のために活動していきたい」(日向方齊・関西経済連合会会長)などの意気込みが提起され、企画委員長には元通産官僚で作家の堺屋太一が就任した(29)。更に、大島靖市長の発言にもあるように、八年後の一九八九年には大阪市および堺市の市政一〇〇周年を祝う「大阪市近代一〇〇年記念事業」が予定されており、二つの歴史顕彰事業を起爆剤にした「立派な国際都市として大阪が国際社会に貢献できるまちづくり」が強調された(30)。

一〇月九日の御堂筋オープニングパレードには約一三〇万人の観客が集い、多様な市民参加型の三五の催しが、大阪城公園一帯を会場に実施された。なお、このうち大阪二一世紀協会主催の行事は四つ(オープニングセレモニーおよびパレード、大阪城博覧会、中国秦・兵馬俑展)であり、それ以外のシンポジウムやコンサート、スポーツ大会、グルメフェアなど、企業や民間団体などの主催によるイベントが行われた。これらは、各国ナショナル・デーなどの催し物会場として盛況を見せた一九七〇年万博の「お祭り広場」を念頭に置いており、そのにぎわいの継承と再現を大阪の市街地で行おうとする意図があった。(31)

一方で、このように盛りだくさんの諸行事について、「一貫性が無い」「つかみどころがない」という批判が内外から寄せられたという。これに対し協会側は、「四〇〇年まつりの理念の傘の下に各地で繰り広げられる各種のイベント群をまとめて呼称するものであっていわば五目飯のようなもの」と表現し、特定の会場で開かれる一過性のイベントではなく、道路や公園、河川などの様々な場を活用した行事を通じ、都市のなかに文化イベントを定着させていく狙いを説明している。(32)また、開催直前になっても、「大阪二一世紀計画」のポスターや市内バスの広告は見られているものの、その理念や大阪築城四〇〇年まつりに対する大阪市民の関心の低さ、盛り上がりの無さが指摘されていた。(33)

このとき、大阪城と共に称揚されたのが「豊臣秀吉」である。秀吉といえば、身分が低く貧しい境遇のなかから知恵を持って頭角を現した戦国武将であり、立身出世の代名詞である。特に、戦後は歴史小説や映像を通じて親しまれ、優れたリーダーの理想としてビジネスマン向けの啓発本にも取り上げられた。また、一九八一年に放送された秀吉の妻ねねを主人公にしたＮＨＫ大河ドラマ『おんな太閤記』（主演・佐久間良子）は平均視聴率三〇％を超えるヒット作となった。

更に、一六一五年の大阪夏の陣で豊臣家を滅亡させ江戸幕府を開いた徳川家康に対する市民の反感は、現代の「東京」に向けた対抗意識にも通底する。たとえば、上方講談師の三代目旭堂南陵は、「もし豊臣方が徳川方に勝っていたら今の大阪はどうなっていたか」と考える「大阪人の胸の内」から、大阪城落城から三六〇年目となる一九七五年に講談会「徳川家康をののしる会」を始め、人気を博していた。(34)この会は後に、「阪神タイガースが弱いのも、大阪経済の地盤沈下も、みんな家康が悪いからや」と語り合い、古戦場めぐりや講談を楽しむ市民の同好会として継続された。[35]

また、雑誌『歴史読本』（新人物往来社）は一九八三年一一月に特別号を刊行した。「太閤秀吉と大阪城」と銘打った特集には、大阪出身の小説家である藤本義一と落語家の桂三枝による特集放談「太閤さんと大阪人」や、江本孟紀・筒井康隆・和田アキ子など著名人一〇名が寄稿したエッセイ「わたしと大阪」などが収録された他、四〇〇年まつりのイベントマップも掲載された。

こうした様々な取り組みは、裏返せば「太閤」秀吉に対する人々の思い入れの深さでもあった。四〇〇年まつりのパンフレットには、桃山・江戸時代を、町人や職人たちの創意工夫に富む進取の気風と組織的な活動によって「天下の台所」と呼ばれる日本最大の商工業都市へと発展し、豊かな上方文化が生み出された時期として位置付けた説明が記載されている。[36] 秀吉とその時代をめぐる顕彰事業は、国際都市「大阪」の発展への機運をイメージさせると共に、東京一極集中の現状に対抗し、東京にない歴史文化や魅力を備えた都市としての「大阪」を再定義する歴史実践でもあった。

第三章　「忘却」への抵抗――「ちょっと待て！　大阪築城四〇〇年まつりにモノ申す会」の運動

（1）モノ申す会発足の背景

こうした四〇〇年まつりに対し、様々な市民運動の領域から異議申し立てが沸き起こった。そのアクターの一つとして本稿が着目するのが、辛と柏井宏之が主宰したモノ申す会である。

柏井は、一九四〇年に植民地統治下の韓国・京畿道水原郡に生まれた。関西学院大学在学中の一九六〇年代は安保闘争や三池闘争、生協運動などの社会運動に参加した後、「勤労者サークル協議会」を設立し、各地の労働運動における演劇や音楽公演、詩作などの文化活動に関わってきた人物であった。一九八〇年代には社会党系の政治新聞『社会タイムス』で編集に携わり、社会主義理論政策センター発足時の常任幹事の一人でもあった。柏井は筆者のインタビューに対し、「六〇年代は頭ばっかりの運動で、絵とか詩とかの表現運動を入れるべきと考えて勤労者サークル協議会を設立した。東京とは違い、関西にいると在日と部落の問題は避けられない。あんまり突っ張った、ヘルメットかぶって火炎瓶を投げるような形ではなく、文化を通じた連帯が出来ないか考えていた」と答え、より日常生活に根差した文化的なアプローチからの大衆運動を模索していたと述べる(37)。また、辛の印象について柏井は「上下関係を作らなかった人で、ヘラヘラしてすぐ友達みたいに感じ」ており、「やわらかくて大衆的な感覚や、日常のリアリティをとらえようとしている」点に共鳴したと語る(38)。

先述のように、一九八〇年代初頭の関西では、韓国の民主化問題や在日朝鮮人の権利運動に関心を持つ文化運動が高まりを見せており、既に辛や柏井はその渦中にいた。たとえば、一九七三年に大阪で始まった新屋英子（関西芸術座）の一人芝居『身世打令』は、その後各地の民族団体、市民団体、キリスト教会、学校などで公演が重ねられた。日本人である新屋が在日朝鮮人女性の一代記を演じるにあたり、役づくりや衣装、日朝関係史に関するアドバイスには辛が親身になって関わっている(39)。

また、光州事件一周年となる一九八一年五月から六月にかけ、勤労者サークル協議会の自主上映部門を担当していた宮林彦吉を中心に「五月の風」実行委員会が結成され、「はじけ！　鳳仙花」と題し、金芝河の詩を題材とする版画制作を行ってきた画家・富山妙子の巡回展を行った(40)。当時の状況について、富山は「東京で開くこうした行事はいつも知識人のなかで行われてきたが、関西一円での展覧会や上映会は、身体障害者もいれば、女性解放グループの日にはキャバレーのホステスもいて、関西の層の厚みをつくづく感じさせた。『ともかく、一緒にやろやないか』という大阪と、あちこちの意向を伺い、セクトへの配慮の結果、細ってゆく東京との対比がくっきりと浮かび出てくるのだった」[41]と振り返っている。宮林と大学の同窓生で共に運動に携わった経験のある柏井は、この「はじけ！　鳳仙花」事務局にも参加していた。

そのようなか、一九八一年夏には四〇〇年まつりの一環として「アートライフ計画集団」の発案により、東京・上野の西郷隆盛像などに対抗して「大阪復権―天下取りを目指し、大阪に拠点を築く男ざかりの秀吉像」を大阪駅前に設置する計画が持ち上がった[42]。これに対し、彫刻家の粕田光男が手作りの批判パンフレットを配布した出来事が起こり、柏井はこれがモノ申す会につながる市民運動の端緒を拓いたものとして評価している[43]。

加えて、一九八二年には「戦後政治の総決算」と憲法改正を方針に掲げる中曾根康弘が首相に就任した。好調な景気や日米同盟を背景に国際社会で存在感を高める日本の国力拡大は、戦前の軍国主義への復帰準備となる「右傾化」の兆候として危機感を持って受け止められ、同年六月に中国・韓国との間で日本の歴史教科書記述をめぐる第一次歴史教科書問題が起こっていた。総じて、こうしたオイルショック後の国内外における「保守化」への危惧と、「世界都市」に向けた大阪の大規模な都市開発計画の動き、そして関西における草の根市民運動の蓄積が、四〇〇年まつりに対する異議申し立ての起こりを強く後押ししたと言えよう。

（2）モノ申す会の秀吉批判

モノ申す会の主張は、大阪の繁栄を象徴する人物として秀吉を顕彰する四〇〇年まつりのあり方に対抗し、日朝関係史と民衆史の立場から別の大阪論を提示しようとした点に集約される。なぜなら、モノ申す会に関わる人々にとっての秀吉は、決して誇らしく顕彰されるべき歴史ではなく、恥ずべき日本の負の歴史であった。秀吉の顕彰と大阪城について、辛の記述を見てみよう。

名所として案内されたお城を仰ぎみる人たちは、五層の天守閣が中国大陸侵略のシンボルであったという「昭和」前史がすっぽり抜け落ちていることに気づいていないようだ。〔中略〕明治になってつくられた秀吉の国民的英雄像は、大阪では伝統的な「判官びいき」とよばれる市民感情によって根をはった。「蓋世」の英雄崇拝は、排外主義と結びつき、軍国主義による大陸侵略政策をおしすすめた。〔中略〕

大日本帝国の国威宣揚のシンボルとして再建された天守閣は、時代の脚光をあび、市民たちは、挫折した秀吉の夢を実現させるべく大陸へ動員された。浪速っ子たちは素朴な英雄主義におどらされ、利用されたのであった。秀吉賛歌は、朝鮮人差別の強化とともにうたいあげられていった。(44)

かつて日本では「朝鮮征伐」と呼んだ一五世紀における二度の朝鮮への出兵は、国土の荒廃や夥しい死傷者と捕虜を生み、現在に至るまで朝鮮半島の人々にとって苦難の歴史として強く記憶されてきた。加えて、戦時中には、国威発揚や大陸進出の機運を高める歴史として秀吉は顕彰された経緯もあり、中韓との間で「侵略」「進出」の表記をめぐる歴史教科書問題が噴出したこの時期に、在日朝鮮人が数多く住む大阪において持ち上がった秀吉の歴史顕彰は、「侵略者」の歴史を肯定するものであり、アジア諸国の人々に対する配慮に欠け、過去の戦争や植民地支配の歴史を覆い隠そうとする行為として受け止められたのである。

更にモノ申す会では、大坂二一世紀協会のあり方についても、関西の行政や大企業を主体とする大型文化事業とそれに付随する都市開発・空港新設などが住民の意見や営みを無視した「官製のまつり」であり、そのなかで秀吉の表象が登場したことは戦後日本人の歴史認識の転換を示すものとして危機感を込めた批判を展開した。(45)

モノ申す会は、辛が主宰する映像文化協会に事務局を置き、朝鮮問題研究会のメンバーを中心とする社会主義理論政策センター関係者が数多く加わる形で進められた。また、市外協や大阪市同和教育研究協議会などのメンバーが事務局に加わることがあった他、在阪ジャーナリストや映画関係者が広報に協力したり、部落解放同盟がカンパや広報を行ったりするなど、様々な人々がその活動に関わっていたという[46]。具体的な活動としては、一九八二年一二月八日には、大阪府・大阪市・大阪二一世紀協会に対し、大阪二一世紀計画および四〇〇年まつりの企画趣旨や運営に関わる六項目の申し入れを行い[47]、三月八日には府担当者側との公開討論会を行った[48]。他にも、市民向けシンポジウムの開催や、「秀吉の罪状糾明バスツアー」「〝昔築城、今新空港〟で犠牲にさらされる山・川・海・人々を訪ねる旅」などと題した歴史ツアーを企画し、毎回数十名程度の参加者があった。

（3）耳塚民衆法要への結実

モノ申す会による活動のなかで、最も多くの参加者を動員したのが一九八三年一〇月に京都市内で実施した「耳塚民衆法要」である。耳塚とは、朝鮮出兵の際に、豊臣秀吉の命により、日本軍が朝鮮人や明兵の耳および鼻を削いで戦功の証しとして持ち帰ったものを埋めたと伝えられる史跡であり、京都市東区の方広寺前にあるものが特に有名である。耳塚について、一九七〇年代頃から市民による歴史顕彰の試みがいくつか行われた。たとえば、一九七四年頃から宋斗会[49]が「日本人の朝鮮人に対する差別や戦争責任の原点は『朝鮮征伐』にある」として毎年個人的な供養活動を行ってきた[50]。また、一九七六年には、民団京都府本部が文化庁に耳塚の整備と慰霊碑建立を申し入れたが、既存の石碑に書かれた秀吉礼賛の文章の削除と、民団側が提示した碑文の採用については、「行きすぎがあっては日韓友好をかえって疎外する可能性がある。過去の暗い記憶を呼びさましても、しこりを残すだけ」という京都市側の見解もあり、見送られた[51]。

更に、京都精華短期大学部（一九九一年廃止）の「アジア文学クラス」に所属する学生有志が、一九七七年に「耳塚を知る会」を立ち上げた。学生たちは自主勉強会を重ねながらミニコミ誌を刊行したり、耳塚の説明を記した立札を自費で設置したりした[52]。だが、「朝鮮侵略」「老人・婦女子を襲う」などの内容を含んだ立札の説明文が「国辱」であると抗議する地元住民からの電話が相次いだ上、不許可での立札設置が違法であり、「日本人の気分を害する」「日韓友好にさしつかえる」として京都市側が自主撤去を促し、市との協議中に立札は何者かによって取り壊された[53]。

宋斗会の活動を評価していた辛基秀は、一九八三年に京都にある浄土宗総本山の知恩院を訪問し、耳塚における秀吉顕彰の是非について申し入れを行った。以下は同行した柏井の回想である。

応対されたのは、京都仏教会の鵜飼執事で、辛さんは「耳塚で京都仏教会は毎年、供養しているが、それは耳塚に大樽八つに鼻耳削いで戦勝の証として送られた五万人と言われる民衆のためか、それとも或る書にあるように仁慈高き秀吉のためか、回答をお願いしたい」と申し入れた。鵜飼さんは「調査して回答したい」と答えられた。日を置いて京都仏教会の会館に案内された私たちの前で、鵜飼さんは「ご指摘のように秀吉の仁慈をたたえるものです」と回答された。辛さんは「正直に回答いただいた。それでは京都仏教会として犠牲になった人々に対し自己批判をして、四〇〇年ぶりに民衆供養を行ってほしい」と申し入れた。鵜飼さんは「京都仏教会としてその申し入れを受け入れたい。ただ供養は特定宗派の用語なので仏教会としては法要という全宗派に受け入れられる言葉で行いたい」と回答され了承した[54]。

また、朝鮮問題研究会の若手会員で、当時モノ申す会の活動にも関わっていた趙博は、辛の依頼で宋のもとを訪れ、法要への協力を取り付けた[55]。

こうした様々な市民の実践に支えられながら「耳塚民衆法要」が実施され、約一〇〇〇人の参加者が集った。当日配布されたパンフレットには、法要に賛同する日本人や在日朝鮮人の「呼びかけ人」一一九名が掲載されたが、その内訳は、社会主義理論政策センターの関係者を含む研究者や社会運動関係者、仏教・キリスト教会関係者、教育関係者、民族団体関係者、映画関係者、文筆家、弁護士および会社員や主婦など多岐にわたる。また、チラシの問い合わせ・申し込み先には、映像文化協会の他に、「日本と朝鮮の戦前・戦後を考える夕べ実行委員会」（担当・趙博）と、京都精華短期大学部の研究室内に置かれた「耳塚慰霊祭実行委員会」（代表・金明観）の連絡先が記載されていた。研究室の主宰である社会学者の大沢真一郎は、一九七二年から七四年まで『思想の科学』の編集長を務め、ベトナム反戦運動や金嬉老事件の裁判に尽力した人物である。

パンフレットに掲載された辛の「耳塚民衆法要の呼びかけ」文を見ると、翌月から始まる「大阪築城四〇〇年まつり」を批判しつつ、この法要を在日朝鮮人に限らない、国籍や思想・信条の違いを超えた市民主体の歴史顕彰および人権運動として位置付けていることが分かる。

本年、一九八三年は、関東大震災から数えて六〇周年、世界人権宣言三五周年と記念の重なる年です。朝鮮民族の分断の歴史も三六年の長い歳月となりました。

大阪では、今秋一〇月から大阪築城四〇〇周年の記念行事がくりひろげられます。〔中略〕大阪城は大陸侵略のシンボルでした。しかし、秀吉の時代の大アジア帝国の妄想が夢のまた夢と終ったと同じく、昭和の大日本帝国の大東亜共栄圏も無残な夢と終りました。

秀吉の朝鮮侵略の後、朝鮮と日本は、世界史でも珍しい程、長い平和な国交を維持しましたが、訪日する朝鮮通信使は、大阪城をみる度に、怒りがこみあげてくると記録していますし。さらに京都では耳塚の前までさしかかると思わず馬の手綱を右へ廻し目をそむけたとのことです。七年間の秀吉の侵略の傷はそれ程深いものでした。

〔中略〕秀吉の朝鮮侵略と殺りくの象徴的史実としての耳塚は歪曲され、真の法要は営まれていません。耳塚の存在が歴史の教訓として、秀吉の侵略の実相を正しく伝えるものとなれば、五万の霊も慰められるでしょう。
　このたびの耳塚民衆法要は、在日韓国・朝鮮人はもとより多くの日本の市民とともに思想・信条・宗派をこえて営まれ、今一度、歴史をふりかえるよすがとなることを念じています。(56)

法要は、『身世打鈴』の野外劇から始まり、小林忍戒理事長（知恩院執事）を筆頭とする三〇名の日本人僧侶による読経が続き、京都仏教会の名で自己批判文が読み上げられた。更に、北京仏学院の中国人僧侶と長野県金剛寺の在日朝鮮人僧侶らによる読経、儒教式の法要が行われ、随筆家の岡部伊都子と朝鮮通信使研究者である李元植の記念挨拶が行われた。また、フィナーレには、趙博の指導で、民族衣装を着た在日朝鮮人の若者による朝鮮民謡の円舞と演奏が行われた。同日午後からのシンポジウムは西本願寺門徒会館で開かれ、「『侵略と友好、戦争と平和』の関係史をめぐって」の題で姜在彦と、関西大学教授で社会主義理論政策センターにも深く関わった小山仁示による講演、映画『秀吉の侵略』（池尚浩監督）の上映会が行われた。

　様々な国籍・民族・所属の参加者たちによる合同法要という形は、国際的な歴史教科書問題が取り沙汰されている現状を踏まえ、京都仏教会の発言を通して日本人の「歪められた」歴史認識に対する自己批判と謝罪を言い表させると共に、参加者間の「国家」を超えた連帯を演出する効果も意図された。柏井はこの法要を振り返り、「〝大阪築城四〇〇年まつり〟が『太閤秀吉』を呼びさましたとき、もう一つの『対抗《ママ》秀吉』を〈民衆のまつり〉が呼びさます〈場〉として耳塚を意識した」と述べる(57)。すなわち、「大阪築城四〇〇年まつり」の前月にあえて開催された耳塚民衆法要は、大阪を象徴する偉人として豊臣秀吉の顕彰を行う公的な歴史実践が進行されていく現実に対抗する実践であった。そして、まさに耳塚という場所そのものが、朝鮮出兵の犠牲者を追悼・鎮魂し、秀吉の残忍性や朝鮮民衆の苦難を想起させるオルタナティブな歴史の舞台装置となった。この耳塚民衆法要は、読経に留まらず、朝鮮の民衆に扮した人々が朝鮮出兵時の日本軍に対する「義兵闘争」を意識した民俗舞踊や演劇、シンポジウムといった多様な内容を盛り込むことで、秀吉顕彰のあり方に対する強烈な風刺と、日本社会のなかで周縁化され、抑圧されてきた民衆視点の下からの歴史の存在を提示する文化運動として成立していたのである。

（4）「モノ申す」市民たちの広がり

このモノ申す会以外にも、四〇〇年まつりや大阪二一世紀計画に対する批判の声は挙がった。辛基秀と柏井の共同編集で刊行された『秀吉の侵略と大阪城　ちょっと待て！「大阪築城四〇〇年まつり」』には、共闘した様々な運動体の紹介と論考を収録している[58]。最後に、同書を手がかりに多様な広がりを見せた反対運動の様相を概観しつつ、その帰結について整理する。

まず、オープニングパレードの出発地点となった御堂筋にある本願寺津村別院と真宗大谷派難波別院からは、秀吉の築城を大阪の街づくりの始まりとする『基本理念』の文言に対し、本願寺中興の祖であり「大阪」の地名の由来となった蓮如上人や寺内町衆の歴史的評価を組み込むべきとの異議が機関誌を通じて提示された。

また、四〇〇年まつりのメインイベントの一つとして、「水の都・大阪」のイメージにちなみ、一九八三年一〇月に「世界帆船まつり」が大阪港で行われ、ヨーロッパや南米から一〇隻の帆船が寄港した。そのうち、チリ海軍のエスメラルダ号は、当時チリのピノチェト政権下で拷問部屋として使われていた疑いがあり、全港湾関西地方本部や大阪港湾労働組合協議会、アジア・アフリカ連帯委員会、安保破棄・諸要求貫徹大阪実行委員会などが、「チリの軍事政権容認につながる」として、エスメラルダ号の寄港とチリ・バルパライソ港との姉妹港締結反対を市に申し入れ、市民へのアピール活動や署名運動も行った。

更に、部落解放同盟大阪府連合会も、一九八三年六月三〇日付で大阪府・市および協会に申し入れを行い、「四〇〇年まつりは、支配権力者であった太閤秀吉をほめたたえることではなく、真に大阪をつくり上げてきた民衆、ことにその底辺で大阪の産業、文化を支え、その歴史の主体者であった被差別民衆の視点にたったものとするべき」という立場を表明し、九月一四日に「大阪城四〇〇年まつりを批判する交流集会」を開催した。

その他にも、中国から日本軍が略奪してきたという大阪城内の狛犬の返還を求める「帝国主義者の戦利品狛犬をもって軍国主義復活に反対する大阪府民の会」のビラ配布活動や、イベントの一つである「ミス・インターナショナル・ビューティーページェント世界大会」が女性の外見を商品化した性差別であるとする「女性差別撤廃条約の早期批准を促進する大阪府民会議」の申し入れ、警備や美観上の理由から警察署がホームレスの取り締まりを強化したことを人権侵害とする反対運動が行われた。大阪歴史科学協議会も、一九八三年一〇月に関連シンポジウムを開催するなど、学界からも大阪二一世紀計画や四〇〇年まつりの趣旨に対する批判が展開された(59)。

このように四〇〇年まつりに対する多様な運動の広がりは、「豊臣秀吉」およびその歴史の記述に対する異議申し立てと、大阪二一世紀計画が進める「文化の香り高」く「住みよい」都市開発や空港整備におけるジェントリフィケーションや人権問題に立脚した異議申し立てという二つの側面を持っていた。そして、「大阪」の都市像や歴史文化を規定しようとする国家や資本のあり方に対峙し、民衆主体の歴史記述や街づくりを求める問題意識が通奏低音となっていた。柏井は筆者のインタビューに対し、モノ申す会を総括して「歴史の記憶について大阪は忘れつつあるのではないか、という運動だった」と述べる(60)。

こうした反対運動については大阪二一世紀協会側も認識していたと思われるが、実際の行事運営については限定的な変化がもたらされるに留まった。たとえば、協会常務理事で大阪市市長室理事の石村義彦は、反対意見の存在に触れながらも、その意義について以下のように強調している。

ところで「大阪築城四〇〇年まつり」の名称についてであるが、当初懐古的なイメージや太閤秀吉の礼賛祭りという誤解につながり、さらに大阪二一世紀計画とのつながりがわかりにくくなるのではなどこの名称に対し否定的な意見も出たが、「城」という一般的大衆的なアピール性、さらに今年大阪がこのプロジェクトを始める根拠が多くの人に理解され易いなどからこの名称を使うこととなった。この名称によって単に〝お城まつり〟〝太閤まつり〟という印象を与えている向きもあるが、あくまで「民族の活力が非常に高揚した当時の時代精神に深い敬意を払う」と共に大阪のまちが大いに発展した時点を記念して、活力ある町づくりを目標にしたイベント群の総称が「大阪築城四〇〇年まつり」であることに変わりはない(61)。

上記の説明に現われる「民族」は「日本人」とほぼ同義語で用いられており、秀吉の治世を「大阪のまちが大いに発展した時点」として位置付けた。一方で、都市としての「大阪」を形作ってきた民衆の存在や、被差別部落民および在日朝鮮人の存在について、あるいは彼らが近現代大阪の産業や都市発展に貢献した事実について、また秀吉の朝鮮出兵をめぐる歴史認識問題への配慮や検討が協会のなかで議論された痕跡は管見の限りない。更に、戦前生まれの世代が中心を占める大阪二一世紀協会や企業経営者たちにとってみれば、秀吉とは日本史上の「英雄」であり、その負の側面は受け入れがたいものとする人々の心情も強かった。東洋紙業社長の朝日多光は、大阪出身者として秀吉の積極的な顕彰を期待するエッセイを寄稿し、以下のように述べている。

私等、明治、大正時代の者は、豊臣秀吉こそ、あの戦乱の日本中を平定して、しかも平定すれば、即時に兵を引き揚げて、恩威並びて行った本当の武将であったと聞かされてきたのであります。しかも生まれは貧しく名も無き一農民の子供であった。それが如何なる立場にいる時でも、自分の持場を守り、自己の仕事や職務に精一

ぱいの出来る限りの努力をして段々と成功されたのでありました。〔中略〕
秀吉の二回にわたる朝鮮戦役は、日本の歴史の中で汚点であるとみる人もいるが、英雄の勇み足とみた方がよいと思う。〔中略〕
数百年前は勿論、太平洋戦争までは、地球上どこへ行っても、どこの国でも、何れも強い者勝ちで、戦って治めていたのではありませんか。私はその意味からすれば、秀吉こそ結果は如何であれ、わが日本の力を発揮した唯一人の偉人だと尊敬する。今日の人道上の批判はすべきでないと思う。(62)

結果として、モノ申す会が申し入れを行ってきた大阪城内に展示された秀吉の説明板については、朝鮮出兵をめぐる「日本の加虐性」の文言が挿入されたが、大阪築城四〇〇年まつりは当初の予定通り行われた。一九八四年に歴史科学協議会第一八回大会で、歴史家の向江強は、本願寺や部落解放同盟など、一部の団体の異議申し立てに対しては、大阪二一世紀協会がその要求・意見を一部取り入れて沈静化を図った一方、モノ申す会をはじめとする「小さな団体」に対しては、申し入れを無視する態度で乗り切ったと述べた。更に、様々な運動が起こりながらも、革新勢力側が一枚岩になることが出来ず、行政や企業が後押しする大阪二一世紀計画や大阪築城四〇〇年まつりの圧倒的な宣伝の前に対抗出来なかったとして、「現代イデオロギー批判の視点やイベントの持つ問題点の解明、住民サイドでのプロジェクトと民主的改革の展望を提示するといった点では不十分であった(63)」と総括している。

おわりに

本稿は、一九七〇年代末から八〇年代にかけて、「世界都市」を意図した大阪の産学官による都市開発の動きと、それに異議申し立てを行う人々の「下からの運動」の両側面を検討しながら、「大阪」という都市をめぐる多様な歴史実践の様相を取り上げてきた。特に四〇〇年まつりをめぐる歴史実践を跡付けつつ、「世界都市」のイメージから取りこぼされていくことに抗したの人々の声を拾い上げた。大阪二一世紀協会とモノ申す会それぞれの言説を俯瞰して見るとき、共に高度経済成長期の終焉を機にした現実認識の転換が迫られていくなかで、大阪の歴史や文化のありかたをめぐり異なる歴史実践が行われていった点は興味深い。特に、本稿では辛らによる朝鮮問題研究会の存在を軸にしたことで、同時期の関西における社会運動とのつながりや、韓国の民主化運動との連帯まで含めたトランスナショナルな運動の広がりを見通すことが出来た。

社会主義理論政策センターは一九九七年に解散し、かつての大阪市政と労働運動との結びつきは大きく後退していく。四〇〇年まつりの後も、大阪では一九九〇年「国際花と緑の博覧会」や、二〇〇八年夏季五輪誘致運動、そして二〇二五年万博など、現在に至るまで大型国際イベントの誘致とそれに伴う都市開発が繰り返されてきた。来たる大阪・関西万博のホームページには、「悠久の歴史・文化を誇る大阪・関西が、異なる文化との交流を通じて、さらに豊かなものとなり、世界における圏域の認知度が向上する」として万博の意義が提示されているが、「歴史文化」と「国際化」を通じた「世界都市・大阪」の実現というストーリーはなおも色褪せていないように見える一方で、在日朝鮮人をはじめとする大阪の歴史的文化的多様性が都市のアイデンティティとして言及されている形跡はない。こうした一九九〇年代以降の大阪の動向に際し、社会運動の側がどのように応答していったのか、そのなかでいかなる歴史実践が行われたかについては、今後の課題としたい。

【付記】

本稿の執筆にあたり、インタビューにご協力いただいた柏井宏之氏、北口学氏、趙博氏に心より感謝する。また、本稿はJSPS科研費（課題番号18J21445、22KJ2254）の成果の一部である。

注

（1）EXPO 二〇二五 大阪・関西万博公式Webサイト https://www.expo2025.or.jp/

（2）丸山真央「「都心回帰」時代の「第二都市」大阪の社会学に向けて」鰺坂学・西村雄郎・丸山真央・徳田剛編『さまよえる大都市・大阪 「都心回帰」とコミュニティ』第1章、東信堂、二〇一九年、一一九―三二頁。

（3）水内俊雄「マイノリティ／周縁からみた戦後大阪の空間と社会」『日本都市社会学会年報』第二三号、二〇〇五年、三二―五六頁。

（4）福本拓『大阪のエスニック・バイタリティ 近現代・在日朝鮮人の社会地理』京都大学学術出版会、二〇二二年、七一八頁。

（5）たとえば立命館大学国際平和ミュージアム・平和教育研究センターでは、二〇一八年よりプロジェクト研究「博物館の資料研究〈戦後社会セクション〉の一環としてハンパクに関する共同研究を開始した（田中聡・加國尚志・大野光明・番匠健一・福井優・兼清順子・西山直子・田鍬美紀）。更に、立命館大学国際平和ミュージアム第一二五回ミニ企画展示として「ハンパク一九六九―反戦のための万国博―」（二〇一九年七月一七日～八月二四日）を開催し、関西べ平連の立ち上げ人である山本健治を招いたトークイベントなどを行っている。

（6）黒川伊織「戦後大阪の革新勢力―一九六〇年代を中心に―」『年報日本現代史』第二六号、二〇二一年、二六一―二七頁。また、戦前から一九七〇年代までの大阪の社会主義運動の変遷については、黒川伊織「「無産」から「革新」へ：一九二〇―七〇年代大阪における政治運動と労働運動」（関西大学経済・政治研究所編『グローバル時代における関西の位置と社会経済問題の解決を考える』、二〇二二年、六七―一一三頁）も併せて参照のこと。

（7）大阪社会労働運動史編集委員会編『大阪社会労働運動史 第7巻 低成長期〈下〉』大阪社会運動協会、一九九七年、四二九―四三〇頁。

(8) 黒川、前掲論文、二〇二一年、一四―一五頁。
(9) 大阪社会労働運動史編集委員会編、前掲書、四三三頁。
(10) 「設立趣意書」『社会主義と労働運動』創刊号、社会主義理論政策センター、一九七七年、二〇頁。
(11) 同右。
(12) 小寺山康雄「社会主義理論政策センターからの手紙」『社会運動』第九号、市民セクター政策機構、一九八〇年、四五頁。
(13) 日韓連帯運動について取り上げた近年の研究として、李美淑『「日韓連帯運動」の時代 一九七〇―八〇年代のトランスナショナルな公共圏とメディア』(東京大学出版会、二〇一八年)、玄武岩・金敬黙・松井理恵編著『〈日韓連帯〉の政治社会学―親密圏と公共圏からのアプローチ―』(青土社、二〇二四年)などを挙げておく。
(14) 榎井縁「大阪の多文化共生教育―公立学校の外国人教育研究組織に着目して」高谷幸編著『多文化共生の実験室―大阪から考える』青弓社、二〇二二年、四二頁。
(15) 孫片田晶「「差別」に挑む子ども、「同化」を問題にする教師―「多文化共生」論への接続に向けた在日朝鮮人教育言説の再読―」『フォーラム現代社会学』一七、二〇一八年、三四頁。
(16) 小寺山康雄「想うがままに 忘れがたき人(四) 外柔内剛の人 大森誠人さん」『現代の理論』明石書店、二〇〇九年、一八〇―一八一頁。
(17) 筆者による趙博氏へのインタビュー、二〇二四年四月一八日、大阪市内。
(18) 辛が関わった社会運動や歴史研究の詳細については、拙著『「発見」された朝鮮通信使―在日朝鮮人歴史家・辛基秀の歴史実践と戦後日本』(法律文化社、二〇二四年)を参照。なお、本稿第二・三章の記述は、この拙著第四章に多くを拠っている。
(19) 一九五二年に炭鉱資本と日本炭鉱労働組合(炭労)中央委員会の団体交渉の席上で、会社側が組合側の責任者である中央委員会委員長の田中章に対し「朝鮮人である」という暴露を行った事件が起こった。一九二一年に朝鮮人の父と日本人の母の間に生まれた田中は、鉱山労働者として勤めながら炭労を率いたが、「私は朝鮮人である。一切を明らかにして再出発したい」という辞表を提出して執行部を去った。この事件について、在日朝鮮人として日本人と共に学生運動に取り組んでいた辛基秀は、本来の社会的弱者の味方のはずである日本の労働運動と在日朝鮮人の間の「人為的な溝、差別について考えさせられるきっかけ」として、その後長年自身が取り組んできた活動のテーマになったと回想している（辛基秀『アリラン峠をこえて「在日」から国際化を問う』解放出版社、一九九一年、二四一頁）。

(20)『社会主義と労働運動』第一五号、一九七八年、三三頁。

(21)『社会主義と労働運動』第五三号、一九八一年、二二頁。

(22)このとき朴慶植は東京在住であったが、趙博の証言では、神戸の「青丘文庫」で開催されている朝鮮史研究会参加のため朴慶植が関西を訪問する日程にあわせて「朝鮮問題研究会」の定例研究会を開催していたという。

(23)筆者による趙博へのインタビュー、二〇二四年四月一八日、大阪市内。

(24)砂原庸介『大阪―大都市は国家を超えるか』中公新書、二〇一二年、一〇八頁。

(25)新大阪新聞社編『大阪府年鑑　昭和五九年版』、一九八四年、五六一―五六二頁。

(26)宮本又次・浦辺鎮太郎・佐治敬三・竹中錬一「大阪の心意気」『季刊アプローチ』竹中工務店企画室広報部、一九八三年、五―一二頁。

(27)加藤良雄「大阪の文化と経済―大阪二一世紀計画について」『経済人』三六（一〇）、関西経済連合会、一九八二年、四四―四七頁。

(28)「基本理念（全文）」公益財団法人「関西・大阪二一世紀協会」Ｗｅｂサイト（https://osaka21.or.jp/about/principle_all.html　二〇二四年四月三〇日最終閲覧）。

(29)石村善彦「大阪二一世紀計画スタート―大阪築城四〇〇年まつりの意義と都市の活性化」『都市問題研究』三五（九）、一九八三年、二頁。

(30)石村、同右。

(31)橋爪紳也『一九七〇年大阪万博の時代を歩く』洋泉社、二〇一八年、一七五頁。

(32)恵谷繁「大阪二一世紀計画のめざすもの」大阪労働協会編『月刊労働』第四一二号、一九八三年、五頁。

(33) 大林明「大阪二一世紀計画と大阪築城四〇〇年まつり」『経済ライフ』一七(四)、一九八三年、五六頁。

(34) 「昔の恨み、そんなに簡単に忘れまへんで(徳川家康をののしる会)」『わが町おおさか:市民と市政'79』、一九七九年、七九頁。なお、同会について、辛は著書のなかで、「大阪の大人たちが、『家康をののしる会』をつくって、判官びいきにひたっている」と批判的に見ている(映像文化協会編『江戸時代の朝鮮通信使』毎日新聞社、一九七九年、二三一頁)。

(35) 「ビジネスマン・趣味の同好会厳選五〇」(『週刊ポスト』一三(四)、小学館、一九八一年一月二三日、一八六頁)、「WEEKLYザ・へいぼんぷらざ'82」(『週刊平凡』二四(二二)、平凡出版、一九八二年六月三日、八三頁)

(36) 大阪二一世紀協会監修『大阪築城四〇〇年まつりガイドブック　二一世紀へのプロローグ』、一九八三年、一二頁。

(37) 筆者による柏井宏之へのインタビュー、二〇二二年一一月一二日、東京都内。

(38) 筆者による柏井宏之へのインタビュー、同右。

(39) 新屋英子『女優新屋英子―私の履歴書―』解放出版社、二〇〇五年、五四頁。

(40) 富山妙子『アジアを抱く　画家人生記憶と夢』岩波書店、二〇〇九年、一八九頁。

(41) 富山妙子『はじけ!鳳仙花　美と生への問い』筑摩書房、一九八三年、二四二頁。

(42) アートライフ計画集団「大阪―風景の中の彫刻考(上)」建築とまちづくり編集委員会編『建築とまちづくり』一〇(五三)、一九八一年、二五頁。

(43) 柏井宏之「上からの〈まつり〉と民衆の対抗―『大阪築城四〇〇年まつり』の場合」『新日本文学』第四四一号、新日本文学会、一九八四年、六三頁。

(44) 辛基秀「『昭和』と大阪城・耳塚」『季刊青丘』第一号、青丘文化社、一九八九年、一九―二〇頁。

(45) たとえば柏井は次のような指摘を行っている。「『大阪築城四〇〇年まつり』というような発想が、八〇年代のはじめに、関西の財界・行政・知識人のなかに堂々と登場したことは、戦後的な時代が終りをとげ、新たな時代のはじまりをつげるものであったように思われる。／というのも、『大阪築城四〇〇年まつり』は、『二一世紀に向けて　大阪はなにをつくるか　大阪はなにを変えるか　大阪はなにをたのしむか　大阪はなにをほこるか』という平明な〝問い〟が繰り返しなされているように、一見〈まつり〉は一地方に限られているようにみえても、今後の日本と『地方の時代』のあり方ともかかわって、私たちの戦後的な歴史認識と時代認識、日常的な価値観と未来とを、いやおうなく問うているという意味で、大げさにいえば〝総決算〟的である。しかも、それは実に二〇〇一年までの今後十八年間にわたっての長期プログラムの幕開けというのだから、単なる一過性の〈まつり〉ではない。／今日の情報文化にのせてすすめられる上からの文化・思想上の価値転換、それも〈まつり〉という名の下からの組織的な大衆運動ということになる。／だからこそ、私たちは〝いま、なぜ秀吉か？〟という問いを大阪府と大阪市にぶつけたいと思う」（柏井宏之「はじめに」、柏井宏之・辛基秀編『秀吉の侵略と大阪城　ちょっと待て！「大阪築城四〇〇年まつり」』第三書館、一九八三年、七―八頁）。

(46) 筆者による北口学氏への対面インタビュー、二〇二三年二月三日、茨木市内。

(47) 六項目の詳細の内訳は次の通りである。①豊臣秀吉の「大阪築城」を祭ろうとする根拠、②築城の時期を「交渉に基づく国際性に恵まれ」たとする「基本理念」の歴史叙述の偽造についての指摘と撤回、③府・市・商工会議所が主催した一九四二年一月九日の「マニラ陥落豊太閤奉告三五〇年祭り」の自己批判の明確化、④街づくりの一方的な〝天下人〟側に立つ評価の問題性、⑤大阪城天守閣の「文禄・慶長の役」（壬辰・丁酉の倭乱）を美化する「侵略展示」の指摘、⑥府・市の〈まつり〉の費用負担と人員の出向の現状（柏井・辛編『秀吉の侵略と大阪城―ちょっと待て！「大阪築城四〇〇年まつり」』第三書館、一九八三年、一五三頁）。

(48) 討論会当日には「モノ申す会」側の代表として、北尻得五郎（元日弁連会長）、山本敬一（元大阪府議会副議長、全港湾関西地本委員長）、中北竜太郎（弁護士）、新屋英子、柏井宏之が出席している。

(49) 宋斗会（一九一五―二〇〇二）。一九一五年に朝鮮で生まれ渡日。一九六九年に「日本国籍確認訴訟」を起こし、七三年に法務省前で外国人登録証を焼いて自ら刑事被告人となって逮捕された。また、京都大学熊野寮に居住しながら「朝鮮BC級戦犯訴訟」「朝鮮人元日本兵シベリヤ抑留訴訟」などの提訴を行った。

(50) 『朝日新聞』一九八九年五月四日。

(51) 『東洋経済日報』一九七七年二月二五日。

(52) 耳塚を知る会「「耳塚」と出合って……」『朝鮮研究』一七四号、一九七八年、五〇―六四頁。
(53)『耳塚を知る会』パンフレットおよびチラシ、未公刊、一九七八年。
(54) 柏井宏之「辛基秀・柏井宏之編『秀吉の侵略と大阪城：ちょっと待て！「大阪築城四〇〇年まつり」』：辛基秀さんの三つの工房から生まれた民衆文化運動」『季報唯物論研究』第一四八号、季報「唯物論研究」刊行会、二〇一九年、九二―九三頁。
(55) 趙博「宋斗会さんの想い出」『抗路』三号、二〇一六年、二一四頁。
(56)『耳塚民衆法要』パンフレット、未公刊、一九八三年。
(57) 柏井、前掲論文、一九八四年、六二頁。
(58) 同書は、「はじめに」に続き、「秀吉の朝鮮侵略」（辛基秀）・「大阪城と陸海軍」（平井正治／港湾日雇い労働者、「関西新空港をつくらせんぞ！百人委員会」「釜ヶ崎差別と闘う会」執行委員）・「耳塚での「豊公三百年祭」と歌舞伎「太閤記」」（辛）・「「満州事変」と大阪城天守閣再建「マニラ陥落」と豊太閤奉告三五〇年祭」（柏井宏之）・「「大阪築城四〇〇年まつり」と「二一世紀計画」批判」（柏井）・「被差別部落と秀吉」（石尾芳久／関西大学法学部教授）・「自治都市「石山寺内町」と秀吉」（戸次公正／真宗大谷派南溟寺住職）・「おわりに「まつり」って何やの？」（平井）・「新たな〝脱亜入欧〟的歴史観の噴出」（柏井）の九節から構成されている。
(59) シンポジウムでは、加茂利男「『大阪二一世紀計画』をめぐって」、鴨脚光増（大阪府アジア・アフリカ連帯委員会理事長）「国際的にみた築城四〇〇年祭の問題点」、向江強「大阪築城四〇〇年と科学的歴史学」の三本の報告が行われた（『歴史科学』九五号、一九八三年、一七―二七頁：九六号、一九八四年、一―一三頁）。
(60) 筆者による柏井宏之へのインタビュー、前掲。
(61) 石村、前掲論文、一五頁。
(62) 朝日多光「大阪人にとって、秀吉とは」『経済人』三八（一）、関西経済連合会、一九八四年、一二―一四頁。
(63) 向江強「「大阪築城四〇〇年まつり」と「大阪二一世紀計画」批判」『歴史評論』第四一六号、一九八四年、七四頁。

Ⅶ　三里塚闘争記録映画の自主上映運動に関する一考察
――小川プロダクション資料の保全と活用のために――

相川　陽一

一　はじめに

本論文では、一九六〇年代後半から七〇年代における記録映画「三里塚シリーズ」の作品制作や、日本各地で展開された上映運動に関する資料の保全と整理の過程を跡付けるとともに、整理が一定程度完了した資料をもとに、具体的な地域にそくして上映運動の展開を記述し、一次資料に基づいた上映運動研究の意義を示したい。

大手配給会社が扱わない映画作品などを鑑賞するために、市民の発意によって公民館や市民会館などを会場とする映画の自主上映会は、現在も各地で開かれている(1)。娯楽の提供や啓発などを目的に行政機関や民間団体・個人が公民館や野外などで開催する上映会も、近現代の日本社会ではひろくおこなわれてきた。本論文では、こうした上映行為全般ではなく、映画の上映を特定の社会運動への支援活動と位置づけた上映運動に焦点を絞る。

一九六〇年代から七〇年代にかけて、学生運動や反公害運動などの担い手によって、さまざまな記録映画の自主上映運動が展開された。中でも、三里塚闘争（成田空港反対運動）を取り上げた「三里塚シリーズ」や水俣病患者闘争を取り上げた「水俣シリーズ」は上映運動が盛んに展開され、闘争が規模を縮小した現在も映画作品としての評価の高さゆえに各地で上映され続けている。[2] 本論文では、戦後日本の上映運動の中でも「三里塚シリーズ」の上映運動に着目し、その展開過程を明らかにし得る資料群の保全、整理、研究活用の経過を示すとともに、現時点で得られた知見の一端を提示する。

本論文では、三里塚闘争を「成田空港の計画・建設・稼動・拡張に伴って生じる被害や被害の予期に基づいて実行されてきた空港反対運動の慣習名」と定義する。[3] 三里塚闘争は戦後日本史上で長期かつ大規模におこなわれてきた住民運動のひとつであり、社共両党から新左翼党派や無党派など多数の支援者が参入し、規模を減じながら現在も継続されている。一九六〇年代前半、政府部内で首都圏への新国際空港の建設が検討され、候補地となった東京湾岸や千葉県内陸部などで反対運動がおこなわれた。一九六三年以降は千葉県内陸部の富里村と八街町などを中心に大規模な反対運動が展開され、一九六五年一一月に新東京国際空港関係閣僚協議会は同空港の候補地を富里に内定したが、反対運動は激化し、翌一九六六年六月、政府は突如として成田市三里塚を中心とした地域一帯に候補地を変更し、同年七月四日、同方針を閣議決定した。三里塚付近への変更は住民に事前説明なくおこなわれ、成田市と芝山町で反対運動が開始され、両者が合流して三里塚芝山連合空港反対同盟が結成された。[4] この運動が三里塚闘争と呼ばれるようになった。

本論文では、三里塚闘争の展開史の中でも、同闘争を取り上げた記録映画「三里塚シリーズ」の上映運動の動向に着目する。同シリーズを制作した小川プロダクション（一九六七―九四年。以下、小川プロ）は、戦後の記録映画史において作品制作と上映運動を両輪として進めた特筆すべき存在であり、土本典昭を中心とする「水俣シリーズ」と並んで一九七〇年代の上映運動の代表的な存在だからである。小川プロは、制作者自身も上映者となって各地に上映を呼びかけ、自らも各地で上映を組織し実施した。対象とする時期は、筆者が保全　整理に関わってきた「元小川プロダクション資料」（以下、小川プロ資料）の中でも、比較的多くの資料が残されている　九七〇年代とする。中でも、小川プロ作品の上映運動を続けた数多くの団体の中から、上映運動の形成と展開の過程を跡付ける資料が詳細かつまとまって残る一九七〇年代前半の名古屋市での上映運動について分析する。

本論文の構成は以下のとおりである。第一節の課題設定に続き、第二節では今日に至る小川プロ資料の保全と整理活動過程を記述して、その活動の意義を確認する。第三節では小川プロ資料の概要と、資料が持つ今日的意味について複数の側面から考察する。第四節では小川プロ資料の活用の可能性として、一九七〇年代前半の名古屋市における「三里塚シリーズ」上映運動の事例記述をおこなう。以上の記述と考察をふまえ、最後に、一九七〇年代における自主上映運動が持った歴史的固有性や、一九八〇年代以降の映画文化との関連をめぐって若干の考察をおこない、仮説的な知見を含む結論を提示する。

二　小川プロダクション資料の保全と整理の経過

「三里塚シリーズ」の自主上映運動の中心アクターとなった小川プロは、映画作家の小川紳介（一九三五―九二年）をリーダーとして一九六七年に結成され、小川の死後、一九九四年に解散した映画制作および上映のための独立プロダクションである(5)。小川プロは、一九六八年から三里塚闘争の展開地域に撮影などの拠点を設け、現地に住みながら、三里塚闘争や村落生活などをカメラ、レコーダー、文書などに記録し、計八本の記録映画を制作した（表1参照）。

小川プロは、一九六〇年代後半から七〇年代にかけて、映画制作だけでなく、上映も自身の手でおこない、各地の

表1　小川プロダクション作品一覧

公開年	タイトル
1966	青年の海：四人の通信教育生たち
1967	圧殺の森：高崎経済大学闘争の記録
1967	現認報告書：羽田闘争の記録
1968	**日本解放戦線・三里塚の夏**
1969	パルチザン前史
1970	**日本解放戦線・三里塚**
1970	**三里塚：第三次強制測量阻止闘争**
1971	**三里塚：第二砦の人々**
1972	**三里塚：岩山に鉄塔が出来た**
1973	**三里塚：辺田部落**
1973	**映画作りとむらへの道**
1975	どっこい！　人間節：寿・自由労働者の街
1976	クリーンセンター訪問記
1977	牧野物語：峠
1977	**三里塚：五月の空　里のかよい路**
1977	牧野物語：養蚕編
1982	ニッポン国古屋敷村
1986	1000年刻みの日時計：牧野村物語
1987	京都鬼市場：千年シアター
1991	映画の都：山形国際ドキュメンタリー映画祭'89

出典：小川紳介（山根貞男編）『【増補改訂版】映画を穫る』（注５参照）288－298頁。山形国際ドキュメンタリー映画祭1999公式ウェブサイトより「小川プロダクション特集」頁。

備考：ゴシックは「三里塚シリーズ」と通称される三里塚闘争を主題とした作品を指す。制作後に未公開だった『映画作りとむらへの道』を加えている（同作品のみ制作年表記とした）。

協力者とともに、公民館や市民会館などの公共施設を会場にして、数多くの自主上映会を開催したことが、小川プロ資料から明らかになっている。その後、かれらは一九七四年から活動拠点を山形県に移し、村落を舞台とした映画制作を継続する。山形に根付く中で、小川らは山形市制一〇〇周年記念事業として開始され、現在も続く「山形国際ドキュメンタリー映画祭」発足に尽力するなど、国境を超えた記録映画の上映や制作者らの交流拠点づくりに取り組んだ。

一九九二年の小川紳介の死後、小川プロは九四年に解散し、その後、小川プロダクション作品管理協議会が発足したが、同協議会も一九九八年に解散した。同年、同協議会は、成田空港地域共生委員会歴史伝承部会（以下、歴史伝承部会）に、三里塚シリーズ関係の映像・音声・紙資料などとそれらにかかわる諸権利を譲渡した(6)。これが小川プロ資料である。

歴史伝承部会とは、成田空港の建設にかかわる住民などと国との対立の歴史的な根源を明らかにするために、一九九一年に始まった成田空港問題シンポジウム（一九九一―九三年）や、続く成田空港問題円卓会議（一九九三―九四年）の延長線上に発足した公的機関のひとつである。歴史伝承部会は、成田空港の建設に伴う紛争を含めた地域史にかかわる資料や証言の収集、展示などを包括的に担うことを使命として発足した(7)。歴史伝承部会と後継組織の財団法人航空科学振興財団歴史伝承委員会が収集した資料と実施した聞き取り調査などをもとに、二〇一一年には成田空港空と大地の歴史館（以下、空と大地の歴史館）が開館した。

今日、小川プロ資料については、研究者や映像作家をはじめ、希望者による閲覧や活用が一定程度可能になっている。だが、そこに至るまでの道のりは決して平坦ではなく、現在も資料の保全や整理にかかわる諸課題が完全に解決されたわけではない。小川プロ資料が歴史伝承部会に譲渡された一九九八年当時、一九六〇年代から八〇年代の文書資料や視聴覚資料を多数含んだ資料群について、歴史学の領域では資料整理の手法が確立されていたわけではなかった。日本近現代史や隣接領域である社会学を専攻する研究者と、小川プロ資料をなんとしても現地で保全しなければならないと決意した地域住民の不断の努力によって、資料整理の手法が考案され、一九九八年から現在に至るまで作業は営々と続けられている。繰り返しになるが、その歩みは平たんではなく、幾度もの組織再編によって、資料の保全や保全・整理にかかわるスタッフの維持そのものが危機に瀕したこともあった。

現在、小川プロ資料は、空と大地の歴史館に収蔵され、筆者を含めた研究者グループが年に数回の資料整理調査会を実施し、文書資料の保全・整理と資料に基づく研究とを並行して進めている。映画フィルムや音声テープなどの視聴覚資料は、空と大地の歴史館の前身組織のひとつにあたる前述の歴史伝承部会の時期からメンテナンスとデジタル化が図られ、筆者らも研究の一環でこれらのデジタル化を進めてきた。

このような歩みの中で得た気づきがある。それは、一九六〇年代から八〇年代にわたる現代史資料を研究などに活かすにあたっては、その前段となる資料の保全と整理の過程に、文書資料と視聴覚資料に詳しい研究者自身がかかわり、資料を保全・整理しながら活用するという姿勢が不可欠なことである。資料の保全・整理は収蔵機関に任せ、整理済みの資料を研究者が利用するという受け身の姿勢では、当該期の現代史資料、とりわけ社会運動史の資料を残すことは難しい。この時期の文書資料と視聴覚資料の保全や整理の手法は、いまも確立されているとはいいがたく、手法の確立には、歴史学者だけでなく、視聴覚資料の保全と整理に長けたフィルムアーキビストの参加が不可欠であり、領域横断的かつ能動的な取り組みが必要である。

それでは小川プロ資料を受け入れた歴史伝承部会は、どのような理念と構想を持った組織だったのだろうか。この点を考える際、元小川プロスタッフで歴史伝承部会の初代事務局長を務めた福田克彦（一九四三―一九八年）の存在が重要である(8)。福田は東京で生まれ育った後、早稲田大学第一文学部の国史学科（当時）に進学し、師である鹿野政直のもとで民衆史を専攻し、自由民権運動に関する卒業論文を書いた。その後、小川プロに参加し、記録映画「三里塚シリーズ」の制作と上映に携る。小川プロが一九七四年に山形に拠点を移すと、福田も行動を共にするが、七〇年代後半には山形や小川プロから離れ、単身で成田市に戻って記録映像作家として独立した。その後、当地で出会ったパートナーや友人たちとともに、成田市や芝山町で映像作品の制作と執筆を続けた。

福田は、三里塚闘争で重要な役割を担った住民たちから厚い信頼を得て、前述の成田空港問題シンポジウムや成田空港問題円卓会議において、住民側が提示した複数の重要文書の起草などにも関わった。一九九七年、前述の歴史伝承部会の初代事務局長となり、三里塚闘争が展開されてきた地域の歴史を包括的に調査・研究し、学術的な観点を保持したうえで地域内外に発信するプロジェクトの指揮を執った。しかし、翌一九九八年、病により急逝した。あまりにも早い死であった。

成田空港問題シンポジウムや成田空港問題円卓会議の成果のひとつとして、共生会館という施設を設け、その中に「歴史伝承の場」をつくる方針が打ち出された。歴史伝承部会の初期の報告書には、この「歴史伝承の場」が有すべき歴史観について、まとまった問題提起がなされている。福田を中心に、プロジェクトを始動させた人々が、いかなる「歴史伝承の場」づくりを希求していたかを示す資料である。やや長い引用になるが、以下に該当箇所を引く。

> 「歴史伝承の場」は、成田空港問題の歴史を地域の人々、国内外の人々、そして未来の人々に伝承する任務を帯びています。そのために「歴史伝承の場」は、資料の収集、資料の展示を中心にして、できるだけ多くの人に成田空港問題の本質を理解していただけるよう努力いたします。その前提として、広範囲にわたる資料の収集、現存している体験者からの聞き書き調査等が不可欠の作業となります。つまり、「歴史伝承の場」は公文書館的な役割を帯びることになります。国や反対同盟・地域住民に対して、歴史的な資料（映像、ビラ、聞き書き、行動メモなど）を作為・選択することなく提供または貸与されるよう要請し、収集した資料はできるだけ生の形で公開する努力をします。とりわけ行政の側は、政策決定にいたる選択前の資料をも、今後、おなじような政策的誤りを犯さないためにも収集・提供するよう要請します。
>
> そのことを踏まえるならば、「歴史伝承の場」は公文書館的な意味を帯びるだけでなく、収集された資料に基づく展示、研究、企画事業等は、〈歴史的事実の探求〉という意味をもつゆえ、共生会館のなかにありながら、

学問・研究の自由が保障される〈自立性をもつ場〉となります。「歴史伝承の場」が発行する研究誌においても、発表者の自由な立場、自由な歴史観が保証されなければなりません。そのとき初めて、学者・研究者等の協力を得ることができるでしょう。

なお、「歴史伝承の場」で行われる展示等については、専門家を含む歴史伝承部会を設けて、内容・叙述方法についての討議を、1年から2年かけて丁寧に積み重ねていきます。歴史的視点の相違を事なかれ主義によって先送りするのでなく、信頼に基づいた高度な合意を追求していくべきでしょう。場合によっては、両論併記あるいは展示叙述署名までを含めた自由と責任ある姿勢を堅持いたします。(9)（傍線引用者）

この引用から、福田をはじめとする歴史伝承部会の立ち上げメンバーの志と見識の高さがうかがえる。同部会の発足当初、福田らは文書資料の収集はもとより、地域住民をはじめとした関係者への聞き取り調査の必要を打ち出し、「歴史伝承の場」を「公文書館的な役割」を持つ場として形づくろうとしていた。「国や反対同盟・地域住民」のそれぞれに対して、「映像、ビラ、聞き書き、行動メモなど」の資料を「作為・選択することなく提供または貸与されるよう要請し、収集した資料はできるだけ生の形で公開する努力をします」という方針は、二〇二四年の現在も色褪せていない。またとりわけ傍線を付した箇所は、むしろ現在でこそ、その重要性を不断に確認し、実現し、維持する必要がある姿勢だろう。

しかし福田は、この構想の実現に本格的に取りかかる前に病に倒れた。筆者は、福田が急逝する約一か月前に早稲田大学で面会し、歴史伝承にかかわるプロジェクトをいずれ手伝ってほしいと依頼された。当時、学部一年次であった筆者は、福田の無念の思いを想像し、歴史伝承部会の活動の見学から始め、ボランティアスタッフ、アルバイトスタッフとなり、二〇二四年現在では空と大地の歴史館を運営するＮＡＡ歴史伝承委員会の委員を務めている。

記述を福田の死後に戻す。歴史伝承部会は、成田空港地域共生委員会歴史伝承部会（一九九七―二〇〇四年）から航空科学振興財団歴史伝承委員会（二〇〇四―〇九年）、NAA歴史伝承委員会（二〇〇九年―）と、めまぐるしく再編された。再編の過程と要因について正確に記すためには、別稿が必要なほどの経過がある。組織再編とそこで生じた歴史伝承プロジェクトの存続危機、危機を突破するために現場のスタッフなどが試みてきた努力については、歴史伝承部会の発足当初から同部会の座長を務め、資料の収集や保全に尽力してきた新井勝紘の報告論文を参照してほしい(10)。

このように、小川プロ資料を保全・整理する研究活動は、スタッフはおおむね連続性を保ちながらも、めまぐるしい組織再編に何度も直面し、存続の危機を突破する試みを重ねて、現在に至っている。小川プロ資料の保全・整理と研究活用の歩みは、平たんな道のりではなく、現在も、資料の収蔵館である空と大地の歴史館の努力と研究者有志による同館へのかかわりが続いている。

三　小川プロダクション資料の概要とその今日的意味

四半世紀を超えて継続する資料の保全・整理の活動の中で、小川プロ資料の概要が次第に明らかになってきた。本節では、空と大地の歴史館に収蔵されている小川プロ資料や同資料に関連するほかの視聴覚資料と文書資料の概要を述べ、そのうえで、これらの資料の持つ意味について考察する(11)。

小川プロ資料の中には、後に「三里塚シリーズ」と呼ばれるようになった一群の記録映画作品の制作、上映などに関する膨大かつ多様な形態を有する資料が存在する。

まず視聴覚資料の概要を述べる。一六ミリ映画フィルムは二三〇巻あり、これはネガとラッシュの双方を含んでいる。ひとつのフィルム缶内には、おおむね複数のリールが収納されている。六ミリ音テープは九六九本、写真のネガは三五九本あり、これらは紙製の箱やケースに収納されている。

これらの視聴覚資料のうち、一六ミリ映画フィルムは空と大地の歴史館が前身組織の時期から定期的なメンテナンスを実施し、長期間かけて順次デジタル化を進め、展示や研究などに活用可能なデジタル化を完了している。六ミリ音テープは、歴史伝承部会が受け入れた時点で劣化がかなり進行しており、再生困難となる危機的な状況だったことから、録音や整音の分野で長年の経験を持つ小川プロの元スタッフ自身の手でデジタル化が実施され、デジタル化したデータをオリジナルデータとする方式で作業が完了した。写真ネガ三五九本は、現像の後に、写真アルバム七二冊分に収納している。

一六ミリ映画フィルム、六ミリ音テープ、写真ネガなどには、小川プロ自身が、フィルム缶やネガケースに書き込んだ情報が残されており、撮影場所や撮影時期などの情報が記されているケースが散見された。これらの情報は、資料の保全と整理の過程でメタデータのひとつとして集約する作業を一定程度実施した。しかし、撮影や録音がなされた地域や撮影・録音対象などに関する情報の中には不十分なものがあり、本格的なメタデータの作成はこれからである。これらの作成と集積は、小川プロのスタッフ経験者や、かれらと同時代を生きてきた成田市・芝山町の住民が健在なうちに、住民参加型や当事者参加型の手法で進めていくことが有効である。なお、写真ネガのデジタル化は未着手のため、できるだけ早期にデジタル化したうえで、デジタルデータでの閲覧や追加のメタデータを付与できる態勢の整備が必要である。

続いて、文書資料の概要を述べる(12)。文書資料は現時点で一一一箱にのぼる。受け入れ当初の資料箱の総数は、この半数ほどであったが、資料が過密に収納されていると資料劣化やカビ発生などの原因になるため、資料整理の過程で箱を分け、箱数は次第に増えてきた。資料整理の進展によって、今後も資料箱数は増える可能性がある。

文書資料の整理の進展により、資料形態別の点数は、その概要が明らかになってきた。二〇二三年度時点の資料形態別の資料点数は、表2のとおりである。[13] 各々の分類項目は、『歴史伝承部会調査報告書』（各年度）の巻末に収録された資料目録内の凡例に準拠しており、これは小川プロだけでなく同部会や同委員会が収集した資料に適用されている凡例である。[14]

文書資料には、映画作品に関する制作ノート、カット表、上映活動の過程で小川プロスタッフによって作成され、あるいは取得された多種多様な文書資料が含まれている。特に、本論文の第四節で取り上げる自主上映運動に関連させると、上記の文書資料には（1）多数の書簡や上映記録簿、スタッフが作成したノート、（2）作品紹介や上映呼びかけなどが記されたビラ・チラシなどが含まれている。（3）会報には各地の小川プロ事務所や上映運動にかかわった各地の団体などの刊行物などが含まれている。（4）紙ものには、映画パンフレット、映画ポスター、自主上映会への入場券など、上記の（1）から（3）の分類に当てはまらない多彩な資料が含まれている。なお、文書資料内に（11）写真が含まれているのは、文書資料箱内に、小箱などに収納された現像済みの写真があったからである。関連して、小川プロが作成した上映運動の文書記録の中には、たとえばスクラップブックなどがあり、中には多数の写真が貼られているもの

表2　小川プロダクション資料の資料形態別点数

（1）文書	1324
（2）ビラ・チラシ	437
（3）会報	510
（4）新聞	246
（5）地図	16
（6）紙もの	556
（7）書籍	11
（8）雑誌	316
（9）小冊子	298
（10）綴じもの	203
（11）写真	33
（12）モノその他	28

出典：相川・森脇・今井「元小川プロダクション資料の整理・活用の経過と展望」（注12参照）51－52頁。

備考：紙資料箱内に収納された資料に限定して掲載した。また封筒に多数の資料が封入されている場合などは、それらをまとめて一点とする計算方式を採っている。

もあるが、これらは（11）写真に含めていない。また（7）書籍の点数が相対的にみて少ないのは、文書資料箱内にあった書籍のみを数えているからである。

このほかモノ資料には、カメラ、テープレコーダー、編集機、小川プロスタッフが撮影現場で着用していた「映画班」と書かれた腕章などがある。

続いて、これらの小川プロ資料の整理経過について記す。小川プロ資料の整理は一九九八年度に開始され、現在も進行中である。整理の経過は、前期と後期に大別できる。

前期は一九九八年度から二〇一七年度までの二〇年間である。幾度もの組織再編などにより、資料の保全と整理をめぐる組織環境がめまぐるしく変転した中でも、資料保全に関わった関係者たちは、前述のようにフィルム資料のメンテナンスとデジタル化を進め、劣化が進行した音テープを小川プロ元スタッフの助力を得てデジタルデータとして救い出し、写真一枚単位での目録を作成するなど、文書資料を含めて一定の整理を進めてきた。

後期は二〇一八年以降、現在まで「資料を整理しながら研究する」手法で、進行中である。この手法で小川プロ資料の整理にあたる人々は、筆者を含む一〇数名の研究者やアーキビストであり、研究組織名を「三里塚アーカイブ」としている。三里塚アーカイブは、二〇二一年度から、成田市内で資料整理にかかわる講演会を開催し、資料整理の経過とそこから明らかになった成果を住民に報告している。

空と大地の歴史館には、前身組織の時期から、小川プロ資料以外にも、文書資料と視聴覚資料の両面で、一九六〇年代から九〇年代にわたる成田市や芝山町の村落生活や村落景観を記録した資料が収蔵されている。ここでは特に福田克彦資料、三里塚映画舎資料、歴史伝承部会・歴史伝承委員会記録資料の三件について概要を述べる。

福田克彦資料は、前述のように、小川プロ元スタッフで一九九八年に急逝するまで成田市や芝山町にて記録映画の制作と三里塚闘争にかかわるさまざまな文書や著作の執筆を進めた福田克彦が遺した資料である。同資料は小川プロ資料と双璧を成す資料であり、文書資料だけでも約一〇〇箱、視聴覚資料も約二〇箱という膨大な量にのぼる。福田が制作した記録映画シリーズ「三里塚ノート」に関連する映画の制作資料や映像資料が多数あり、構想ノートや演出ノート、日記、一九七〇年代から九〇年代にかけて福田が成田市や芝山町で取材した際の記録などがある。これらは、小川プロ資料と同様に極めて貴重な資料だが、残念なことに十分に整理が進んでおらず、現時点では、箱単位の目録どりをしたにとどまっている。

三里塚映画舎資料は、一九七八年から九〇年代までの三里塚闘争の動向を記録した映像資料である。三里塚映画舎は、福田克彦も含む住民や支援者から住民になった人々などで構成された映像記録グループである。同資料には、多数の八ミリフィルムとビデオテープが残されているが、簡易な目録を作成できただけで、資料のデジタル化は未完となっている。資料の多くが磁気テープであることから、急ぎデジタル化を実施しなくては再生が不可能になる危険な状態にある。磁気テープの劣化は、世界的に進行している危機的な事態であり、デジタル化による記録データの保全の必要がユネスコにより国際的に呼びかけられており、早期の対応が必要である。

歴史伝承部会と歴史伝承委員会が記録した資料は、一九九七年から開始された「歴史伝承の場」づくりのために、歴史伝承部会と後継の歴史伝承委員会がおこなった三里塚闘争や成田空港建設にかかわる多様な立場の関係者への聞き取りや座談会の録音記録と証言映像である。録音記録は、カセットテープ約二五〇本に及ぶ。「歴史伝承の場」づくりが開始された時期が一九九七年だったことから、ＩＣレコーダーなどのデジタル録音機器が本格的に普及する以前であり、記録媒体の多くはカセットテープである。聞き取りでビデオカメラを使用したケースもあり、映像記録も残されている。

以上四つの資料群の保全と整理により、三里塚闘争にとどまらず、一九六〇年代から九〇年代にわたる成田市や芝山町における村落生活や村落景観、また三里塚闘争と成田空港建設を経験してきた人々の証言記録が、研究や展示などに活用可能となることが期待される。それらは、複数の角度から重要な意味を持つと位置づけられる。

ひとつは、解散後もなお、記録映画の領域で国内外から注目を集める小川プロが、自身で作成ないしは収集した膨大な一次資料という意味である。映画制作に使用したカット表から上映運動を働きかけた先で取得したビラや領収証類、映画を観た人々の反応や感想が記された資料まで、包括的な領域の文書資料が残されている。記録映画の制作と上映に関して、ここまで包括的に資料が残される例は世界的にみても稀有であろう。これらを整理して研究に活用すれば、作品の制作過程と上映過程を総体的に明らかにできる。これまで作品論を中心になされてきた記録映画研究の動向に、新たな視点を付与できる可能性を持つ資料である。

もうひとつは、大規模開発によって失われてゆく地域の記録の保全と継承を体現する資料という意味である。小川プロは、作品だけでなく、作品に採用しなかった撮影フィルムや録音テープを膨大に残している。そこには、一九六〇年代後半から七〇年代後半の成田市や芝山町の村落生活や村落景観が詳細に記録されている。また福田克彦が遺した資料には、一九七〇年代後半から九〇年代前半にかけて、成田市や芝山町の村落生活や村落景観、三里塚闘争の様子、福田による聞き取り調査の成果が記録されている。三里塚映画舎の資料にも、一九八〇年代の成田市や芝山町の村落生活や村落景観、三里塚闘争の様子などが記録されている。このように、空と大地の歴史館は、成田市や芝山町を中心とした北総地域の現代史にかかわる膨大な文書資料と視聴覚資料のアーカイブ機関だといえる。

二〇二四年現在、空と大地の歴史館に収蔵されている以上の資料群は、三里塚闘争の一九六〇年代から九〇年代にわたる展開を、文書と映像の双方で記録した社会運動史の資料であると同時に、成田市や芝山町における一九六〇年代から九〇年代までの村落生活や村落景観を住民の証言とともに記録した民衆生活史の資料であり、複合的な性格を有する。これらの資料は、近年、一九六〇年代から八〇年代までの期間が日本現代史の研究対象となってきたがゆえに重要性を増してきた。さらに、二〇一〇年代後半から二〇年代にかけて、成田空港の拡張工事が急速に進行したことで、地域の代替不可能な記録という意味も生じている。村落（むら）を基礎単位として、長期にわたって存続し、空港に異議申し立てをしてきた地域一帯が、ここ数年のうちに空港用地や関連施設となり、村落はもとより、村落を取り囲む田畑や森なども含めた地域景観が丸ごと消滅するからである。

たとえば芝山町の菱田地区や加茂地区では、その大部分が成田空港の関連施設になることが決定し、工事が進んでいる。これにより、芝山町の総面積の約六分の一が空港用地となり、芝山町内だけでも約三〇戸の家が移転を余儀なくされる。移転にあたっては、元の村落の成員でおこなう集団移転と戸別ばらばらに移転するケースが入り混じっており、村落の自治組織の解散と再編も予定されている。このような村落や地域景観そのものの消滅や大きな再編が、数年を待たずして起きる。この事態に対して、歴史学者をはじめとする研究者らが二〇二四年に「北総地域資料・文化財保全ネットワーク」（以下、北総ネット）を設立して、芝山町役場やしばやま郷土史研究会と連携した資料保全活動をおこなっており、二〇二四年九月に全戸移転となる芝山町内の四地区で公会堂内の区有文書、歴史的建築物、石造物などの保全調査を開始した(15)。

このような事態をふまえると、小川プロ、福田克彦、三里塚映画舎、歴史伝承部会と歴史伝承委員会の四者が、ペンやレコーダーやカメラなどを用いて、一九六〇年代から九〇年代にかけて地域を記録してきた営為とその成果が、新たな意味を帯びてくる。これらの資料群は、消滅がもはや不可避となった地域において、かつての村落生活や村落景観を、移転者とその子孫をはじめとする関係者が想起し、記憶を未来につむいでいくための貴重な手がかりという意味も有している。

ただし、空と大地の歴史館に収蔵された小川プロ資料は、主として八作品ある「三里塚シリーズ」にかかわる資料であり、小川プロが残した資料のすべてではない。ほかにも二つの館に小川プロ資料が収蔵されている(16)。ひとつは神戸映画資料館であり、小川プロが山形に拠点を移して以降の資料を収蔵していることが推定できる。もうひとつは川崎市市民ミュージアムである。[17] これら三館の資料の全容が明らかになり、各館の収蔵資料の固有性と三館の収蔵資料を相互に参照して明らかになる要素が解明されたときが、一次資料に基づく小川プロ研究がひとつの集大成を成すときであろう。

しかし残念なことに、四半世紀余りにわたって資料の保全と整理を進めてきた空と大地の歴史館で、そのような作業に携る研究者は、多くが歴史研究者であり、映画研究者の参加はほとんどみられない。映画研究は作品研究が主であることをふまえても、これほどの価値を有した資料群を放置したまま、映画研究者は戦後の映画史研究を進めて良いものだろうか。今後、必要なことは、歴史研究者と映画研究者が、小川プロ資料や関連主体の文書資料や視聴覚資料の保全・整理、研究や展示などへの活用を共同で進めることである。

四　地域における「三里塚シリーズ」自主上映運動の形成と展開——小川プロダクション資料を活用した事例分析

本節では、筆者もそのメンバーのひとりである研究者グループである三里塚アーカイブが進めてきた小川プロ資料の整理作業の成果を活かして、記録映画「三里塚シリーズ」の自主上映運動の形成と展開の過程に関するひとつの事例を記述し、若干の考察をおこなう。なお、本節の事例記述と考察は、現在も資料調査と関係者への聞き取り調査を続けているため、これらの進展によって、今後さらに詳細な別稿を作成する可能性がある。

空と大地の歴史館に収蔵された小川プロ資料の中には、記録映画の制作過程に関する資料だけでなく、自主上映運動について、小川プロのスタッフや各地の協力者の動向、さらには記録映画を観た人々による感想や見解などが記された膨大な文書資料が残されている。本節では、この点に着目する。なぜなら映画資料の研究において、作品以外の資料にアクセスできる機会は少なく、多くの場合、資料的な制約によって、自主上映運動の進行過程や個々の観客の動向の確認が困難だからである。

このような困難の中でも、映画研究者らによる、小川プロや小川プロと同時代に活動した映画制作集団などの自主上映運動を事例にした先行研究が存在する。マーク・ノーネスは、小川紳介の存命中から親交を結び、資料調査と聞き取り調査を併用して映画の制作集団史の観点から小川プロ研究を進める中で、「三里塚シリーズ」の観客に言及した。田中晋平は関西圏の自主上映や小川プロ作品の上映運動研究に取り組み、横浜市の寿町で撮影された作品『どっこい！人間節』を事例に論文を発表した。畑あゆみは、小川プロと同時代に活動したＮＤＵ（日本ドキュメンタリストユニオン）の自主上映運動の現場に着目した論文を著した。また一九五〇年代の自主上映運動史には佐藤洋が取り組んでいる。以上は映画研究者の仕事である。さらに、当事者による記録と考察として、一九七〇年代の東北地方を活動拠点に、「三里塚シリーズ」の上映を各地に働きかけた小川プロスタッフの湯本希生による文章が残されており、上映運動とは何かを問うた論考となっている(18)。

これらの研究をふまえつつ、以下では一九七〇年代前半の特定地域における「三里塚シリーズ」自主上映運動の形成と展開を跡付ける。それを通じて、「三里塚シリーズ」の自主上映運動が、三里塚闘争を遠方から支援する有志、自主上映運動に先行して上映地域に存在する運動体、さらには映画愛好者や「一般学生」（いわゆるノンポリ学生）も含めて、多様なアクターの共同によって成立した集合行為であったことの意味について考察する。

対象とする事例は、一九七三年に名古屋市で開催された記録映画『三里塚　辺田部落』の自主上映運動とする。対象をこの時期の名古屋に絞り込んだ意図は、整理が完了した小川プロ資料の文書資料内に、同年の名古屋市内での大規模な自主上映運動の形成・展開過程を精密に記録したノート類の資料が存在する点にある。同年九月の『三里塚　辺田部落』の上映会に、名古屋の自主上映者とともに小川プロスタッフとして深く関与した人物が福田克彦であり、福田が詳細な記録を残したことも、事例研究が可能となった要因である。

一連の資料からは、この上映運動が、イシューや関心などを異にする多様なアクター間の連携によって実現したことがうかがえる。具体的には、三里塚闘争の支援者と映画愛好者との連携である。このような知見は、筆者と共同研究者の森脇孝広による長野県松本市の「三里塚シリーズ」自主上映運動の研究でも導出している。[19] 志向を異にするアクターの連携によって実現した「三里塚シリーズ」の自主上映運動は、一九七〇年代という時期に固有のアクター構成であった可能性がある。

加えて、社会運動におけるイシューの伝播をうかがわせる記録も存在する。具体的には、境川流域下水道反対運動の担い手と小川プロスタッフとの交流である。愛知県の境川流域では一九七一年に都市計画決定された広域下水道建設計画をめぐって反対運動が展開され、一九七三年五月には強制測量に対して境川流域下水道元刈谷反対同盟農民らによる阻止行動が展開された。[20] スクリーンの外で起きた三里塚闘争とは別の社会運動に、『三里塚　辺田部落』上映運動が何らかの影響を与えた可能性がある。この点も一九七三年の名古屋における「三里塚シリーズ」自主上映運動を取り上げる根拠である。

以上、論点をやや先取りする記述になったが、ここからは対象となる自主上映運動の形成・展開の過程を資料に即して跡付けていく。はじめに、小川プロ資料のうち、文書資料の中から確認できる愛知県内での小川プロ作品の上映記録を概観する。上映記録とは、本論文の第三節で言及した小川プロ資料の文書資料を総覧し、小川プロ作品の各地での上映活動が集約された『上映要請受書』などの資料をもとに、上映会を一回ごとにデータ化して集約したものである。これらのデータのもととなる資料は、綴りやファイル、ノートなどの形態をとっている。この上映データベースは、共同研究者の森脇孝広が主導して作成した。筆者はそこから都道府県コードで愛知県の上映データを抽出し、表3にまとめた。なお本表は、あくまでも現時点での判明分という限定的なデータであることに留意されたい。すべての上映事例が『上映要請受書』などに記録されていたわけではなく、膨大な上映事例のうち、様式化された上映請書や上映レポートなどの形態で記録され、今日まで保管された資料から判明したデータである。

表3からは、三つの知見が導出できる。

第一に、愛知県では「三里塚シリーズ」の第一作にあたる『日本解放戦線 三里塚の夏』（一九六八年公開）が、公開初年から上映されている。

第二に、表に現れた一九六八年から七一年までの全期間にわたり、上映主体の多くは大学生であった。『上映要請受書』などの文書資料から確認できる合計三四件の上映事例のうち一八件が、大学生が主催者ないしは主たる関与者となった上映会である。対照的に、映画愛好者が主催者と推定できる上映会は数件にとどまる。

第三に、一九七一年以降の上映記録が、『上映要請受書』などの様式化された書類を綴る簿冊や上映記録を集約的に書き込むノートのような資料形態で発見されていないことから、七一年以降の上映動向が確認できないことである。この要因は空と大地の歴史館以外の小川プロ資料収蔵館の資料を確認したうえでなければ推定できないが、上映希望者から小川プロが上映要請を受けてフィルムを貸し出す方式が、これ以降、何らかの変更を余儀なくされた可能性がある。

次に、自主上映運動の形成・展開の過程がわかる資料が残されている一九七三年九月の『三里塚 辺田部落』の上映事例を記述する。上映会場は、金山駅に隣接する名古屋市民会館であった。中心で担ったのは、名古屋・三里塚闘争を支援する会（以下、三支の会）と小川プロスタッフの二名である。後者の二名は、福田克彦と野坂治雄であり、かれらは一九七三年六月から同年八月末まで、名古屋での動向を記した詳細なノートを残している。このノートの中で三支の会の中心人物のひとりとして登場する「山ちゃん」(21)（一九七〇年代当時のニックネーム）に、筆者は聞き取りをすることができた。福田らが残したノート(22)（以下、福田ノート）と「山ちゃん」への聞き取りをもとに、三支の会による三里塚闘争への支援運動と『三里塚 辺田部落』の自主上映運動の概要を跡付けることができた。

福田は、自身が一九七三年に記したノートの中で、三支の会について、次のように記している。

母体はべ平連系である。殆んどがインテリ労働者 三支の会が主体となって名古屋地区の鉄塔共有者連絡会議を作っている。べ平連的な団体のため、中核・青解・Bund（日向派）も、内ゲバをしないとの約束のもとに共斗を行っている。同盟との結びつきは岩沢吉井・秋葉哲の両名で、特に岩沢吉井さんは数回ここを訪れている模様。4月15日にデモを企画した（岩沢・秋葉参加）三支の会は9・16斗争の直前「第二砦の人々」を上映する過程で生まれた。上映後9・16斗争の日支援集会を開く。その後一時運動がとまるが鉄塔共有化運動をきっかけに再開。「岩山に鉄塔が出来た」上映。以降地道に活動[23]。

会場（原文ママ、不詳を除く）	上映市町村名
不詳	不詳
不詳	不詳
不詳	不詳
学校の校舎内	名古屋市
ビルの地下	不詳
不詳	名古屋市
不詳	不詳
不詳	不詳
不詳	名古屋市
不詳	名古屋市
不詳	不詳
学内	不詳
不詳	不詳
教室	名古屋市
学内教室	名古屋市
大学内	名古屋市
学内	名古屋市
学内教室	名古屋市
名古屋市中区東別院青年会館	名古屋市
不詳	不詳
大教室	名古屋市
岡崎市明治生命ビル	岡崎市
（愛知県）一ノ宮勤労会館	一宮市
大教室	名古屋市
豊田市民センター	豊田市
不詳	不詳
大教室	名古屋市
大学栄光館	名古屋市
産業文化会館「鶴舞」	名古屋市
名古屋社会文化会館	名古屋市
校内	不詳
YWCA 集会室	名古屋市
不詳	一宮市
不詳	名古屋市

ド「愛知県」でソートした結果を時系

線三里塚の夏』、「三里塚の冬」『日本解放
か』、『ブラックパンサー』、『ストライキ！
名と会場名は出典となる資料から原文を
催者名の不詳には、原資料内に「匿名希
上映要請受書などに上映要請があった旨

表３　愛知県内における小川プロダクション関連作品の上映経過（判明分）

上映年月日	上映作品名	主催者（原文ママ、不詳を除く）	上映者属性
1968.12.12	三里塚の夏	愛知大	大学生
1969.03.16	三里塚の夏	豊田市市民センター日映新社内映像の解放同盟	一般、その他
1969.03.22	青年の海	不詳	一般、その他
1969.04.23	三里塚の夏	南山大学新聞会	大学生
1969.04.26	圧殺の森	旭ヶ丘高校有志	高校生
1969.05.10	三里塚の夏	愛知大映研（名古屋）	大学生
1969.05.31	圧殺の森	愛知県立ズイリョウ高校有志	高校生
1969.05.31	圧殺の森	名城大サークル連合	大学生
1969.06.05	圧殺の森	名古屋大スト実	大学生
1969.06.07	圧殺の森	映像解放同盟	一般、その他
1969.06.07	圧殺の森	愛知工業大有志	大学生
1969.06.19	三里塚の夏、現認報告書	同朋大学　有志	大学生
1969.06.28	圧殺の森	名古屋映像解放同盟＆愛知大新	大学生　一般、その他
1969.07.16	三里塚の夏	愛知淑徳学園青い麦同好会	高校生
1969.10.03	圧殺の森	名古屋造形短期大学　芸術祭実行委員会	大学生
1969.10.08	圧殺の森	名古屋市金城大学学生部　自治権確立をめざす会	大学生
1969.10.25	三里塚の夏	名古屋　中京大学法学部２年	大学生
1969.11.28	青年の海	学術研究部（全学中央闘争委）　同朋大	大学生
1969.12.13	叛乱、俺はロボットか、ブラックパンサー、ストライキ！　ストライキ！	不詳	一般、その他
1969.99.99	現認報告書	名古屋映像解放同盟	一般、その他
1970.11.08	三里塚の冬、ニュース	名城大大学祭実行委	大学生
1971.01.10	三里塚の冬、ニュース	岡崎市民反戦連合	反戦
1971.03.27	三里塚の夏、三日戦争	自主上映の会	自主上映の会
1971.04.27	三里塚の冬	南山大上映実行委	大学生
1971.05.02	三里塚の冬	愛知県豊田市青年労働者斗争委員会	一般、その他
1971.06.06	青年の海、圧殺の森	慶応通教愛知支部	大学生
1971.06.09	第二砦の人々	南山大学上映実行委	大学生
1971.06.21	第二砦の人々	名古屋学院大学三里塚を支援する会（映研中心）	大学生
1971.06.21	第二砦の人々	日本マーケティング研究所	一般、その他
1971.08.19	第二砦の人々	不詳	一般、その他
1971.09.16	第二砦の人々	愛知教育大三里塚上映実行委	大学生
1971.09.18	第二砦の人々	名古屋 YWCA	一般、その他
1971.09.26	第二砦の人々	（愛知県）一の宮高校生徒会	高校生
9999.09.14	ブラックパンサー	俊英社（アートシアター36）	一般、その他

出典：森脇孝広を主担当とする共同研究チームが作成した上映記録データベースより、都道府県コー
列に配置した。

備考：上映作品名は次の略称を含む。二重カギ括弧内が正式名称である。「三里塚の夏」『日本解放戦
戦線三里塚』。上映作品名内の「ニュース」の詳細は現在調査中である。『叛乱』、『俺はロボット
ストライキ！』は小川プロの制作ではないが同プロがフィルムを貸し出していた。表内の主催者
転記したが略字の一部を正字表記とした箇所がある。上映年月日内の9999と99は不詳を指す。主
望」と記された上映事例ひとつを含む。なお、上映を企画したが中止となった上映会については、
が記載されていても本表からは除いている。

三支の会の主要メンバーだった「山ちゃん」への聞き取りによれば、同会は学生時代から三里塚闘争を支援していたひとりの市民の呼びかけに呼応した有志によって結成され、特定組織の分派などではなく、個人原理に基づいた集まりだった。一九七一年九月に成田市現地で第二次強制代執行をめぐって死傷者が出ており、緊迫した情勢下での結成だった。三支の会はおよそ一〇数名の小規模な有志のグループで、同会で活動的だったメンバーは社会的属性が多様だった。中学生の時期から市民運動への参加経験を持つ人、自動車整備業に従事していた人、美容師、YWCA名古屋の職員、企業の研究所で働く研究者など、多様な社会的属性を持った市民が集まり、名古屋圏の大学などに通う学生たちがいた。大学生の中には、学生運動の担い手だけでなく、大学で映画やマスコミにかかわるサークルに参加して、文化活動と政治運動の双方にかかわる若者もいた。このような寄り合い所帯としての三支の会の中に、当時、愛知大学生だったメンバーがおり、同氏が三里塚の現地で逮捕された人々の救援活動にかかわる中で、三里塚闘争での逮捕者などへの救援運動を進めていた「三里塚闘争救援会」の代表者である渡辺一衛と三支の会のつながりが生まれたという（数学者の渡辺は、当時東京医科歯科大学教員）。渡辺の呼びかけにより、まとまった人数で三里塚の現地を訪ねる活動が始まった[24]。

三支の会は、活動拠点とした「名古屋・アンポ社」で会議を開催していた。名古屋・アンポ社は、名古屋市中心部に複数の運動体で共用する方式の事務所だった[25]。名古屋・アンポ社の事務所のあった建物はすでに取り壊されている。かつて事務所があった場所に筆者が二〇二三年に現地踏査をしたところ、久屋大通公園の近くに事務所があったことを確認した。現YMCA名古屋にほぼ隣り合う距離である。

小川プロのスタッフは、一九七三年に名古屋市中心部にアパートを借り、短期間ではあるが小川プロ名古屋事務所を開設した[26]。同事務所は名古屋市中心部の上前津駅の付近にあり、名古屋・アンポ社があったと思われる場所まで約二キロのところに位置していた。徒歩で移動できる距離の中で、小川プロダクションのスタッフと名古屋で上映にかかわった人々は動いていた。三里塚闘争にかかわる各種のデモも、名古屋・アンポ社から徒歩でアプローチできる久屋大通公園でおこなわれていた[27]。

結成翌年の一九七二年九月に、三支の会が主催者となった集会・デモが開催され、台風の中で六〇名参加とある[28]。同年一〇月一六日には三支の会で「全愛知鉄塔共有者連絡会議」を呼びかけ、先に引用した福田ノートのとおり、内ゲバ禁止などの原則によって新左翼党派も合流した。ここで言う鉄塔とは、反対同盟が支援者とともに、一九七二年に芝山町の岩山地区に建設した高さ約六〇メートルの鉄塔を指す。この鉄塔は成田空港の四〇〇〇メートル滑走路の南端付近に建設され、飛行阻止を意図したものだった。この岩山鉄塔を防衛するための支援の動きが各地にひろがっていた。

この活動の中で、名古屋では三支の会により、一九七三年春に機関誌『大鉄塔』が刊行された。これに先立ち一九七二年一一月一一・一二日には名古屋市内で記録映画『三里塚 岩山に鉄塔が出来た』が上映され、約二三〇人が参加した[29]。この上映は、前述の表3には記載がない。同年一二月の三日・一七日にも岩山鉄塔関連の集会が名古屋市内で開催され、一二月一七日には集会一五〇名、デモ八〇名参加とある。一九七三年には、五月一三日に三支の会主催の集会・デモが名古屋市で開催され、久屋広場から名古屋駅という市内中心部がデモのルートとなった。同年六月一一日付で、三支の会から小川プロ宛に、「我々なりに大衆的に上映運動を展開しようと計画した訳です」などの意志が記された書簡が送られており、この時期が三支の会と小川プロが連携した「三里塚シリーズ」上映運動の開始期と推定できる[30]。

福田ノートによれば、一九七三年六月ごろ三支の会が記録映画『辺田部落』上映委員会を結成し、福田克彦をはじめとする小川プロのスタッフと面会した。以降、福田克彦と野坂治雄を主要メンバーとする小川プロ名古屋班は、小川プロ名古屋事務所を構え、九月の上映に向けて市内で会場探しなどに奔走する。かれらは一〇〇〇人の入場者を目標にした。そして、三支の会だけでは目標の達成は難しいと判断し、小川プロのスタッフが名古屋入りして大規模な上映の準備を進める態勢を取った。[31]

自主上映運動は、運動間のつながりも生んだ。福田ノートによれば、一九七三年八月二一日、福田らは境川流域下水道元刈谷反対同盟（渡辺育穂委員長）に面会しており、このときに記録映画『三里塚 第三次強制測量阻止闘争』上映の相談があった。三里塚闘争と境川流域下水道元刈谷反対運動のつながりは、このときに生まれた可能性がある。今後、福田ノートだけでなく当事者への聞き取りを進める必要がある。

このような運動間のつながりも生みながら、一九七三年八月から九月にかけて豊橋市や名古屋市で『三里塚 辺田部落』試写会が開催され[32]、同年九月一六日に名古屋市民会館で『辺田部落』が上映された。その後、九月二三日に岐阜市民会館でも同作品が上映され、九月二〇日時点の配券数一四八〇枚という記録が残されている。[33]

福田をはじめとする小川プロスタッフは、上映の会場探しから入場券の印刷まで、上映にかかわるさまざまな準備活動を三支の会と協力して進め、短期間のうちに名古屋市内で人脈をひろげていった。福田ノートからは、福田らが名古屋で面会した人々が幅広い分野にわたっていたことが垣間見える。一例を挙げると、福田らは以下の諸団体に面会を試みている。ＹＷＣＡ名古屋、労働組合（名古屋市職労、全電通など）、日本社会党（たとえば戦前からの農民運動経験を持つ中村波男など）、新左翼党派、名古屋・岐阜圏域の大学（愛知大学、名古屋大学、南山大学、日本福祉大学、名城大学など。自治会だけでなくマスコミ研究会や映画研究会などの文化系サークルとも面会している）、名古屋市内の映画自主上映の会、キリスト教会、ベ平連、住民運動団体（境川流域下水道元刈谷反対同盟）、新聞社（中日新聞、岐阜日日新聞など）などである。[34]

一九七三年九月の名古屋上映では、『三里塚 辺田部落』を鑑賞した人々から、感想を記したはがきが小川プロ宛に返送されている。現在、小川プロ資料の中から、このときの感想はがき九通が確認されている。書き手の社会的属性は多様で、高校生、大学生、主婦、団体職員などから送られている。三里塚闘争に深く関与している人ばかりではなく、自身をノンポリと認識している学生からのはがきもあり、書き手の自己認識も多様である。いずれの観客からのはがきも長文である。これらには『三里塚　辺田部落』や三里塚闘争を称賛するものばかりではなく、作品、上映会場、上映会の進行などに批判的な意見を述べているものも散見される。作品論的な観点を加えると、『三里塚　辺田部落』は三里塚現地の情勢を情報として外部に伝えるニュース映画のような作品ではなく、村落生活が前面に出た作品である。だが、感想はがきには、こうした制作者側の意図に共振する反応ばかりではないことから、現地情勢などを知るために映画を観に来た人々が少なくなかったことをうかがわせる。紙幅の関係で九通のはがきすべてを引くことはできないため、若者の手による三通を全文引用する。

たとえば、名古屋市在住の一七歳の高校生は、感想はがきにこのように記した。

ドキュメンタリーにありがちな気疲かれが少なかった（全くないとはいえないが）構成はなかなかいい。ぼくは、三里塚についてはよく知らないが一部の学生の粗雑な行動があったのではなかろうか？　終始農民の側に立ち政府をこきおろすだけでなく、政府内面から見つめ、政府のいい分の大きな矛盾を発見するのもおもしろいのでは？　マスコミの報道では、学生の動きにも重きを置いていたようにも思うのだがそれも知りたかった（今回のフィルムで）世間知らずな高校生が生いきな意見で申し訳なく思いますがこれで終わります。乱筆乱文失敬
1973.9.16（一九七三年九月一七日消印、小川プロ宛感想はがき）(35)。

名古屋市在住の一九歳の学生は、『三里塚　辺田部落』を通じて現地情勢を知ろうとしたが、そのような構成の映画ではなかったことに批判的な見解を記しつつ、同作品の特徴である長回しに着目している。

前略9月16日、名古屋市民会館において〝三里塚辺田部落〟を見ました。この作品が6作目だそうですが、僕は今までの作品を残念ながら見ていません。今まで上映会があったのは知っていましたが、場所や時間の関係で見られませんでした。これからも今日の上映のように一般の物〔ママ〕でもきらくに見れる所で行なって下さい。それから今回の上映について、開場時間、上映時間はかならず守って下さい。それに当日券もきちんと出してせい列させて入場させてください。作品については先ほどのべたように前作品を見ていないので、見かたもかなり違っているかもしれませんが、「第六部」とはなっていても一本の作品にはかわりません。そんなところから見ると、三里塚についてまるで予備知識のないものにとっては、せっかくの作品も意味がなくなります。チラシなどで多少わかりますが、そのことを作品の内でやってもらいたいと思います。やたらと長まわしが多くカメラも一台でこれだけの作品をつくるとはたいへんだと思いますが、それが逆にいい効果をだしていると思います。作品の流れとして大きな山はありませんが、うまくまとまっていると思います。これからもがんばっていい作品をつくってください（一九七三年九月一九日消印、小川プロ宛感想はがき）。

名古屋市在住で自身を「ノンポリ」と表現する二〇歳の学生は、さらに率直な感想を寄せている。

9／16名古屋市民会館にて映画を見た。闘争の場の緊張を描いていると思ったら、部落の日常生活だったので拍子抜けした。が、このような日常生活が、闘争を支えているのだなあと感じた。しかめっつらではなく笑顔の闘争こそ強いというが本当だなあと思った。でも、今までの自己の周囲の否定といったものの反動みたいに、農村の古いつながりを無条件に賛美しているように感じた。土地に、そして伝統に根ざした闘争と、私有財産の否定という革命の関連性がわからない。だから、そのへんの観点からも描いてほしかった。ノンポリのぼくにこんなこと言う資格はないと思うけど（一九七三年九月一九日消印、小川プロ宛感想はがき）。

本節で取り上げられた観客の反応は、一九七三年九月の名古屋における『三里塚　辺田部落』上映に対する反応の一部であり、膨大な小川プロ作品の上映事例のうち、ほんの一部に過ぎない。しかし、批評家による作品論ではなく、民衆による作品受容のあり方がわかる貴重な資料と言える。小川プロ資料内には、このようなひとりひとりの観客の生の声が多数残されており、今後は本格的な分析と考察が求められる。

五　まとめに代えて

以上の記述と考察をふまえ、最後に、一九七〇年代前半の名古屋市における記録映画「三里塚シリーズ」の自主上映運動の事例記述から見いだされる知見を、仮説的に述べて本論文を閉じる。

第一の知見は、地域に先行して存在する運動体が「三里塚シリーズ」の自主上映運動に果たした役割が見いだせることである。三支の会による「三里塚シリーズ」自主上映運動は、観ることを通じて三里塚闘争を知り、同闘争や小川プロを支援するための運動として位置づけられる。名古屋において地域に先行して存在する運動体は三支の会だけでなく、名古屋べ平連などもある。こうした団体の布置連関の実態解明が必要である。

第二の知見は、イシューや社会的属性、志向を異にする諸アクターの連携活動として一九七三年九月の『辺田部落』上映を捉えることができることである。「三里塚シリーズ」自主上映運動が、観ることを通じて三里塚闘争や小川プロを支援するための運動であったとする前記の知見には、一九七〇年代の名古屋という時空間の持つ歴史的固有性をふまえた留保も必要である。

一九七三年九月の『三里塚　辺田部落』上映運動を名古屋市内で担った諸団体の中には、映画愛好者の団体もあり、三里塚闘争の支援団体と映画愛好者の団体が寄り合い所帯のように自主上映運動の一翼を担っていた。一九八二年に名古屋市内で名古屋シネマテークを開館した倉本徹は、一九九三年に刊行した書籍の中で、このように記している。「なぜ本書を出版するに至ったかは、やはり小川紳介＋小川プロとの出会いからはじめなくてはならないだろう。一九七三年、小川プロは『三里塚・辺田部落』の全国縦断上映をめざして、上映隊を各地に送っていた。そのとき名古屋・岐阜地区の担当だった福田・野坂との出会いから、小川プロを知ることになる。当時大学生だった私は、映研の活動が高じ、自主上映を始めていたが、その三年目の夏のことだった。彼らから上映のイロハを教えてもらったことを、思い出す(36)」。

倉本は名古屋大学在学時から名古屋市内の公共施設で映画の自主上映をおこない、一九七三年に映画上映サークルの「ナゴヤシネアスト」を立ち上げた。その後、一九八二年には名古屋シネマテークを設立し(37)、二〇二三年まで長きにわたってミニシアターを継続し、映画図書館の設置や叢書の刊行にも携わった(38)。名古屋市におけるミニシアター文化の牽引主体となった名古屋シネマテークの創始者が、自身の出発点をふりかえる文章の中で、一九七三年九月の『三里塚　辺田部落』の名古屋上映に言及している。小川プロが各地の自主上映者とともに進めた「三里塚シリーズ」の自主上映運動に、一九八〇年代の名古屋におけるミニシアター文化の萌芽の要因のひとつを読み取ることができるのではないだろうか。仮説的な知見としてこれを提示しておきたい。

一九七〇年代後半から八〇年代にかけて、名古屋市に限らず、各都市にミニシアターが設立され、大手配給会社の影響下にある映画館では観ることが難しい作品を映画館で観ることのできる時代が到来した。山形に拠点を移して以降の小川プロ作品も、八〇年代以降はミニシアターで上映されるようになっていった。その結果、社会運動の一環として映画を上映する人々と映画愛好者たちとは、寄り合い所帯となる契機を得られなくなっていったのではないだろうか。換言すると、一九七〇年代という時期は、「三里塚シリーズ」の自主上映運動を事例にしたとき、三里塚闘争の支援団体と映画愛好者の団体が寄り合い所帯のように上映運動の一翼を担っていたという意味で、上映運動の主体のあり方において歴史的な固有性を持った時期として捉えられるのではないだろうか。

以上に提示した二つの知見は仮説である。今後、資料整理が進んだ小川プロ資料を駆使して、名古屋をはじめとする各地の「三里塚シリーズ」自主上映運動の形成・展開の過程を明らかにし、複数の地域における事例を比較することで、仮説から一般化可能な知見として示せるかを検証したい。小川プロ資料を整理しながら研究に活用している三里塚アーカイブの共同研究者とともに、地域における「三里塚シリーズ」自主上映運動史の比較研究を進め、資料と聞き取りの両面から仮説の構築と立証に取り組むことが、本論文以降の研究課題である。

注

（1）村山匡一郎「非商業上映の歴史——戦後の啓蒙運動からコミュニティシネマまで」（財団法人国際文化交流推進協会編『地域における映画上映状況調査　映画上映活動年鑑２００４〔非映画館編〕』財団法人国際文化交流推進協会、二〇〇四年）九四—一〇二頁。

（2）筆者は映画研究者のリカルド・マトス・カボと共同で「三里塚シリーズ」の制作過程で残された未使用フィルム上映を含めた研究報告をおこなっている。現在、「三里塚シリーズ」に関心を持つ人々は社会運動の担い手だけでなく映画研究者や映画作家などにひろがっており、日本国外からも関心が集まっている。Yoichi Aikawa, Ricardo Matos Cabo, *Sanrizuka in Action: Researching the Archives of Ogawa Productions: Rushes, Photgraphy and Other Material*, Radical Film Network Conference 2024: Archives of Radical Cinema, Museo Reina Sofia, Madrid, June 22, 2024. Yoichi Aikawa, Ricardo Matos Cabo, *Film Materials and Documents by Ogawa Productions and Fukuda Katsuhiko*, Cinéma du reel, Centre Pompidou, Paris（Online）, March 29, 2024.

（3）この定義は次の拙稿による。相川陽一「三里塚闘争における主体形成と地域変容」（『国立歴史民俗博物館研究報告』二一六号、二〇一九年）一七一頁。三里塚闘争の歴史的推移を記した文献には、本注拙稿のほか、主として以下の文献がある（書籍のみ、刊行年順）。デビッド・アプター、沢良世『三里塚──もうひとつの日本』（岩波書店、一九八六年、原著：David E. Apter and Nagayo Sawa, *Against the state: politics and social protest in Japan*, Cambridge, Mass.: Harvard University Press 1984.）。宇沢弘文『「成田」とは何か──戦後日本の悲劇』岩波書店〈岩波新書〉、一九九二年）。隅谷三喜男『成田の空と大地──闘争から共生への途』岩波書店、一九九六年）。福田克彦『三里塚アンドソイル』（平原社、二〇〇一年）。住民や支援者の立場で闘争の当事者となった人々による文章を収録した文献に、宇沢弘文編『三里塚アンソロジー』（岩波書店、一九九二年）がある。現地の青年たちによる座談会と同闘争で三里塚芝山連合空港反対同盟とその関係者が発表した資料を収録した文献に、のら社同人編『壊死する風景──三里塚農民の生とことば 増補版』（のら社、一九七一年）があり、同書は二〇〇五年に創土社より復刻された。

（4）本段落における新東京国際空港の建設および建設反対運動の経過は、『新東京国際空港問題の経過（昭和38年6月〜昭和44年3月）』（千葉県、一九六九年）、『新東京国際空港問題の経過概要（昭和38年6月〜昭和50年1月）』（千葉県企画部、一九七五年）による。両資料は千葉県立中央図書館の所蔵資料である。

（5）小川紳介と小川プロに関する主要文献には以下がある（刊行年順）。映画新聞編『小川紳介を語る──あるドキュメンタリー監督の軌跡』（フィルムアート社、一九九二年）。小川紳介・蓮實重彦『シネアストは語る5　小川紳介』名古屋シネマテーク、一九九三年）。小川紳介（山根貞男編）『映画を穫る──ドキュメンタリーの至福を求めて』（筑摩書房、一九九三年／増補改訂版、太田出版、二〇一二年）。

（6）成田空港地域共生委員会歴史伝承部会編・発行『歴史伝承部会調査報告書（1998年度）』一九九九年、七頁。

（7）成田空港問題シンポジウムと成田空港問題円卓会議が成田空港の建設などをめぐる紛争の歴史的推移や地域史に関わる資料や証言等を収集、保全、整理し、展示や研究などに活用することを使命とする成田空港地域共生委員会歴史伝承部会の発足につながったことを示す資料に、注（6）前掲、成田空港地域共生委員会歴史伝承部会編・発行をはじめとする『歴史伝承部会調査報告書』（一九九八年度号から二〇〇三年度号まで、一九九九年から二〇〇四年にかけて計六冊刊行）、財団法人航空科学振興財団歴史伝承委員会編・発行『歴史伝承委員会調査報告書』（二〇〇四年度号から二〇〇八年度号まで、二〇〇五年から二〇〇九年にかけて計五冊刊行）がある。これらの報告書は国立国会図書館や千葉県立中央図書館などに所蔵されている。二〇一一年に開館した成田空港空と大地の歴史館の収蔵資料と常設展示は、主として同歴史伝承部会と同歴史伝承委員会が実施した資料収集と聞き取り調査の成果をもとに構成されている。

（8）福田克彦の生涯については、注（3）前掲、福田著書所収の「作品・著作一覧・落書き年譜」と福田と親交のあった各氏による追悼文が参考になる。本段落の記述は同書による。

（9）注（6）前掲、成田空港地域共生委員会歴史伝承部会編・発行、一五頁。

（10）新井勝紘「現代をどう展示するのか　成田空港問題「歴史伝承館」を例に「成田」の歴史をどう伝えるか――成田空港歴史館（仮称）建設までの過程と課題」（『博物館問題研究』三三号、特集　現代を展示する――成田空港問題を事例に、二〇一四年）三―二五頁。

（11）本節で記述した小川プロ資料および関連資料の概要は、注（7）前掲の報告書のうち、財団法人航空科学振興財団歴史伝承委員会編・発行『歴史伝承委員会調査報告書（２００７年度）』一九―二二頁を典拠とする。

（12）小川プロ資料のうち文書資料箱は、歴史伝承部会、歴史伝承委員会、筆者らによる資料整理の過程で、歴史伝承部会への資料譲渡（一九九八年度）以降に資料箱数が増えている。筆者らは二〇一八年度より小川プロ資料のうち文書資料箱内の資料の目録化を進めており、本節で記述した同文書資料の資料形態別点数は筆者らが作成した目録をもとにしている。同文書資料の二〇二三年時点の資料形態別点数は、以下で公開した。相川陽一・森脇孝広・今井勇「元小川プロダクション資料の整理・活用の経過と展望――千葉県成田市・芝山町における歴史伝承の取り組みから」（『全国歴史資料保存利用機関連絡協議会会報』一一五号、二〇二四年）五一―五二頁。

（13）注（12）前掲、相川・森脇・今井論文、五一―五二頁。

（14）注（6）前掲、成田空港地域共生委員会歴史伝承部会編・発行、二六頁。

（15）檜皮瑞樹「成田空港拡張工事と文化財保全活動」（『千葉史学』八五号、掲載予定）。山﨑一矢「千葉県内史料保存機関ファイル㉖　成田空港の更なる機能強化における歴史資料・地域資料の調査・保全の取組について」（『千葉史協だより』六〇号、掲載予定)。

(16) 神戸映画資料館による小川プロ資料の受け入れの経過と資料概要については、同館長の安井喜雄による論考があり、小川(白石)洋子(小川紳介のパートナー)の尽力で資料保全と資料整理がおこなわれ、この過程で同館への寄贈希望があったこと、二〇一九年に同氏が死去した後、段ボールにして約三〇〇箱にのぼる資料が同館に移管されたことなどが記されている。安井喜雄「小川プロの資料保存と映画『満山紅柿』——白石洋子の仕事を振り返る」(影山理編、小川紳介・小川洋子『幻の小川紳介ノート——1990年トリノ映画祭訪問記と最後の小川プロダクション』シネ・ヌーヴォ発行、二〇二二年)一六九—一七六頁。

(17) 川崎市市民ミュージアム収蔵の小川プロ資料は、注(16)前掲、安井論文によれば、小川プロ元スタッフの野坂治雄の旧蔵資料である。同館資料などを活用し、小川プロ作品の上映運動と観客の作品受容を論じた貴重な研究業績に次の論文がある。田中晋平「小川プロダクション『どっこい!人間節　寿・自由労働者の街』の上映活動をめぐって」(『映像学』一〇四号、二〇二〇年)一五八—一七八頁。なお、同館は二〇一九年に台風による被害を受け、小川プロ資料も被災した。川崎市が二〇二四年二月八日に発表した資料では、小川プロ関連資料二〇三六点が応急処置済と記載されている(川崎市ウェブサイト「市民ミュージアム 収蔵品レスキューについて」ページ内資料「川崎市市民ミュージアム収蔵品レスキューの状況について(令和6年2月8日　報道発表資料 川崎市(市民文化局))」https://www.city.kawasaki.jp/250/cmsfiles/contents/0000122/122172/240208Hodohappyoshiryo.pdf(最終閲覧日:二〇二四年一〇月一九日))。

(18) Abé Mark Nornes, *Forest of Pressure: Ogawa Shinsuke and Postwar Japanese Documentary*, University of Minnesota Press, 2007. 阿部マーク・ノーネス「小川プロ、その運動としての映画における音楽性」(黒沢清ほか編『日本映画は生きている7　踏み越えるドキュメンタリー』岩波書店、二〇一〇年)三七—七〇頁。佐藤洋「映画を語り合う自由を求めて——映画観客運動史のために」(黒沢清ほか編『日本映画は生きている3　観る人、作る人、掛ける人』岩波書店、二〇一〇年)一三—四一頁。畑あゆみ「「運動のメディア」を超えて——一九七〇年代前後の社会運動と自主記録映画」(藤木秀朗編『観客へのアプローチ』森話社、二〇一一年)三八五—四一一頁。田中晋平「一九七〇年代後半の関西における自主上映について」(『芸術』四〇号、二〇一七年)八七—九七頁。同、注(17)前掲、田中論文。湯本希生「東北の農民と「三里塚」――地方上映運動とは何か」（『現代の眼』一二巻四号、一九七一年）一六八―一七七頁。

(19) 相川陽一・森脇孝広「戦後日本における記録映画の上映運動に関する資料収集と整理について――松本市における小川プロダクション作品の上映運動を中心に」（『記録と史料』三一号、二〇二一年）六―二九頁。相川陽一「地方都市における自主上映者の肖像――長野県松本市における映画上映運動の個人資料を手がかりにして」（大野光明ほか編『社会運動史研究3　メディアがひらく運動史』新曜社、二〇二一年）五一―七一頁。

(20) 境川流域下水道反対運動の経過については以下の論文を参照した。若山秀夫「境川流域下水道の問題点と反対運動」（『水情報』二三巻二号、二〇〇三年、一八―一九頁）。『水情報』同巻同号では「特集　境川流域下水道」が組まれており、同流域下水道建設をめぐる訴訟に関わった弁護士や研究者、農民が結成した境川流域下水道元刈谷反対同盟委員長の渡辺育穂が名古屋地方裁判所に提出した陳述書に基づく記事などが掲載されている。法政大学環境アーカイブズには「境川流域下水道反対運動資料」が所蔵されている。

(21) 「山ちゃん」への聞き取りは、二〇二三年六月五日、同年七月三日に実施した。「山ちゃん」は、一九四〇年代生まれの男性で、名古屋市在住である。三里塚闘争への支援運動だけでなく、名古屋市内外で社会運動に携わってきた人物である。本論文ではニックネームで「山ちゃん」と呼称する。

(22) 「名古屋上映辺田部落連絡・記録ノート　48.6.16～48.8.30」（小川プロ資料、成田空港空と大地の歴史館所蔵）。この「福田ノート」内には、「闘」や「第」などの文字が略字で表記される箇所が散見される。本論文ではできるかぎり略字を活かしたが、略字が表記できない場合、正字に代えた箇所がある。

(23) 同前。

(24) 注(21)前掲、「山ちゃん」への聞き取りによる。

(25) 同前。

(26) 注(22)前掲、福田ノートによる。

(27) 名古屋・三里塚支援の会「三里塚　資料集（2）」（小川プロ資料、成田空港空と大地の歴史館所蔵）。本段落における三支の会の動向は、同資料による。

(28) 同前。
(29) 同前。
(30) 三支の会発小川プロダクション宛書簡（一九七三年六月一一日付）（小川プロ資料、成田空港空と大地の歴史館所蔵）。一九七三年五月一三日の名古屋集会・デモは『大鉄塔』第1号による（小川プロ資料、成田空港空と大地の歴史館所蔵）。
(31) 注（22）前掲、福田ノートによる。
(32) 「記録映画「三里塚 辺田部落」試写会のご招待」（はがき）（小川プロ資料、成田空港空と大地の歴史館所蔵）。
(33) 「岐阜上映会住所録」（小川プロ資料、成田空港空と大地の歴史館所蔵）。
(34) 注（22）前掲、福田ノートによる。
(35) 「辺田・感想ハガキ 名古屋」（小川プロ資料、成田空港空と大地の歴史館所蔵）。以下、本節における感想はがきは同一の一件資料に拠る。
(36) 倉本徹「あとがき」（小川紳介・蓮實重彦『シネアストは語る5　小川紳介』名古屋シネマテーク、一九九三年）一八八頁。
(37) 『中日新聞』二〇一六年八月九日（ウェブサイト記事、最終閲覧日：二〇二四年一〇月一三日）。
(38) 名古屋シネマテーク公式ウェブサイト（ＵＲＬ：http://cineaste.jp/、最終閲覧日：二〇二四年一〇月一三日）。

付記　本論文はＪＳＰＳ科研費18K00969/21H00569/23K20497、サントリー文化財団研究助成による研究成果の一部である。記して謝意を表したい。

何を残すか、残せるのか——工場調査、海外調査

三宅　明正

はじめに

同じ時代を生きてきたと感じる人々の訃報がふえた。人文社会系の研究者に限っても、ここ数年、上村清雄、関口定一、平賀明彦、雨宮昭彦、加瀬和俊、元木泰雄各氏が亡くなった。一九四九年生まれの加瀬氏を除きみな一九五〇年代前半に生まれ、多感な時期に六八・六九年を過ごした人々である。もう少し前だが二〇一〇年に高校の同級生だった古茂田宏君（倫理思想史）が、翌一一年に私が学部生の時代に院生だった安田浩氏が、亡くなった。両氏ともしばらく千葉大学で同僚だった人たちである。一人は死期の迫った病床で学生たちと演習を開き（古茂田）、また一人は病床で最後の著作に取り組んで（安田）いた。両氏はそれぞれのやり方で、自分が他者に何を伝えるか、生命の限り全力を尽くしていた（両氏にはそれぞれ私家版の追悼文集があり、私も寄稿した。古茂田 二〇一一、安田 二〇一二）。私は、その非力さから人に何かを「伝える」ことなどできそうもない。それでもせめて何を残すか、残

せるのかは考えてみたい。

何かを問い、究明していくためには、本人の関心と先行研究（その有無を含めて）、素材の三点が、それぞれ不可欠だ。私が何かを残せるとしたら、そのうちの素材、すなわちこれまでに収集してきた日本労働史の史料なのではないかと考えた。具体的には、国内の事業所や工場、労働団体と、海外、とくにアメリカの文書館で集めた史料である。千葉大学定年退職後の二〇一八年から七年間、二つの科研費を得てそれらの電子化を進めた（三宅 二〇二二―三、ならびに「KAKEN 三宅明正」の website）。以下では私がどうして日本の労働史を考えるようになったか、その過程で国内の企業や労働組合、さらに海外の文書館で、どのようにして史料収集をするようになったか、背景を含めて書こうと思う。これまでに私は周囲の人々の影響を数多く受けてきた。以下の記載では、研究・教育者はその氏名を、その他の方はイニシャルを記した。

一九五〇年代から六〇年代半ば

一九五三年三月、私は東京で生まれた。父は元職業軍人でメーカーの技術者、母は元高等女学校教員の主婦だった。二人とも敗戦で職を失い、偶然出会って結婚した。住居は新宿区喜久井町という漱石の祖父が名主だった一帯で、日露戦後の宅地開発地である。女学校教員だった母方の祖父が明治末期からそこに住み、その隣地を父母が住居にした。

父の実家は広島で、没落士族の軍人一家に育った。二一世紀の初め、趙景達氏のもとに韓国から留学してきた姜孝叔の論文に、親族と覚しき軍人による蛮行が出てきて気恥ずかしくなったこともある。幼少時に父とその大叔父に会った際、直立不動で接する父の姿に驚嘆した。後に自衛隊のＯＢから、年次や階級差は生涯ついてまわると言われ、納得した。父は四五年末に広島に戻ったが、地表の熱が靴底を通して伝わってきたと言っていた。

母方の祖父は今の町田市小野路の出身で、本家は豪農、ただし祖父は分家のそれも五男だった。近世までなら飼殺しの下男の運命だったのだろうが、小学校卒業後、郷里を出てよいとなった。祖父は検定で小学校教員の資格を得て勤め、その後また検定で中等学校の教員資格を得、高等女学校の教員となった。母方の祖母は有力士族の末裔だそうで、その一族は維新後横浜で成功し、彼女はミッション・スクールの初期の卒業生だった。ところが経営が傾き、口減らしのために娘たちはみな慌てて嫁ぐことになった。私の母とその兄姉らは、戦前・戦中期には珍しく女を含めてみな高等教育を受けていたが、そこには祖母による祖父、つまり自分の夫の学歴に対する厳しい眼差しがあった。

私は幼稚園も保育園も行かなかったので小学校入学まで家で遊んでいたようだ。小学四年生の時に父が独立して始めた事業で失敗し、新宿区の住宅を引き払い練馬区の西はじに転居した。畑の一角の建売住宅だった。道は舗装されておらず砂利敷で、転校先の小学校もグランドは土だった。山手線内の学校と比べ、環境はがらっと変わった。連日野球や近くの林でのカブトムシ探し、少し離れた三宝寺池でのザリガニとりと、動き回った。そのせいか小学校で何かを学んだという記憶が乏しい。ただでさえ落着きがなく、授業を聞かない少年だった。唯一覚えているのは急に同級生が転校した際、担任が「彼女は実は日本人ではなく、本名は違います」と言ったことだけだ。意味が判らず母に尋ねたところ、はぐらかされた。

後に気づいたのだが、この練馬区西部の新開発地はなかなか面白いところだった。竹宮惠子、萩尾望都らの女性版トキワ荘は我が家から二、三〇〇メートルの所にあり、また我が家の校区の中学校と隣接の小学校（私の通った小学校とは別）は、二〇二四年の最高裁判所判事二人が通った公立の小中学校だった。その一人は、歴史に残る少数意見をいくつも書いている。千葉大の同僚にも同じ小学校の出身者がいる。半分農村の風情を残していた（今も残っている）この地域は、農地改革後、所有者の相続に併せて切り売りされることで雑然とした住宅地となった。昔からの住宅地でも、計画的に開発されたわけでもないこうした所は、そこで暮らす人々に、多様さという感覚を育んだように思う。

中学と高校

六五年からは、女性の学力が高いことで知られるお茶の水女子大附属中学で学んだ。前身校を含めると、日本初の女性〇〇と言われる人々に、かなりの卒業生が含まれている学校だ。いっぽう中学に入った男の方はというと、できのいい姉や従姉などがいて、それより劣る者が進むところとされていた。一学年男四八人、女九六人の小規模校だったが、教員にはけっこう面白い人がいた。社会科の加藤章氏（日本近世史）は、授業こそ印象に残っていないものの、東海と東北の二度の修学旅行（見学先は韮山反射炉、日軽金蒲原工場、登呂遺跡、瑞巌寺、平泉、青森港、大湯ストーンサークルなど）や、二回の映画鑑賞（「華麗なる激情」、「アルジェの戦い」）などを主導し、いろいろな関心を喚起された。社会科室に行くと、当時山川出版社から出始めていた大系日本史叢書のシリーズを気軽に貸しだし、中学生はこれらの書籍を背伸びして読み、理解しようとした。あちこち見て回るのは良い体験となった。後に私も学生たちと足尾銅山や秩父、三宅島、沖縄、大久野島、韓国などに出かけたり、横浜の工場で史料調査をしたりしたが、そこには中学の時の体験があった。加藤氏とは、九〇年代に日本史教科書の執筆で共に仕事をした。

理科にも大学の楽理科を出てから物理学科に入り直したKさんという講師がいて、音を素材に物理の分野を説明した。音の波形と振幅、振動数などを観察し、ギターに興味を持ちだした中学生には、弦の長さと太さで音の高低が、振動の大小で音量が、それぞれ説明できることが具体的に理解できた。また附属高校（こちらは女性のみ）が中学の隣地にあってそこの文化祭に行った際、琴に初めて触れ、流派が違うと楽器も楽譜も異なることを知った。和楽器では楽譜（それがない分野も少なくない）は楽器や流派ごとにバラバラなことから、後に五線譜の創出と普及の意義を感じるようになった。共通のメジャーを作って対象を把握しようとする営みは、西欧近代のやはり成果の一つだろう。また中学では定期的に農場に通って、初めての農作業も体験した。さまざまな面白さに気づかせる環境もあってか、中学の男四八人のうち六人が大学の研究・教育職に就いた。

六八年からは都立富士高校に進学した。一学年四三〇人と大規模で、旧高等女学校だったから、ここも女二七〇人、男一六〇人と女性の方が多かった。著名な同級生の代表は、アートディレクターで作家（『原寸美術館』ほか）のYさんと、職業裁判官を続け三権の長を務めたO君だろう。高校生の時、Yさんからは小商品パッケージデザインの意味を、O君からは西欧近代の背景として聖書を理解することの必要性を、それぞれ聞いた。私は専らマルクス系の思想に傾斜していたため、必ずしも会話がはずんだわけではなかったが、後に消費資本主義や、現代マルクス主義で学校や教会の役割を重視する議論に接した時、これらの会話が蘇った。

六八、六九年の体験というのはやはり強烈だった。私も学外の集会やデモに行くのが当たり前になった。高校からそう遠くない所に新宿西口があり、六九年の数か月間、土曜に地下広場で集会が開かれていた。後にアンドルー・ゴードン氏とこの集会を話題にしたことがある。彼は五二年生まれで高校の修学旅行で来日し、この西口の集会を見て「調和のとれた日本」というイメージが一新されたと言っていた。ほかにもあちこちの集会やデモに出かけたが、立川駅から砂川に向かった際、北口に米兵相手の歓楽街が残っており「日本の方も遠慮せずお入りください」と書いてあるのが印象的だった。今では想像しづらいが、本土でも米軍基地の存在感は小さくなかった。

高校の授業で覚えているのは二年生の時にジョージ・オーウェルのAnimal Farmを読んだことだ。面白かったので英語よりも訳書の方で早く読み終えた。国語科教諭の川島第二郎氏は、文学青年がそのまま大人になった感じの人で、桑原武夫の第二芸術論も氏から教わった。氏は後に日本のキリスト教伝播史の研究書を著した。高校には在日の同級生が数人いた。自然に会話する関係になったが、ある時S君を集会に誘うと「僕の場合、政治活動は強制送還の対象なんだ」と言われ、自分の無知が恥ずかしかった。

在学した中学も高校もほぼ全員が大学に進学したが、七一年の大学進学率は男三〇・三％、女（含短大）二〇・八％（うち四年制八・〇％）だったから、こうした環境が特殊だったことは間違いない。私も当然のように大学進学を考えていたのだが、小学校の同級生には男も女も高校を出て働いた人たちが少なくなかった。学校は進学すればするほど同質性の強い集団になるが、そうした集団のもつさまざまな問題には当時考えが及ばなかった。

高校では男の場合国公立大学工学部系への進学希望者が圧倒的に多かった。高度経済成長の反映だろう。男の場合いわゆる文系進学者は、理系から変更した者も含めて四分の一に満たなかった。私は四色問題や暗号論にも興味があったので少し迷ったが、化学が極端に苦手、というより理解不能だったため、文系で理科の受験科目は物理を選ぶクラスに入った。このクラスには男が一八人いて、うち古茂田宏、鈴木朝生（西欧政治思想史）、羽入辰郎（ウエーバー研究）各氏と私の四人が後に研究・教育職に就いた。思想研究が多いのは当時の影響かと思う。なお別のクラスに矢島美寛君（統計学）がいた。話す機会はあまりなかったが、彼が進んだ大学の数学科の三年上に私の姉がいて、彼は私のことを「あの馬面の」と言ったそうである。統計的に見て私は馬面なのだろう。そういえば七〇年のバレンタインデーに、同じクラスの女性からきれいな小箱を貰った。初めての経験でドキドキしながら開けたら、中には大きな人参が入っていた。

私が歴史を専攻しようとしたのは、史的唯物論を基礎にして、国家の成立という問題を考えたいと思ったからだ。外国語が苦手なので対象は日本（列島）である。七〇年の夏、家永教科書裁判（第二審）の杉本判決があった。原告側弁護士の事務所を調べ、訴状と判決文を見せてほしいと頼み、言われた日時に行ったところ、教育学の大学院生が応対していろいろと説明してくれた。青焼きの訴状に「被告　国」ということばがあった。検定処分取消訴訟と損害賠償請求訴訟の違いを知らなかった私は、このことばに衝撃を受けた。一人の人間が学問の自由を掲げ、「国」を相手に聳立して対峙する姿をそこにみたからである。家永三郎氏のところで日本の国家形成の歴史を学ぼうと志望を決めた。

東京教育大学

七一年に東京教育大学文学部史学科日本史学専攻に進学した私は、一年次の授業が面白くなく、専らデモや集会に励む日々を過ごした。ただし歴史のサークルで一学年上の井上久士氏（中国史）や院生の君島和彦氏を知り、また教科書裁判研究のサークルで山口喬氏（教育学）を知って教科書裁判の法廷にも足を運ぶようになった。デモに明け暮れていたのは、ベトナム戦争や沖縄返還協定、筑波大学法案や学費値上げなど、それぞれのテーマはもちろん重要なことだったが、私の場合エネルギーの発散という側面（一種の祝祭）もあったことは否めない。高校生の時はサイクリング（小仏峠も箱根山も越えた）やラグビー、山歩きやキャンプ等、身体的な発散の機会にことかかなかったが、大学ではそうした機会が集会やデモに変わったのである。四年間で毎回出席した授業は家永氏の講義と演習計三科目だけで、どうみても真面目な学生ではなかった。高校の師の川島氏から手紙が来て「活躍の噂を聞くが大学は学問をするところだから」と記されていたこともあった。三宅はデモばかりしていると誰かが話したようだ。ちなみに学部三年までに読んで印象に残ったのは平田清明『市民社会と社会主義』と丸山眞男の『現代政治の思想と行動』、あとはローザ・ルクセンブルクの大衆ストライキ論だった。

四年次になる時に卒業論文のテーマと進路を決めなければならず、卒論は近代日本の労働の歴史にしようと考えた。前年に石油危機があり、原材料を海外に頼る日本経済は不安定さをますと思い、その状況を探るには、資本主義にとり処理困難な労働をテーマにするのが良いと考えたのである。安田浩氏が文献を教えてくれた。読み進めるうち、池田信、兵藤釗、二村一夫各氏の仕事に刺激を受けた。労働や労働者を抽象的に扱うのではなく、具体的にとらえることで、新たな労使関係の像を描いていたからである。四年次に卒論に向けた二限続きの演習があり、近現代史は家永・大江志乃夫両氏の担当だった。日本史専攻の同級生で近現代史は私だけだったので、教師二人に学生一人の演習が続いた。きつかったがよく学べた。毎回私がどれだけ進んだかを報告し両教員が意見を述べるのだが、一度家永氏から「前回と話が変わらないですね」と言われて授業が終わったことがあり、それだけは避けようと奮起して臨んだ。こうしてまとめた卒論が「近代日本における鉄工組合の構成員」（三宅　一九七八）である。

四年次だった一九七四年は九月に教育実習、一〇月に大学院入試と慌ただしく過ぎた。実習先では古代史の大町健氏と一緒になり前近代史全般についていろいろと教わった。大学院進学は褒めた動機ではなく、あまりに勉強しなかったのでこのままではまずいと思ったのが本当のところだった。当時大学の授業料は今では信じられないくらい安く（学部時月一〇〇〇円、院生時月三〇〇〇円）、学習塾や予備校に雇用が多くあったので、奨学金とアルバイトでやっていけるだろうと考えた。ただし筑波大学法案が通っていたため大学院はほかに行く選択をし、面白そうな近現代史のスタッフを擁する一橋大を志望しようと決めた。

日本史学専攻の同級生二二人のうち六人が進学し、多くは筑波の大学院に進んだ（そのうち立木修・考古学と天沼香・歴史人類学の両氏は故人となった）。同級生の過半は教員になり、その多くは首都圏の公立高校に務めた。後に中学や高校の歴史教科書執筆で活躍する小松克己、楢崎由美両氏はこの時の同級生である。日本史以外の歴史分野の同級生でその後も交流があったのは相馬保夫（ドイツ史）、國方敬司・庄司俊作（経済史）の各氏らだった。ちなみに庄司君はもともと倫理学から経済学・経済史に転じていて、同じ倫理学の一学年上には上川孝夫氏（国際金融）もいた。高校の同級生にも大学で倫理学を選んだ人たちがいて、日本の倫理学には広い範囲に関心を向かわせる面があるのかとも思う。教育大の他学部や史学系以外の文学部の同級生には後にさまざまなところで出会う人々が多くいた。一人だけあげると、理学部化学科にいた野口邦和君が同学年だった。原発事故後の彼は大活躍である。

院生時代と工場調査

七五年から大学院生となった。週二日予備校と学習塾で仕事をし、三、四日は大学で学んだ。主指導教員は藤原彰、副指導教員は中村政則の両氏で、ほかに安丸良夫氏の演習形式の授業をとった。大学院時代は毎回授業に出た。丸山学派の著作を多読する安丸氏の授業はとくに厳しかったが、神島二郎の著作に初めて触れ、その関心のありようと対象への接近方法からは、独特の刺激を受けた。

夏に西成田豊氏から八幡製鉄所への史料調査に誘われた。私にとって初めての企業・工場の史料調査である。八幡行きは、春日豊、塩田咲子、松本俊郎の諸氏と一緒だった。長尺のマイクロフィルム撮影用カメラを担いで、東京発の夜行列車で枝光駅に向かった。本事務所で広報の方々と話をし、地下で鉄鋼史資料目録にある労働関係の史料を閲覧して撮影した。一九二〇年大争議の史料があったので、私はそれに集中した。修士論文をこの史料を使って書いた（三宅 一九七九、なお同一九八二―八では八幡の別の史料を用いた）。史料を読む、というよりも時間の制限からざっとみて、一枚でも多くカメラで撮った。この時から数年、夏と春の長期休みに八幡製鉄所を訪れて史料を撮影した。研究費などはなく、普段はお金を貯めてそれを調査に使うという生活を続けた。

八幡行きでは、いろいろな経験をした。とくに食べ物の違いに驚いた。構内の食堂で天ぷらそばを注文したらさつま揚げがのっていて、それが天ぷらだと言われるまで判らなかった。黒崎駅前の屋台でラーメンを注文したところ、洗面器状の容器に牛乳が一杯に見えるラーメンが出てきて驚いた。豚骨スープを知らなかったのである。また広報のスタッフが案内してくれた飲み屋では、貝の刺身が何種類も出てきた。網野善彦『東と西の語る日本の歴史』の出版は八〇年代になってからだが、九州は食べ物において明らかに関東と違っていた。なお製鉄所構内見学の案内役はオリンピック銀メダリストのK氏で、氏と並んで走ったことは私の自慢話となった。七五年だったかどうか定かでないが、溶鉱炉とレール圧延の作業場を見学した。製銑は自動化されていてコンピュータ画面での監視作業、いっぽうレールの圧延は、これも自動化されているが、多くのスタッフが現場で調整する作業だった。労働過程を知るためいくつか本を読んでいったが、工場での作業は書籍よりもさらに進んでいる印象をもった。八幡から東京に戻った後、フィルム現像の仕方を芳井研一氏が、フィルムを反転させて複写する方法を茂木陽一氏が、それぞれ教えてくれた。マイクロフィルムリーダーの使い方はみなが知っていた。史料の調査、収集とそれをどのように廉価で利用可能にするか、その術は、上の世代が実践的に伝えていた。なお西成田氏からは翌年も八幡製鉄所と直方の石炭記念館での調査に誘われた。この時、直方に三井物産支店の表札がかかげられた施設があった（残務整理のためであろう）ことに驚いた記憶がある。

大学院修士課程の二年間は、修士論文を書くことに没頭した。ただし歴史学研究会の近代史部会には出席し、サマーセミナーでは日本史研究会の同世代の人たちと交流した。大学の内部では、歴史共同研究室という研究科を超えた場所があり、そこで日本史系の教員と院生の研究会も開かれていた。私が修士在学中に『大系日本国家史』のシリーズが刊行されていて、編者の佐々木潤之介、中村政則両氏の報告があり、戦前期日本の国家の凶暴さを強調する中村氏に安丸良夫氏が批判を加え、緊張したやりとりを眼前で見たことは強烈な記憶として残っている。この研究会では、杉原泰雄氏の主権概念や米川伸一氏の風土論の話などが多々出て、視界を広げる必要性を痛感させられた。

大学院には独自の自治会があり、学部生の自治会と共同で大学執行部と「団体交渉」をした。学長選挙と学生部長選挙の候補者除斥投票権もあった。自治会は院生の要求をまとめて実現を目指す組織で、今考えると私が学部生の時に経験した自治会は、いささか政治色が強すぎたのではないかと思う。自治会は奨学金拡充、研究室設置、就職状況改善を三大要求に据えて運動をすすめ、奨学金増額と研究室設置は七〇年代末に実現する。

当時奨学金はほとんどが日本育英会による貸与制で、研究・教育機関に受給期間の三倍専任で務めると免除された。給費制の奨学金はあってもわずかで私はとれなかった。七五年から八〇年までの五年間、私は修士と博士それぞれに奨学金を受け、八三年五月から九八年四月までの一五年間の在職で返還免除となった。その時四五歳になっていた。

大学院は二年で修論を書きそのまま博士課程に進む事実上の五年一貫制だった。同学年は日本史関係こそ松本俊郎氏だけだったが、経済学の各種の分野や、国際政治、社会哲学・思想史などに多くの人がいた。面識はないが植村邦彦氏もいて、彼の『市民社会とは何か』(平凡社新書)は、日本の市民社会論を一新した作品だと思っている。研究科間の壁は低く、全学で一学年五〇人程度の院生が全部で三五〇人くらい、平均七年間在学していた。

教育大の日本史から二年後に功刀俊洋、吉田裕両氏が一橋の大学院に進学してきた。その同学年には経済史の大門正克氏、中国史の久保亨氏もいて、庄司俊作氏らも含めて活発に議論した。海外からの留学生も一定数いた。藤原彰、安丸良夫両氏は、日本研究を志す海外の院生たちを受け入れていた。私はデリー大学のブリッジ・タンカ、インドネシア国立大学のイケトット・スラジャヤ、ミラノ大学のコラード・モルテーニ氏らと在学中ならびにその後も交流し、後に千葉大学との関係でいろいろな協力を得た。

さまざまな研究会と共同作業

歴史学研究会近代史部会のほか、七八年からは当時東京大学社会科学研究所にあった労働問題研究会に池田信氏の推薦で加わった。社会科学研究所と東大経済学部の労働のスタッフを中心に、社会学、法学などを含む労働分野の横断的な研究会だった。紛争を経て、専門、所属、出身などを超えて新しい研究方向を開こうという趣旨の会で、毎回会員の報告のあとは激しい議論が交わされた。占領期を中心にアメリカで史料調査を始めていた遠藤公嗣氏と知り合ったのもこの時である。

博士課程三年を終えても就職できず一年余分に大学院に在籍した。このころ三鷹市議会史と神奈川県史の編纂作業に加わった。三鷹市議会史は大島美津子氏の補助で、東京市政調査会や府中市立図書館に調査に赴いた。編集会議で今村都南雄、新藤宗幸両氏を知り、行政学者による自治体論に刺激を受けた。神奈川県史は金原左門氏の誘いで加わり、編纂事務局の樋口雄一氏（朝鮮史）らと相談して県内企業の労働関係史料の調査を始めた。川崎や横浜の重工業企業に次々と照会し、事業所や労働組合を回った。この時新たに見いだした重要な史料は、東芝堀川町工場のものである。史料紹介とこの史料を元にして論文三点を書いた（三宅 一九八二―七、一九八三、一九八四、一九九一―一）。堀川町工場の史料を見つけたころ、良知力氏にその話をしたところ、「僕は大学卒業後、堀川町工場の近くの労働組合の書記になった。成果がまとまったら送ってくれ」と言われた。氏の永眠までに史料紹介と論文二点しか間に合わなかったのは今でも心残りだ。電機や鉄鋼だけでなくほかの分野の事業所もあちこち回り、鶴見線周辺の原油精製所などを訪ねた。

八一年から日本学術振興会奨励研究員になり大学院を退学した。翌年も同じ奨励研究員に採用され計二年間続けた。八三年から財団法人法政大学大原社会問題研究所の所員・研究員になり、『社会・労働運動大年表』と『日本労働年鑑』の作成に携わった。八一年に内地留学中の安田浩氏の代理で埼玉大学の非常勤講師を務め、八二年からは中央大学で（二〇〇六年まで）、八四年にはさらに三つの大学で非常勤講師をするなど、出講依頼は全て引き受けた。このころの私は期限のないポストへの就職を目指してかなりあせっていた。一般的なあせりもあったが、八二年から父と母が相次いで入院し、父は八三年一月、母も八四年五月に死去するため、少しでも早く安定した職に就きたかった。両親の入院、死去もそれはそれできつかったが、大変だったのが、両親が東京都の養育家庭制度による里子（七二年生まれ）を預かっており、その少年の日々の養育と、両親死後の引き継ぎがどうなるかの問題だった。こうした状況で私の就職可能な地域は自宅からの通勤範囲に限られることになり、かつ養育家庭の引き継ぎ問題で場合によっては訴訟になるかもしれないという立場に置かれていた。この時は周囲のさまざまな人々の協力によって何とか乗り切れた。

この間、神奈川県史の仕事で天川晃氏を知り、ほぼ同時期に加わった占領史研究会では、とくに竹前栄治、天川、古関彰一の三氏から、占領史研究の方法をさまざまに教わった（三宅 二〇一〇―九、二〇二三―九）。また社会科学研究所の山本潔氏が組織した労働争議史研究会の発足もこのころだった。争議史の研究会は長期にわたって第二次世界大戦後の労働争議を共同研究し、成果をまとめた（労働争議史研究会 一九九一―一）。

二村一夫氏による紹介で、A・ゴードン、M・ギブス両氏をはじめとする海外の日本労働史研究者との交流も八〇年代前半に始まった。海外の日本研究者は日本語の論文をよく読んでいた。さらに英語圏での discussion papers や East Asian monographs、国際歴史学会議日本委員会による日本の研究紹介文献などでの論文引用や紹介をきっかけに、さまざまな人から手紙をもらいやりとりをした。まだ e-mail はなく航空便だった。大学院生で女性名なので Miss と書いて返信したら夫がいますと書かれたり（Ms. の表記は当時知らなかった）、記憶に残るそれこそミスは少なくない。日本の労使関係は当時注目を集めており、事業所や工場に焦点を当てた仕事は関心をもたれやすかった。このころ関口定一、佐伯哲朗両氏と知り合い、対象が日本の場合は工場などの新たな史料を使える有利さがあると言われ、納得した。また日本語で書いた論文を各地の人が読んでくれるという、日本研究の有利さにも気づいた。

千葉大学と海外調査

一九八四年から千葉大学に採用され、雇用の期限のない（実際には定年があるが）職に就いた。以後文学部、教養部、人文社会科学研究科、人文科学研究院などと学内の所属は変わったが、担当は歴史学や日本近現代史関係の科目と史料論などだった。文学部史学科には日本史担当教員の他に南塚信吾、小谷汪之両氏らが、教養部には古代史の吉村武彦、社会学の河西宏祐両氏らがいた。出勤初日に南塚、小谷両氏の誘いで学内のカフェで食事をした。小谷氏がおもむろに大判の洋書を広げ、ボスポラス海峡を中心とした図面を指して、「ここからがアジアだった」と言い、南塚氏と議論を始めた　私は不勉強で内容がよく判らず、恥ずかしい思いをした。同時に昼食時にこういう話をしているところでやっていくのは、かなりきついだろうという感想ももった。しかしそのあと宇野俊一氏とばったり会うと「いやあ三宅さん、千葉大の女子学生はみな真面目でかわいいでしょう」と言われ（セクハラだったかもしれない）、ここに来て良かったと感じたのも確かだった。

八五年から横浜市史Ⅱの編集作業が始まり、私は労働担当の編集委員としてこれに加わった。前回の横浜市史は、とくに社会経済史の研究者が一つのモデルとみなす自治体史だった。横浜市史Ⅱは高村直助氏を代表に、編集委員の多くは三〇歳代で始まり、二〇〇四年まで続いた。編集会議も実務的な議事だけでなく、研究会を併せて開催したのをはじめ、事務局にも研究者からなる嘱託が多く、活気に満ちていた。私は三菱重工や東洋電機をはじめとする横浜の事業所や工場、労働組合支部などでの史料調査を開始した。『市史研究よこはま』に三菱重工横浜製作所や国労横浜支部などの調査で見つけた新規の史料を紹介した（三宅 一九八七、一九八八、二〇〇二―三）。その中には三菱重工横浜製作所の労働組合史料のように、一九八〇年代には閲覧さえ許されなかった一部の史料が、冷戦終了を経た二一世紀になって収集を認められたような例もあった。編集委員諸氏からは教わることが多く、史料に関する示唆も少なくなかった。とくに長島修氏とは市史Ⅱでの市内の調査と別に、日本製鋼室蘭、新日鉄室蘭など他地域でも工場調査を共にし、産業史や経営史的な調査との違いを教わった。

私の海外史料調査のきっかけも横浜市史Ⅱにかかわっている。一九九二年の八月一ヶ月間、アメリカに史料調査に行き、西から東まで、多くのArchiveや図書館を回った。スタンフォードのフーバー研究所、カリフォルニア大学バークレー校、ウエイン・ステイト大学労働・都市問題文書館、国立公文書館、メリーランド大学プランゲ文庫、カソリック大学文書館などである（三宅 一九九二）。現地での調査には遠藤公嗣氏が同行され、アメリカのアーカイブでの調査法について、手ほどきを受けた。調査先への事前の連絡や、フーバー研究所への松尾尊兊氏による紹介状などは私が準備したが、現地でのアーキビストとの交渉やコピーの依頼、果ては収集した史料の日本への送り方まで氏から教わった。

その後私はトルーマン・ライブラリー、ジョージ・ミーニー記念文書館をはじめ、アメリカでの調査先を広げていった。旅費はサントリー文化財団などからも受けた。またアメリカ以外にも、招待講演や授業依頼を受けた際にそれに併せて史料調査に取り組むようにし、調査先も北半球の各地に広がった（三宅 一九九九、二〇一〇―九）。

九五年秋にハイデルベルクで「戦後五〇年の日本」をテーマにする数日間のコロキウムがあり、私も講演者の一人として呼ばれた。中心になったWolfgang Seifert氏は現代日本を研究対象とする政治学者で、とくに労働の分野に造詣が深かった。この時私が求められたのは、労働ではなく日本の歴史教科書に関してであった。日本から五人、アメリカから三人、ドイツから六人の講演を受けて、各地から集まった人々と議論を重ねた。私は初めてのヨーロッパだったので、終了後にブーフェンバルトの強制収容所跡を見学し、帰路に史料調査の目的でバチカンとカイロに立ち寄った。バチカンでは在外研究中の若桑みどりさんの同行でアルキビオに入り、カイロではこれも在外研究中の栗田禎子さんの案内で国立公文書館の館長と対談し、書庫を閲覧した（三宅 二〇一〇—九）。

カイロでは原理主義政権の弾圧から亡命してきたスーダン共産党幹部のアジトにも行った。人気のない路地で「先日このあたりでテロリストが爆弾を投げて死者が出ました」と栗田さんに言われ、どきっとした。薄暗い階段を上り、映画で見たような大きめのドアアイで確認を受けて、部屋に入った。少し話した後、質問はないかと言われた。私は専ら階級関係を重視する方なので、イスラエルの左派との連携可能性を尋ねた。一人の男性があなたはRedsではないのかと質したので、私はPinkだと答えた。彼らは大笑いしながら、イスラエル国内の人たちとの連携も将来は考えるかもしれないと言っていた。その翌日、レストランでの夕食時に後席の男性から「どこから来たか」尋ねられた。彼に同じ事を聞くと「パレスチナ人で、南米から仕事を終えて帰ってきたところだ」と言った。私はパレスチナを訪れたことはないし、他のパレスチナ人に会ったこともない。しかし二〇二三年以降のイスラエルによる蛮行を見ると、この時初めて会った人やその周囲の人々のことが気になって仕方がない。先の亡命スーダン人への質問はイスラエル国家の存在を前提とするものだったが、Peter Cohenという第二次大戦期にホロコーストを生き抜いたユダヤ系オランダ人社会学者による二〇一五年の論稿（コーヘン 二〇一五）を知り、国家としてのイスラエルは存続させるべきでないと今の私は考えている。

海外生活

海外史料調査一回の期間は、長くても一ヶ月間だった。九〇年代後半以降は授業や研究目的での海外在留（外務省によると三ヶ月間以上の滞在で「海外在留日本人」となる）をするようになった。最初はデリー大学中国・日本研究科で、九七年から九八年の六ヶ月、日本労働史の授業をした。毎週ペーパーを準備するのはきつかったが、授業は一つだったので何とかなった。この時の院生たちにはお抱え運転手がいて、車で大学に通う者が多く、服装も立派な民族衣装だった。日本への関心は専ら経済で、労働の話にもみな熱心だった。

デリー大学では、その後二〇一二年から一三年の五ヶ月間、東アジア研究科（韓国・朝鮮研究が加わって拡充）で授業をした。院生の服装はみなTシャツとGパンになり、通学手段も地下鉄かバス、出身階層は公務員や企業の技術者などの中間層だった。日本への関心のきっかけは小説で、とくに吉本ばななの作品が「自分の状況や感性をみごとに描いている」と話していた。経済成長の初期と一五年後とで、学生（院生）と大学がどのように変わったか、手に取るように判った。日本の高度成長期も、外からの目で見ると同じように大きく変わったと思われたのだろう。

デリー大への二度の出講の間に、二〇〇三年にコーネル大学で九ヶ月の在外研究を（文部省長期在外研究）、〇九年にはハイデルベルク大学で三ヶ月間の授業を、それぞれ経験した。コーネルでは先方からの義務はなかったので、史料調査（アメリカの労使関係、これは偶然滞在期間の重なった関口定一氏が薦めた）や、ヴィクター・コシュマン氏の授業に出席したり、Mark Selden, Kyoko Selden 夫妻とさまざまな議論をしたりした。コーネルのあるニューヨーク州イサカ市は典型的な大学町で、ここでは教育委員会や警察（市、郡、大学の）のあり方に驚き、戦後改革でＳＣＡＰが日本に何をもたらそうとしたのか少し理解できたように思った。後に新藤宗幸氏と話した際に、氏は住民の自治を、アメリカ滞在時にとくに教育のあり方からとらえ直したと言っていたので、私の理解もそれほど間違ってはいないと感じた。また永原陽子さんがナミビアから帰国した直後に、海外で生活する体験は、史料を見るとか研究会で何かを知るとかと別に、社会を理解することにつながると言っていたことがあり、改めてそのことに納得した。

○九年九―一二月のハイデルベルクでの授業は、労働ではなく「戦後日本」をテーマにして行った。同年三月に大学が主催した東アジアの歴史教科書に関するシンポジウム（独英中台韓日からそれぞれ複数の講演者が招かれ、共同研究をMüller 二〇一一にまとめた）があり、その時にすでに院生の数人を紹介されていた。九月からの授業の出席者は、ドイツ国内からが最多だったが、ロシア、ブルガリア、ルクセンブルクなど各国から集まっていた。日本研究を専門としない一人の院生が研究室にやってきて、ローマ規程に加入した日本政府と政権政党であった自民党の戦争犯罪認識が大きくずれている理由を問うてきた。私は不勉強で（かつ言葉の問題もあって）質問内容がよく判らず、数日の猶予を貰い、インターネットや海外の友人たちに聞いて調べ、何とか対応した。質問された時の私はＩＣＣについて知らず、日本政府の積極的な役割とその意義にも気づいていなかった。その後も院生たちからは質問が多く、授業後のやりとりは特に有意義だった。

滞在時、子どもたちが小学生だったのでハイデルベルクの現地校に通わせ、教員や保護者とも交流した。初等学校における学校権限の大きさや、保護者を含めた学校の自治的な運営に驚くことが多々あった。市に何を要求するかの夜遅くまでの保護者会にも出席し、自治というのは手間のかかるものなのだと痛感しもした。子どもたちが学校に通うことについても、ザイフェルト氏が学校長に話しただけで、私が市当局に何かを申し出るような必要はなかった。この点は同時期に滞在していたオーストラリア国立大学のT・アカミさんも驚いていた。子どもたちの現地校通学をすすめた石田憲氏と帰国後話したところ、どこでも学べるという子どもの権利条約を基礎に、教育現場が強い権限をもっていると理解すべきだと言われ、納得した。

子どもを介しての学校や地域社会とのかかわりは、私の場合、里子や実子を通して体験してきたが、それはきつい体験であると同時に知ることの多いものでもあった。その際困ったことがあると、私は周囲の人たちに相談することで何とか対処してきた。相談の相手は年齢や性別を問わず、国籍もさまざまだった。女性が多かったのも確かで、そこには中学と高校で女性が多い学校に通ったということもかかわっているのではないかと思っている。

九〇年代から、田中彰、金原左門、加藤章氏らの高校日本史教科書（東京書籍日本史A）の執筆に参加した。学習指導要領の縛りはきつかったが、少しでも良い「新しい歴史教科書」を作ることに尽力した（三宅 二〇〇二―一二）。執筆メンバーは少しずつ代わったが、この教科書の最大の特徴は執筆に海外の日本研究者（ならびに日本国内にいても日本国籍をもたない人たち）の参加を求め実現したことだと思う。最終的には一〇人になったそれらの執筆者は「世界からのまなざし」というコラムを新たに書きおろしてくれた。私は歴史総合になってからの歴史教科書にかかわっていないが、これからの日本の歴史教科書は、海外の人々も加わって書かれるべきだと思っている。さまざまな日本近現代のイメージを知ることは、今後の時代を生きる日本の高校生にとって不可欠だと考えるからである。

なお日本を対象とする歴史研究が日本国内だけで完結するような傾向にもしあるとするならば、それはやはり適切ではないと考える。一九九〇年代から二〇〇〇年代にかけて刊行された日本歴史の講座類には、海外の日本研究者が参加しており、また学会の大会などでも海外からの報告者を含めて開かれる場合が少なくなかった。海外の執筆者を含む歴史教科書の登場も、そうした背景のもとで行われた。きちんと調べたわけではないが、近年日本の大学に勤める外国人教員は確実に増えており、その中には日本研究を専門にする人も少なくない。こうした状況下、とくに日本近現代史にはより広い参加者を含めた多角的な検討が求められているのではないだろうか。

おわりに

私が大学院に進んだ七〇年代後半の日本の近現代史、とくに経済史関係の雑誌を見ると、あちこちの農村や農家で新たに見つけた史料をもとに先行研究を批判し、異なる像を描こうとする論文が数多く掲載されていた。私が事業所や工場で史料を探し出して用いてきたことも、そのような時代を反映していた。

二〇一〇年代からはこうした作業をすすめてきた人たちが次々と定年退職し、彼、彼女らの集めた史料は、文書館や史料館に収蔵されたり資料集に収録されたものを別として、散逸状況になっているのではないか。当人が公表した研究で用いなかった史料をも含めると、その量はおそらくは想定できないものになろう。他者による検証のためにもそれらの史料は何らかの形で（電子化すると驚くほど少量になる）保存され利用可能になることが望まれる。

さらに音声データの問題もある。私がこれまでに用いてきたのはほぼ全て文字史料で、いわゆるオーラルヒストリーはしたことがない。しかしそれでも、例えば戦後初期の東芝堀川町工場の労働者から聞きとった音声データは、カセットテープ二〇巻以上になる。オーラルな史料を盛んに用いる人たちのもとには、おそらくは膨大な音声データが蓄積されている（いた）のではなかろうか。その保存と利用がどのようにしたら可能なのか、専門家の意見をうかがえればと思う。

追記

＊ 私が二〇一七年度までに公開した研究は、以下の website に趙景達氏による文章と私の cv に続いて目録が掲載されており、そこに史資料紹介や編纂した史資料集も含まれている。 https://opac.ll.chiba-u.jp/da/curator/104624/S03862097-47-P011-CHO.pdf

それ以降は「KAKEN 三宅明正」の website を参照されたい。なお後掲の「文献」にある三宅（一九九一―四、二〇〇七、二〇一〇―五、二〇二一―九）では、長期的に見た日本の労働の特徴を検討している。

＊＊ 海外での史料調査に関して、三宅（二〇一〇―九）でアメリカの文書館のガイドブック類を紹介したが、それらに加えて、世界各地の労働文書館を巡った五十嵐仁『この目で見てきた世界のレイバー・アーカイヴス』（法律文化社、二〇〇四）と、アメリカの公文書館を中心に、各国の公文書館の利用方法を丁寧に紹介している三輪宗弘氏の website https://guides.lib.kyushu-u.ac.jp/archivesvisitingguide は、有益な情報に満ちており、大変役立つと思われる。また三宅（二〇二三―一一）は、円安下のアメリカ調査の難しさと、コロナ後のアーカイブ体験を記したものである。

文献

コーヘン、ペーター「終わることのないパレスチナ紛争の根因：それをどう止すか」HUFFPOST二〇一五年一月一一日
古茂田宏追悼文集『さめない夢』二〇一一年
三宅明正「近代日本における鉄工組合の構成員」『歴史学研究』第四五四号、一九七八年三月
同「第一次大戦後の重工業大経営労働運動」『日本史研究』第一九七号、一九七九年一月
同「旧『東芝堀川町従業員組合』史料について」『神奈川県史研究』第四八号、一九八二年七月
同「昭和恐慌期の労資関係」『日本史研究』第二四〇号、一九八二年八月
同「戦後労働運動の創始」『神奈川県史各論編』第1巻、神奈川県、一九八三年三月
同「第一次東芝争議」『社会政策学会年報』第二八集、御茶の水書房、一九八四年五月
同「三菱重工横浜製作所（旧横浜造船所）労働組合史料について」『市史研究よこはま』第一号、一九八七年三月
同「一九四九年国鉄人民電車事件に関する新史料」『市史研究よこはま』第二号、一九八八年三月
同「東芝争議（一九四五～四六年）」労働争議史研究会編『日本の労働争議（一九四五～八〇年）』東京大学出版会、一九九一年一月
同「戦後改革期の日本資本主義における労資関係」『土地制度史学』第一三一号、一九九一年四月
同「アメリカにおける五つの機関の史料調査報告」『市史研究よこはま』第六号、一九九二年一二月
同「インド国立公文書館探訪」『占領史研究通信』第一八号、一九九九年三月
同「インフォーマル・グループ小史――横船「二八会」史料から」『市史研究よこはま』第一四号、二〇〇二年三月
同「本当に新しい歴史教科書とは何だろうか」『歴史評論』第六三二号、二〇〇二年一二月
同「戦後危機と経済復興2　生産管理と経営協議会」石井寛治・原朗・武田晴人編『日本経済史』第四巻、

東京大学出版会、二〇〇七年九月

同「日本における『労働非商品の原則』の受容」安孫子誠男・水島治郎編『持続可能な福祉社会へ　第三巻　労働』勁草書房、二〇一〇年五月

同「近代日本経済資料論5　海外文書館資料」石井寛治・原朗・武田晴人編『日本経済史』第六巻、東京大学出版会、二〇一〇年九月

同 "Rewriting history in a textbook in contemporary Japan", in Gotelind Müller, ed., *Designing History in East Asian Textbooks*. Routledge, London, 2011.

同「既収集歴史資料の公開に向けて」千葉大学『人文研究』第五一巻、二〇二二年三月　https://opac.ll.chiba-u.jp/da/curator/900120369/S03862097-51-P149.pdf

同「働くことは変化している」南塚信吾・小谷汪之・木畑洋一編『歴史はなぜ必要なのか』岩波書店、二〇二二年九月

同「占領史と同時代史」『同時代史研究』第一六号、二〇二三年九月

同「アメリカでの史料調査はこれからどうなるのだろうか」『同時代史学会 News Letter』第四二号、二〇二三年一一月

安田浩追悼文集『運動と学問』二〇一二年

Gotelind Müller, ed., *Designing History in East Asian Textbooks*. Routledge, London, 2011.

赤澤史朗さんを偲んで

北河　賢三

赤澤史朗さんとは学生時代から親交があり、また長らく共に研究してきた者として、彼の研究の足跡を辿ることを中心に据えて、彼の歩みを追想したいと思います。

若い頃の赤澤さんは議論好きでよく喋り、声を立てて笑いました。その面影と笑い声が今も彷彿とします。また彼は、知的好奇心の強さとともに共感力とでも言うべきか、他者に対するシンパシーが深く、それは対人関係においてだけではなく研究においても貫かれており、それが取り組んだテーマの多彩さと先駆的研究の多さにつながっているのだと思います。

赤澤さんは院生だった一九七〇年代中頃から元号問題や象徴天皇制を論じるとともに、紀元節問題連絡会議に参加し、そこで神道・仏教・キリスト教の宗教者に出会い、信教の自由の切実さ、延いては精神的自由の大切さに気づき、自らをふくむ日本人の多くがそのことに鈍感だったことを覚ったのだと言います。それを機に彼は宗教史研究に取り組み、その成果は『近代日本の思想動員と宗教統制』（校倉書房、一九八五）に結実します。さらに、二〇〇〇年前後の記憶・表象論、言説分析に対する批判をともなった「戦後日本における戦没者の「慰霊」と追悼」（『立命館大学人文科学研究所紀要』第82号、二〇〇三・一二）を発表し、『靖国神社』（岩波書店、二〇〇五）では、戦後の一時期の靖国神社には非戦の立場からすべての戦争犠牲者を慰霊しようという流れがあったことなどが解明されています。死者の「慰霊」・追悼は、戦没者の遺族や戦中派などの戦争体験世代にとって切実な願いだったのですが、戦争責任を追及する側は「慰霊」・追悼問題に向きあうことを避けてきた嫌いがありました。そのなかで、同書は貴重な靖国神社論になっていると思います。

上記の研究と並行して一九八〇年代から取り組んだのが、「知識人の戦争責任論――大熊信行と中野好夫」（『歴史学研究』第五〇七号、一九八二・八）を始めとする一連の戦争責任論であり、「戦後日本の戦争責任論の動向」（『立命館法学』第二七四号、二〇〇一・三）に及んでいます。これらの論考は東京裁判研究と相俟って展開され、「東京裁判と戦争責任」（『日本史講座　第10巻　戦後日本論』東京大学出版会、二〇〇五）で簡潔にまとめられています。空襲による民間人戦災者の補償問題（「名古屋空襲訴訟」『被爆者問題研究』第二号、一九九一・七、「戦時災害保護法小論」『立命館法学』第二二五・二二六号、一九九三・三）や軍人恩給論（「1950年代の軍人恩給問題（1）」『立命館法学』第三三三・三三四号、二〇一一・三、「1950年代の軍人恩給問題（2・完）」同前第三四一号、二〇一二・六）などの戦後補償問題への取り組みは戦争責任論に連動しています。靖国神社問題研究の一環である『戦没者合祀と靖国神社』（吉川弘文館、二〇一五）は明治維新期から第二次大戦後までの合祀基準の変遷をつぶさに追った労作ですが、同時に合祀基準と軍人恩給などの国家補償との関連も解明されています。

戦争責任論に次いで、二一世紀に入る頃から戦争体験論に力点が置かれるようになり、それは農民兵士の「戦争体験」論（「『農民兵士論争』再論」『立命館法学』第二七一・二七二号、二〇〇一・二）や第二次わだつみ会論（「『戦争体験』と平和運動」『年報日本現代史』第8号、二〇〇二）から、近年の「『兵士論』とその問題点」（赤澤史郎ほか編著『触発する歴史学　鹿野思想史と向きあう』日本経済評論社、二〇一七）、「『戦争体験論』の成立」（『歴史評論』第八二〇号、二〇一八・八）などに及んでいます。戦争責任と戦争体験をめぐる論議は、しばしば嚙み合わず対立する傾向さえあったのですが、それに対して赤澤さんは両者を合わせてとらえることが不可欠だとの視点から論じたのです。上記の戦争責任と戦争体験に関する諸論考は、その後の研究に大きな影響を及ぼしたと思います。

以上の諸研究のほかに、戦前戦後の社会・文化・思想に関する研究があります。それは「日本ファシズムと大衆文化」(『日本史研究』第二九五号、一九八七・三)に始まり、①闇取引の推移とその仕組みを明らかにした「太平洋戦争下の社会」(藤原彰・今井清一編『十五年戦争史』第三巻、青木書店、一九八九)、②「太平洋戦争期の青少年不良化問題」(『立命館法学』第二〇一・二〇二号、一九八九・三)、③「大日本言論報国会」(赤澤史朗・北河賢三編『文化とファシズム』日本経済評論社、一九九三)、④「戦中・戦後文化論」(『岩波講座日本通史』第19巻、一九九五)、⑤「戦時下の相撲界――笠置山とその時代」(『立命館大学人文科学研究所紀要』第75号、二〇〇〇・一二)、⑥「占領の傘の下で」(思想の科学研究会編『「思想の科学」50年の回想』出版ニュース社、二〇〇六)、⑦「占領期日本のナショナリズムの様相――山田風太郎を中心に」(科学研究費補助金(基盤研究(B))研究成果報告書 研究代表者・米原謙『近代日本のナショナル・アイデンティティの形成と変容』二〇〇八)などがあります。このうち③は上記『文化とファシズム』所載の論文。同書はそれまで乏しかった戦時下の文化諸領域の動向を解明した共同研究として一定の注目を集めました。⑤では学生相撲出身で相撲新体制論の理論家笠置山を取り上げ、笠置山が厳格な土俵規定を守りながら、自己の個性に合った相撲を追求した個性主義の論客だったことを論じています。同論文はイデオロギー論であるとともに、イデオロギーのみに収斂されない思想の意味をとらえた労作です。⑥は占領期の『思想の科学』を取り上げた論考。初期の『思想の科学』は最新のアメリカなどの学問を日本に移入することに力を注いだが、追随的ではなく、それに対する根底的な批判をともなった雑誌であった、ととらえています。なお、①②④⑤⑥⑦をふくむ一二本の論文・書評が『戦中・戦後文化論』(法律文化社、二〇二〇)に収録されています。

若い頃の赤澤さんは、自身の言によれば「問題意識過剰」だったとの由。しかし経験を積むにつれて、資料の中から問題を発見し、そこに面白さを感じるようになったと言います。既存の研究の枠組みをそのまま踏襲したり、新たなパラダイムに依拠して論じるのではなく、自己流の読み方によって問題を発見する、それゆえに資料の発見と実証に力を注ぐようになり、それが研究を実り豊かなものにしたのだと思います。

晩年の赤澤さんは、これまでの戦争体験論をさらに推し進めようとし、またかつてその伝記をまとめたことがある、異端者であり戦時下抵抗者である仏教者角張東順の研究を深めたいとの思いから、電話では何度か角張に言及していました。しかし持病の具合が思わしくなく、もどかしく、しんどかったのではないかと拝察します。私ももっと議論したかった、ダベりたかったという思いは尽きません。長年の友情にあらためて感謝し、ご冥福を祈ります。

〈付記〉出典の記載は、サブタイトルや編者名などを省略・簡略化したものがふくまれる。また、出典の記載を割愛した論考がいくつもある。それらについては『立命館法学』二〇一二年五・六号（三四五・三四六号）所載の「赤澤史朗教授　略歴・主な業績」を参照していただきたい。

編集後記

▼「私には夢がある」と言って、人々に人種差別を終わらせるよう訴えたのはキング牧師であった。とあるイベントで、沖縄の高校を出て都内の大学へ通う学生さんと登壇したのだが、その学生さんが後日くれたメールには、「私は日米地位協定改正が夢で、先生の本は全て読み勉強させて頂きました」と書かれてあった。学生さんの〝夢〟が叶えられていない、すなわち地位協定が改正されてこなかった要因を、拙著（『日米地位協定─その歴史と現在─』）では五つほど指摘しているのだが、それらは未改正の要因を政治家や官僚に帰すものばかりであった。同書刊行後もいろいろと考えてみたが、同協定改正を阻む大きな要因は、協定が有する問題への、いわゆる本土の人々の無関心にあると思い至り、「まずは関心を持ってください」と新聞取材や講演などでは訴えている。（明田川融）

▼赤澤さんの訃報が届いたのは、今号の編集が大詰めを迎えた頃だった。再読の思いに駆られて、論文「東京裁判と戦争責任」（『日本史講座10』東京大学出版会、二〇〇五年）を手に取った。これは、御自身が最終講義で述べられた通り、戦後日本の戦争責任論の展開について、平和意識との関連だけでなく、戦後の長い期間をかけて成長した日本人の人権意識との関連でも捉え直した、画期的な論文である。この人権意識を梃子にした転回が、社会運動の歴史にも妥当することは、今号の特集から確認できよう。とはいえ、それは日本の民衆知にどこまで根を下ろせたか。一方で冤罪救済に余りにも歳月を要する制度と組織を変えられず、他方でSNSによって人々の自発性がいともたやすく横領される現在、歴史の検証に耐えた過去の営為から学ぶ必要は、ますます高まっている。（戸邉秀明）

▼近年、現代史を叙述する難しさをつくづく感じる。授業で、戦後改革期や高度成長期のことを話しても、現状とはかけ離れたはるか昔のことのように感じている学生が多い。本特集が取り上げた、一九七〇～一九八〇年代に関しても同様かもしれない。しかし、「現代史」と名乗る以上、「その時代を学べば直接現状がわかる」とまではいかなくても、「その時代が、その後にどのように継承され変化し現状に至ったのか」という道筋を示す必要があろう。先行きが不透明な現状においては、まさにそのような歴史的なパースペクティブが現代史研究に求められているように思われる。本号では、「ポスト高度成長期の運動と民衆」を特集として取り上げたが、このことがどこまで達成できているか。読者諸氏の忌憚のないご意見をお寄せいただければ幸いである。（沼尻晃伸）

ポスト高度成長期の運動と民衆
年報・日本現代史　第29号　2024

2024年12月25日　第１刷発行

編　者　「年報日本現代史」編集委員会

発行者　赤川博昭
宮本文明

発行所　株式会社 現代史料出版
〒171 - 0021　東京都豊島区西池袋2-36-11　TEL（03）3590-5038　FAX（03）3590-5039
発　売　東出版株式会社

Printed in Japan　印刷・製本　亜細亜印刷
落丁本・乱丁本はお取替えいたします
ISBN978-4-87785-395-2

「年報日本現代史」バックナンバー

創刊号　戦後五〇年の史的検証　本体価格二、九一三円

第2号　現代史と民主主義　本体価格三、一〇七円

第3号　総力戦・ファシズムと現代史　（品切）

第4号　アジアの激変と戦後日本　本体価格三、二〇〇円

第5号　講和問題とアジア　本体価格三、二〇〇円

第6号　「軍事の論理」の史的検証　本体価格三、二〇〇円

第7号　戦時下の宣伝と文化　（品切）

第8号　戦後日本の民衆意識と知識人　（品切）

第9号　象徴天皇制と現代史　本体価格三、二〇〇円

第10号「帝国」と植民地—「大日本帝国」崩壊六〇年—　本体価格三、六〇〇円

第11号　歴史としての日本国憲法　本体価格三、六〇〇円

第12号　現代歴史学とナショナリズム　本体価格三、六〇〇円

第13号　戦後体制の形成—一九五〇年代の歴史像再考—　本体価格三、六〇〇円

第14号　高度成長の史的検証　本体価格三、六〇〇円
I　自衛隊における〝戦前〟と〝戦後〟／植村秀樹　II　一九六〇～七〇年代における日本社会党の党組織と江田三郎／岡田一郎　III　社会開発の挫折とその背景／菊池信輝　IV日本の大気汚染問題の推移と教訓／傳喆・寺西俊一　V　東京オリンピックと高度成長の時代／石坂友司　◆現代史の扉（暉峻衆三）

第15号　六〇年安保改定とは何だったのか　（品切）

第16号　検証　アジア・太平洋戦争　本体価格三、二〇〇円
I　日本外務省の対外戦略の競合とその帰結　一九三三～一九三八／武田知己　II　日独伊三国同盟をめぐる蒋介石の多角外交／鹿錫俊　III　海軍の対米開戦決意／手嶋泰伸　IV　戦争と財閥／春日豊　V　音楽のアジア・太平洋戦争／戸ノ下達也　◆現代史の扉（粟屋憲太郎）

第17号　軍隊と地域　本体価格三、二〇〇円
I　日本陸軍の典範令に見る秋季演習／中野良　II　軍隊の「災害出動」制度の展開／吉田律人　III　軍港都市呉における海軍受容／林美和　IV　〝基地の街〟岩国の戦後史／池田慎太郎　V　一九五〇年代沖縄における「基地経済」と「自立経済」の相剋／櫻澤誠　VI　米軍基地売買春と地域／平井和子　◆現代史の扉（笠原十九司）

第18号　戦後地域女性史再考　本体価格三、二〇〇円
I　〈はじめの一歩〉のために—山代巴の課題意識／牧原憲夫　II　戦後農村女性の生活と生活記録／北河賢三　III　米軍統治下沖縄における性産業と女性たち／小野沢あかね　IV　戦後思想史における森崎和江／小林瑞乃　V　戦後農村における地域婦人会活動の軌跡／高木重治　VI　戦後女性史研究の動向と課題／早川紀代　◆現代史の扉（永原和子）

第19号　ビキニ事件の現代史　本体価格三、二〇〇円
I　第五福竜丸事件と日米関係／黒崎輝　II　第五福竜丸事件の政治経済学／山本義彦　III　ビキニ事件六〇年、今ふりかえる一九五三～五四年／丸浜江里子　IV「ビキニ事件」と安保改定／中西哲也　V　第五福竜丸事件からビキニ事件へ／山本昭宏　VI　放射能汚染からの地域再生／中原聖乃

第20号　戦後システムの転形　本体価格三、二〇〇円
I　戦時体制再考／米山忠寛　II　「戦後法学」の形成／出口雄一　III　都市・自治体政治における「戦後体制」とその変容／源川真希　IV　沖縄の米軍基地問題と「吉田ドクトリン」論／植村秀樹　V　戦後七〇年の日本とアジア／宮城大蔵　VI　ドイツ連邦共和国における戦後システムと歴史認識／中田潤　◆現代史の扉（天川晃）

第21号　東京裁判開廷七〇年　本体価格三、二〇〇円
I　パル意見書／中里成章　II　「敗者の裁き」再考／永井均　III　序列化された戦争被害／宇田川幸大　IV　カナダと東京裁判／高取由紀　◆現代史の扉（森武麿）

第22号　日中戦争開戦八〇年　本体価格三、二〇〇円
I　村と動員体制／小林啓治　II　日中戦争の拡大と海軍／手嶋泰伸　III　日中全面戦争の展開と難民問題／芳井研一　IV　日中戦争期植民地鉄道の「軍用品」輸送／竹内祐介　V　総力戦と日本の軍事精神医療／中村江里　VI　〈石川達三と火野葦平〉の語り／神子島健　◆現代史の扉（豊下楢彦）

第23号　新自由主義の歴史的射程　本体価格三、二〇〇円
◆シンポジウム　菊池信輝著『日本型新自由主義とは何か』をめぐって　＊コメント／小沢弘明／浅井良夫／源川真希／金井郁　＊リプライ／菊池信輝　◆特集論文　都市における水辺空間の再編／沼尻晃伸　◆現代史の扉（吉見義明）◆小特集　戦時期東アジアと帝国日本の空間

第24号　戦争体験論の射程　本体価格三、二〇〇円
I　「原爆の図」から沖縄戦シリーズへ／小沢節子　II　「インテリ兵士」の日中戦争／望月雅士　III　「記憶」を語るということ／小林瑞乃　IV　女性の戦争体験をめぐる「記憶」と「想像」／米田佐代子　◆現代史の扉（原田敬一）

第25号　朝鮮戦争と戦後日本　本体価格三、二〇〇円
I　共通の朝鮮戦争像をもとめて／和田春樹　II　現代中国にとっての朝鮮戦争／久保亨　III　戦後日本の経済復興と朝鮮戦争／武田晴人　IV　敗戦後の「平和」と再軍備／植村秀樹　V　朝鮮戦争前後の「密航」防止活動における住民の活用／李英美　VI　朝鮮戦争下の日本における「不戦アジア人権を守る会」の運動について／小林知子　◆現代史の扉（赤澤史朗）

第26号　社会運動の一九六〇年代再考　本体価格三、二〇〇円
I　戦後大阪の革新勢力／黒川伊織　II　うたごえ運動の一九六〇年代／河西秀哉　III　雇用形態と階層差を超えた女性労働運動／跡部千慧　IV　民青系学生運動から見た東大闘争／小杉亮子　V　一九六〇年代の重度障害者運動と障害女性への子宮摘出手術／鈴木雅子　◆現代史の扉（浅井良夫）

第27号　戦後沖縄の史的検証　本体価格三、二〇〇円
I　戦中・戦後初期における在本土沖縄人の動向／櫻澤誠　II　天願事件再考／若林千代　III　沖縄返還交渉にみる有事基地使用／豊田祐基子　IV　山中貞則と沖縄振興／及川智洋　V　「生存の危機」にある沖縄戦後の運動史を捉え直す／上原こずえ　VI米国にとって沖縄とは何か／土井智義　VII　植民地統治性の地平と沖縄研究／森啓輔　◆現代史の扉（木村健二）

第28号　日中戦争期日本の華北占領支配　本体価格三、二〇〇円
I　日中戦争期華北占領地における民衆動員と支配／伊香俊哉　II　華北占領地における宣撫工作とその限界／殷志強　III　戦時期日本の華北経済支配と食糧増産政策／安達宏昭　IV　日中戦争下の華北における日本語教育の実相／齋藤一晴　V　竹内好の『北京日記』と北京体験／王超　◆現代史の扉（芳井研一）